U0929380

斯坦纳自传

MEIN LEBENSGANG

（奥地利）**鲁道夫·斯坦纳**（Rudolf Steiner）／著

王剑南／译

图书在版编目(CIP)数据

斯坦纳自传 / (奥)鲁道夫·斯坦纳著;王剑南译
-- 北京:中国文联出版社,2018.1
ISBN 978-7-5190-3385-9

Ⅰ.①斯… Ⅱ.①鲁… ②王… Ⅲ.①鲁道夫·斯坦纳—自传 Ⅳ.①K835.216.1

中国版本图书馆 CIP 数据核字(2017)第 321614 号

斯坦纳自传

作　　者:(奥)鲁道夫·斯坦纳

出 版 人:朱　庆
终 审 人:奚耀华　　复 审 人:胡　笋
责任编辑:蒋爱民　　责任校对:傅泉泽
封面设计:尚上文化　　责任印制:陈　晨

出版发行:中国文联出版社
地　　址:北京市朝阳区农展馆南里 10 号,100125
电　　话:010-85923066(咨询) 85923000(编务) 85923020(邮购)
传　　真:010-85923000(总编室),010-85923020(发行部)
网　　址:http://www.clapnet.cn　　http://www.claplus.cn
E-mail:clap@clapnet.cn　　jiangam@clapnet.cn

印　　刷:三河市华晨印务有限公司
装　　订:三河市华晨印务有限公司
法律顾问:北京天驰君泰律师事务所徐波律师
本书如有破损、缺页、装订错误,请与本社联系调换

开　　本:787×1092　　1/16
字　　数:259 千字　　印张:18.75
版　　次:2018 年 1 月第 1 版　　印次:2018 年 1 月第 1 次印刷
书　　号:ISBN 978-7-5190-3385-9
定　　价:68.00 元

鲁道夫·斯坦纳（站立者，约四岁大）和他的妹妹

临近高中毕业的鲁道夫·斯坦纳

大学时期的鲁道夫·斯坦纳，1882 年

维也纳时期的鲁道夫·斯坦纳，1888 年

维也纳时期的鲁道夫·斯坦纳，1889 年

鲁道夫·斯坦纳像，奥托·弗洛里希创作的油画，魏玛 1892 年

鲁道夫·斯坦纳，1891 年左右

鲁道夫·斯坦纳，1892 年左右

鲁道夫・斯坦纳，1896 年

鲁道夫・斯坦纳在柏林工人培训学校，1904 年

鲁道夫・斯坦纳，1900 年左右

鲁道夫・斯坦纳，1904 年

鲁道夫·斯坦纳和玛丽·封·西弗斯，1904 年在瑞士舍门湖

鲁道夫·斯坦纳，1905 年左右

鲁道夫·斯坦纳和安妮·贝赞特，1907 年

鲁道夫·斯坦纳和玛丽·封·西弗斯，1908 年在斯图加特

目　录

1861—1879/ 克拉列维察、莫德林、波特沙赫、新村

1 童年经历

一段时间以来，每当公众聊起我所从事的人智学时，就会有各种说法和评判交错在一起。从这方面的说法当中，又会得出与某种根源有关的种种结论，在人们看来，那是我的思想发生转变的根源。与此形成对应的是，朋友们也纷纷表达意愿说，我若能就自己的生平写点儿什么，倒不失为一件好事。

我得承认，这原本非我所好。因为我向来追求的是，我对于我要说的话、认为自己该做的事，要按照事物的要求来塑造，而不是从个性的需要出发。尽管我一直认为，在许多领地、个性能赋予人类活动最可贵的色彩，只不过在我看来，这种个性须得借助人说话和行事的方式揭示出来，而不是靠对自我性格的观望。从这种观望中所能得出的，无非是人与自我商定好了的东西。

照此说来，我之所以下决心做下面这番阐述，只是因为，我有义务通过客观的描写，尽量展示那些关于我生平跟我所做事业之间联系的偏颇评判还有何不足之处；还因为，鉴于这些评判的存在，我感到那些心存善意的人的敦促是合情合理的。

我的父母家住在下奥地利。我父亲生于格拉斯①，那是个很小的地方，

① 鲁道夫·斯坦纳的父亲为约翰·斯坦纳，1829 年 6 月 23 日出生于格拉斯，1910 年 1 月 22 日在霍恩去世；母亲为弗朗齐斯卡·斯坦纳，娘家姓布里，1834 年 5 月 8 日出生于霍恩，1918 年 12 月 24 日在霍恩去世。两人都葬在霍恩。墓碑上的铭文是鲁道夫·斯坦纳在父亲去世时写的：他的灵魂安息在基督的国度 / 基督的爱念与他同在。

地处下奥地利林区。我母亲生于霍恩，是座城市，也属于这个林区。

父亲在格拉斯度过了童年和青年，在这期间跟普赖蒙特莱修会的修道院过往甚密。回顾这个人生阶段时，他总是怀着浓厚的爱。他喜欢讲述他在修道院做什么服务，以及修士们是怎么给他上课的。后来，他当了猎手，在霍约斯伯爵那儿当差。那家人在霍恩有一处产业。就在那里，我父亲认识了母亲。他随即放弃猎手工作，在奥地利南方铁路局当了一名电报员。起先，他受雇于施泰尔马克南部的一个小火车站。后来，他调到了位于匈牙利和克罗地亚交界处的克拉列维察①。这期间，他跟我母亲结婚了。1861年2月27日②，我在克拉列维察出世。这样一来，我的出生地距离原籍就十分遥远了。

无论父亲还是母亲，都真正堪称是美丽的下奥地利林区的孩子。那地方位于多瑙河之北，很晚才修通铁路。格拉斯直到今天也没有铁路的踪迹。对于在家乡的那段经历，父母都满心喜爱。每当他们聊起来，别人会本能地感觉到，他们心灵深处从没离开过家乡，尽管命运决定了他们在大部分人生当中背井离乡。父亲度过阅历丰富的工作生涯后，刚一退休，就立即重新搬到了那里——霍恩。

我父亲为人绝对和蔼可亲，不过还是有一点脾气，尤其当他年轻时，往往会火冒三丈。完成铁路的工作对他来说是尽职责，他的爱好可不在这儿。在我小时候，他有时工作起来，一干就是三天三夜。然后，他就能换班歇上二十四小时了。就这样，他的生活毫无色彩，只有灰暗。他热衷于

---

① 克拉列维察：地处穆尔河和德拉瓦河之间，在两河交汇地往西20公里处，紧邻铁路线，位于今天的克罗地亚境内。

② 鲁道夫·斯坦纳出生于1861年2月27日：另有证据表明鲁道夫·斯坦纳的出生时间是在1861年2月25日，他在一份（未标明日期的）自传片段中写道："我于1861年2月25日降生，两天后接受了洗礼。"——欧金妮·布雷多夫1921年2月25日致鲁道夫·斯坦纳的信表明，生日果真是25日。参见《文稿》49/50号，第4页及后面几页。天主教洗礼于1861年2月27日在克拉列维察进行，受洗者姓名是鲁道夫·约瑟夫·洛伦兹·斯坦纳，洗礼教父是洛伦兹·戴姆和约瑟法·雅克尔。

跟踪政治形势，把最欢快的那部分时光花在了这上头。家里没有钱财和田产，我母亲只得将全部身心投入到料理家务中。她满怀慈爱地呵护孩子们，维持捉襟见肘的家计，这让她的时光被填得满满的。

我一岁半的时候，父亲调往维也纳边上的莫德林。我的父母在那里居住了半年。然后，我父亲被委以南方铁路局在下奥地利的小站波特沙赫站的领导职务，那地方毗邻施蒂里亚的边界。从两岁到八岁，那段时间我就在那里度过。美妙的风光抱拥着我的童年。山峦起伏，贯通了下奥地利与施泰尔马克两地，放眼望去，可见“雪山”、韦克塞尔山、阿尔卑斯山系的拉克斯山、谢莫林山。雪山顶部，山岩突兀裸露，捕捉着阳光，而当阳光从山顶下移，照到小小的火车站时，它所喊出的，就是在美好夏日清晨的第一声问候了。“变幻之山”韦克塞尔山那灰蒙蒙的山脊，则与此形成了堪称绝配的对照。风景中处处绿意盎然，绽露友好的微笑，山峦仿佛从这绿色中拔地而起。极目远眺，四面环绕着巍巍群山，而在近旁的环境中，却可观赏大自然的妩媚。

然而，在小火车站，大家的兴趣却都汇聚到铁路运营上了。那时候，这地方的火车来往间隔时间挺长，不过，只要火车来了，大多数情况下，村里许多有空的人便聚拢到火车站，为的是给生活带来点变化，要不然，他们会觉得生活似乎太单调了。学校的老师、牧师、农庄的记账人都会来此露面，连市长也会现身。

我相信，在这样的环境下度过了童年，对我的人生是至关重要的，因为我的兴趣被生活中的机械强烈吸引了，而且我知道，这兴趣会怎样一再令幼小孩童的心头所好黯然失色，这心头所好原本指向了美妙而慷慨的大自然。不过，那些受到机械论支配的铁路列车，每次都是驶向远方并消失在大自然之中的。

在这一切当中，有一个人留下的印象闪现了出来，那是一个特立独行的人。他就是圣瓦伦汀的牧师，从波特沙赫步行三刻钟，可以到达那地方。这位牧师喜欢来我父母家里。他差不多天天散步到我们这儿，总是驻足停留好一会儿。他属于自由天主教神职人员那一类，宽容而随和。一个结实的、宽肩膀的人。他很幽默，爱讲笑话，只要身边的人哈哈大笑，他就很满足。他都走了好久了，人们还在为他说过的话大笑不止。他是个实实在在过日子的人，也乐于提些切实可行的好建议。有个建议曾在我家持久地发挥作用。波特沙赫的铁轨两旁栽着金合欢树。有一回，我们走在顺着这排树延伸的窄窄的人行道上。只听他说道："哇，金合欢开的花多美呀。"他立马纵身跃上一棵树，采了一大把花。随后，他摊开一块大红手帕，一边兴奋地吸了吸鼻子，一边小心翼翼地把花包好，把这东西夹在臂下。然后他说："您挺走运的，有这么多的金合欢树。"我父亲感到惊讶，就回答说："是吗，我们能拿它干吗用？""干吗——用，"牧师说道，"您难道不知道，可以把金合欢花烤着吃吗，就跟烤接骨木似的，而且，金合欢花吃起来味道要好很多，因为它的香味要纯正得多呢。"从那以后，只要一有机会，我们家的饭桌就会时不时摆上"烤金合欢花"。

在波特沙赫的时候，我父母又生了一个女儿和一个儿子[①]。此后，家里就再不曾添丁增口了。

我是小小少年的时候，有个与众不同的特点。大概是从我会独立吃饭开始，这特点就在我身上表现得十分明显。我形成了这样的观念，觉得汤盘或咖啡杯什么的注定只能用一次。于是，每当吃完饭，我都会趁人不注意，把盘子杯子丢到桌子底下，任由它们摔成碎片。要是母亲过来了，我就会迎着她大喊大叫道："妈妈，我已经吃好了。"

这并不等于说，我是个破坏狂。因为我对待我的玩具可是加倍小心，很久都把它们保存得好好的。对于特别吸引我的那些玩具，直到今天，我都觉得它们的样式特别好。那是些图画书，书里的人物会动，是靠下面的线绳拉动的。借助这些图画连缀成一个个小故事，就像通过提拉线绳，亲

① 妹妹和弟弟：莱奥波汀·斯坦纳，1864 年生于波特沙赫，1927 年在霍恩去世；古斯塔夫·斯坦纳，1866 年生于波特沙赫，1942 年在下奥地利的沙伊布斯去世。

手把自己的生活片断展现在图画中。在图画书前，我同我的妹妹一起常常一坐就是几个小时。自然而然地，我通过这些书也了解到，阅读的起始缘由是什么。

我父亲考虑，让我尽早学会读书写字。到了该上学的年纪，我被送进了乡村小学。学校的老师是位老先生，对他来说，上课是件烦人的差事。不过在我看来，上他的课也是件烦人的差事。我压根不觉得自己能从他那儿学到点什么。他时常带着太太和幼小的儿子来我家。照我当时的看法，那个小儿子就是个调皮鬼。记得我脑子里曾有过这样的念头：谁要是有这么个调皮鬼当儿子，从他那儿就什么也学不到。然而，“十分吓人”的事还在后头。有一回，这个调皮鬼——他也在学校里上学——兴致勃勃地用一根木条伸进学校所有的墨水瓶，再围着墨水瓶滴墨点，用墨点滴成一个个圆圈。当时学生们大多已经放学离开了，只有我、老师的儿子还有几个学童留在那儿。当父亲发现了这件事，怒不可遏，骂得让人提心吊胆。我确信，要不是时常哑着嗓子，他简直要吼起来了。盛怒之下，他还是通过我们的举止弄清了作奸犯科的是哪一个。然而事情的发展出人意料。老师的住处就挨着教室。这位首席教师[①]的太太听见喧哗声，就走了进来，怒目圆睁，还挥舞着膀子。在她看来，明摆着她儿子不会干坏事。她怪罪了我。我离开那里，回到家说了这事，我父亲怒火中烧。当老师一家再来我们这儿的时候，他直截了当地宣布和他们断绝往来，并且声明说：“我儿子再不会迈进你们学校一步。”从此，我父亲亲自承担起了教子任务。就这样，在他的公事房里，我坐在他身边，一坐就是几小时，写呀，读呀，这当中他会时不时地办些公务。

在他身边，我也没能对课上教给我的那些东西真正感兴趣，反而是我父亲的东西让我觉得饶有兴致。我很想模仿他做的事，从中学到了一些东西。对于他为了我的教育而安排我去做的事，我简直不得其门而入。相反，

---

① 授予教龄长、工作有成绩的小学教师的荣誉衔。——译者注

我以儿童般天真的方式去熟悉生活中所有实实在在的活动。铁路工作是怎样进行的和与它相关的一切，都引起了我的关注。不过，特别吸引我的却是自然法则，它把我径直吸引到它的种种细枝末节上。当我写字时，我就只管写，因为我不得不写。我甚至会尽量快写，为的是一会儿就写满一页。然后，我就可以把父亲用的粗砂粒撒到写好的字上。这时，吸引我的是，砂子沾了墨水后有多快变干，以及它跟墨水一掺和会变成什么东西。我用手指反复检测那些字母，有的已经干了，有的还没有。我的好奇心非常强烈，通过这种方式，我算是早早接触了字母。我写的字搞成了这副模样，父亲对此很不满意。不过，他脾气挺好，对我的惩罚仅仅是时常说我是个无可救药的马大哈。这就是我在写字时捣鼓出来的事，但并不是唯一的事。除了字形以外，我更感兴趣的是钢笔尖的样子。每当拿起父亲的裁纸刀，我就把刀按进笔尖的裂缝里，为的是对钢笔材料的弹性来个物理研究。接着，我会重新把笔尖合拢起来，继续写字，只不过，我的书法作品的美观会遭受重创。

那个时期，我，连同我用来认识自然进程的感官，都投入到对事物关联的探索和“认识的界限”当中了。离我父亲家三分钟路程的地方，有一座磨坊，磨坊主是我妹妹的教父。我们家去磨坊那是很受欢迎的。我甚至经常溜到那儿去，因为我会兴高采烈地“研究”磨臼的运行。就这样，我钻进了“大自然的内部”。离家更近的地方有一座纺织厂，它用的原材料会运到火车站，完工的产品也会从这儿运走。哪些东西送进厂里不见了，哪些又从厂里运出来露了面，这一切我都尽收眼底。要想“往里”瞅一眼，是严格禁止的。我从没办到过。这就是“认识的界限”吧。我多想越过这些界限啊。工厂的厂长差不多天天来找我父亲谈业务。在我这个男孩看来，这位厂长本身就是个问题，这问题出在他在我面前把厂子的“内部”秘密掩藏了起来，让人感觉奇奇怪怪的。他身上好多处沾着白色的碎屑。他瞪着眼，眼神像是沾染了机器的某种僵硬。他说起话来粗声粗气，用语也仿佛机械化了。“这人跟那堵围墙包围起来的东西是什么关系呢？”这个无解的问题埋藏在我的心灵深处。不过，我也没向任何人问起过这个秘密。因为我那孩童的观念认为，冲别人问起你连看也没看过的东西，一点用也没有。就这样，我盘桓在和善的磨坊和不懂客套的纺织厂之间。

有一次，车站上出了点绝对“震撼”的事。一列火车载着货物呼啸驶来，后头的车厢着火了。我父亲迎面看见了它，火车就这么燃烧着抵达了我们的车站。当时发生的一切，都给我留下了深刻印象。有一节车厢着了火，是由某种易燃物引起的。很长时间，我都在思考的问题是，怎么会发生这种事？周围的人跟我说起此事，都大同小异，不能让我满意。我内心充满了疑问，又得不到解答，只得任由它们萦绕着我。就这样，我长到了八岁。

我八岁的时候，我家迁到了新村[①]。这是匈牙利的一个小村庄，紧挨着与下奥地利交界的国境线。这条界线是由莱塔河划出的。我父亲现在操持的火车站，位于村庄的一头。走到界河边要花半小时。再走上半小时，就走到维也纳新城啦。

住在波特沙赫的时候，阿尔卑斯山看起来近在咫尺，如今，却只能远远地看它了。不过，当我们望着从我家新住处很快就能走到的座座小山时，阿尔卑斯山却屹立在背景中，唤起往昔的回忆。放眼这一边，丘陵缓缓起伏，林区青葱壮丽，远观另一边，田野和树林覆盖着大地，朝匈牙利的方向绵延而去。群山之中，让我最爱的，是那座三刻钟就能登上去的山[②]。它的山顶驼着一幢小教堂，里面有一幅圣罗萨莉亚的画像。小教堂是一条步行路的终点，起先我是跟父母和弟妹一块在这路上漫步，到后来就喜欢一个人独行了。如此漫步的一个特别怡人之处在于，在相应的季节，可以带

---

① 此处做了意译，音译为诺伊多夫勒。——译者注

② 那座三刻钟就能登上去的山：供奉圣罗萨莉亚的小教堂坐落在新村的东北方向，靠近通往波特兴的道路，位于这两地之间最高的一处地方。1970 年的时候它还在，被新建筑环绕着。还需要考虑到的是，在这里所述的时期，去波特兴还不通公路。供奉圣罗萨莉亚的小教堂是鲁道夫·斯坦纳用详文描写过的唯一一座小教堂。还有一座小教堂到新村火车站要走四个小时的路，由于距离遥远而没有被提及。

着大自然的丰富馈赠满载而归。因为在树林里，可以找见黑莓、覆盆子、草莓什么的。通常采集一个半小时，可以给家里的晚饭添上点美妙的加餐，由此便能感到一种内心的满足。要不然，每个人的晚饭就只有一块黄油面包或是一块夹乳酪面包罢了。

在林子里闲逛还能带来别的高兴事儿呢。这些林子都是公共财产，村里人贮备的木柴都是从这儿弄的。穷人会自个儿来捡柴，有钱人就让雇工、仆人来捡。我家跟所有人都认识，大都是些和气的人。当我这个“斯坦纳家的鲁道夫”冲他们走过来时，他们总是有空，总在聊天。“你又要去溜达啦，斯坦纳家的鲁道夫”，就这样聊开了，能聊的全都会聊到。人们并不在意，来到他们面前的还是个孩子。因为根本说来，他们心灵深处也还是孩子，哪怕他们算来已有八十岁了。于是，我从这些讲述当中得知了这村里家家户户发生的近乎全部大事小情。

从新村走上半小时的路，有一眼碳酸矿泉，泉水富含铁元素和碳酸。沿着铁道线一路走，就能走到那儿，时而也穿过美丽的树林。学校放假了，我天天赶个大早，扛着个罐子到那去。这是个陶制的水罐，是我的物件，能盛三四升水。用不着花钱，就能灌上一罐泉水。到了中午，全家人就能享用到甜美的珍珠一般的水了。

山地往维也纳新城的方向扩展，进而再往施蒂利亚的方向延伸，逐渐沉降为平原。莱塔河蜿蜒流过这一地带。山坡上，坐落着一座天主教至圣救主会的修道院。我散步时常常遇见修士们。我还记得，自己有多乐意让他们说话时提到我，可他们一次也没有。于是，我对于跟他们的碰面只留下了一种庄重而又模糊的印象，在我脑子里始终萦绕不去。我那时候九岁，就在内心打定主意：跟这些修士们职责相关的，肯定是重要的事情，我非得了解它不可。在这样的时候，我有满脑子问题，却找不到答案，只得任由它们困扰着我。的确，万事万物都是问题，这些问题让我这个小男孩很是孤独。

在阿尔卑斯山的前山，有两座城堡清晰可见。后面一座当时住的是尚博尔伯爵，此人在七十年代初意欲以亨利五世身份出任法兰西国王。跟弗罗斯多夫城堡相关的那段生活，给我留下了强烈的印象。伯爵和他的随从经常从新村火车站启程。这些人的一切都吸引着我的关注。伯爵的随从当中，有一位给我留下的印象尤其深刻。他只有一只耳朵，另一只耳朵被削掉了，光秃秃的。他把耳部上方的头发编了起来。看到他这副样貌，我第一次了解到什么是决斗，因为这男人正是在一次决斗中失去了一只耳朵。

说到弗罗斯多夫城堡，也曾有零星的社交生活展现在我面前。我时常获准在新村那位代课老师的私人住家旁观他工作，眼见他给村里以及尚博尔伯爵家周边的穷苦人写了数不清的求助申请。每份申请能得到一个古尔登[①]的救济，老师总能从中拿到六个十字币[②]的辛苦费。他需要这笔收入。教师职位每年会带给他五十八个古尔登。此外，他在校长那儿吃咖啡早餐和包伙午餐。再有，他还给大约十个孩子额外补课，其中也包括我，大家每月付他一个古尔登的补课费。

对这位代课老师，我是十分感激的。不是说我从他的课上学到了好多东西，在这方面我的情况和在波特沙赫时没有多大不同。家里一搬到新村，我就立即被送进当地的学校。学校由一间教室组成，五个年级的男孩女孩同时在里面上课。当坐在我这排凳子上的学生不得不抄写阿帕德国王[③]的历史时，特别小的孩子们就站到黑板边上，老师用粉笔教他们写 i 和 u。想干点别的事简直是不可能的，只得让心灵在麻木中思考，让两只手近乎机械地抄写。全部的课程差不多由代课老师一人包了，校长极少在学校露面，他还兼任村里的公证人，据说他这份职务有好些事要忙，以致他从来不上课了。

尽管如此，我还是相对较早地学会了流畅阅读。由此，代课老师便介

---

① 德国古代金、银币名。——译者注

② 1300—1900 年德、奥、匈的辅币。——译者注

③ 匈牙利国王。——译者注

入了我的生活，带给我一些导向性的东西。来到新村小学不久，我在他的屋里找到一本几何书。我跟老师处得很好，毫不费力就把书拿到手，可以在一段时间里为我所用了。我满心欢喜地读了起来，好几个星期里，我的整个心灵被那些全等、相似的三角形、四角形、多角形填满了。我苦苦思索着平行线到底在哪里相交的问题，毕达哥拉斯定理让我如痴如醉。

人可以纯粹靠内观而得到图形，并让心灵活在图形的形成过程中，不带有外部感官的丝毫印迹，这件事给我带来极大的满足感。我从中获得了慰藉，可以安抚各种问题无从解答所引发的情绪。能够纯粹从精神上有所领悟，这带给我内在的幸福。我知道，我最早是透过几何学才体会到幸福的。

在我跟几何学的关系上，我当时一定是看到了某种体验最初的萌芽，这体验是在我这里渐次形成的。在孩提时期，它就已经活在我的内心，时而有意识，时而无意识，直到我二十岁左右，它才呈现出特定的形象，并完全为我所知了。

感官所感受到的物体和进程，存在于空间之中。然而，恰如这个空间位于人体以外一样，在人体以内，也安置着一个心灵空间，它是精神实质和精神进程的舞台。在思想当中，我看见的并非事物在人眼前所展现的图像，而是精神世界在这个心灵舞台上的揭示。在我看来，几何学这门知识似乎是由人类自身创造产生的，尽管如此，它却有着完全独立于人类的含义。作为小孩子，我当然不能跟自己解释清楚，但我却感到，就像对待几何学一样，人们也必须担负起精神世界的学问。

对我来说，精神世界的真实性跟感官世界一样确定无疑。不过，我却需要对这个看法做一下辩解。我可以发自内心地说，对精神世界的体验并非虚妄，就像对感官世界的体验不是错觉一样。关于几何学，我对自己说："在这方面，可得要了解点儿只有心灵本身靠它自己力量才能体验到的东西。"本着这种感受，我发现，要为我所体验的精神世界做辩解的话，只需照着为感官世界辩解一样做就可以了。我正是这么做的。我产生了两个想法，它们虽然还模糊不定，但在我八岁以前的心灵生活中，却已经发挥了重要的作用。我把各种事物和存在划分为“看得见的”和“看不见的”。

我对万事万物都是照实叙述，尽管如此，那些寻找各种理由来证明人智学稀奇古怪的人士，或许会从中得出结论，说我在孩童时期就已经有一副异想天开的秉性。这样一来，在我内心形成虚幻缥缈的世界观就不足为奇了。

然而，正是因为我知道后来我对“描述精神世界”这样一个个人爱好投注的精力是多么的少，却总是探究事物的内在必然性，故而，我本人可以十分客观地回顾那笨拙幼稚的童年，看看我是怎样借助几何学来辩解，自己当然必须谈论那个“看不见”的世界。

我还必须得说：我乐于活在那个世界里。若是感官世界得不到这一边的光线照射，我对它的感受肯定会是“仿佛被一片精神上的黑暗环绕着”。

新村的代课老师用他那本几何书给我提供了为精神世界辩护的依据，这是我当时所需要的。

除此之外，我要感谢他的还有很多。他给我带来了艺术元素。他会演奏小提琴和钢琴，还会画很多画。这两样把我牢牢吸引到他身边。只要有机会，我就待在他那儿。画画是他特别喜欢的。经他敦促，九岁的我就在用碳笔画画儿了。我得以在他的指导下描摹这一类图画，记得我曾经一坐好长时间，描摹一幅塞切尼伯爵的肖像画[①]。

我听到匈牙利茨冈人的音乐并留下深刻印象，很少是在新村，往往是在邻近的碳酸矿泉边。

所有这些都在童年上演，那是在紧挨着教堂和墓园的地方度过的童年。新村火车站距离教堂只有几步路，墓园坐落在两地之间。

从墓园边上走过，再走一小段路，就真正来到村子里了。这个村子由

① 塞切尼伯爵的肖像画：即史蒂芬·塞切尼伯爵（1792—1860 年），人称“最伟大的匈牙利人”。重要的改革家，主张废除行会、农奴，取消贵族免税权。他是匈牙利科学院的创始人（1825 年），后担任劳动部与交通部部长。鲁道夫·斯坦纳模仿完成的那幅肖像画留存至今。

两排房屋构成。其中一排最前面的是小学，另一排最前面的是牧师家。两排房子当中，有一条小溪流过，两岸长着魁梧的胡桃树。在学校里，孩子们跟这片胡桃树的关系，形成了一种等级秩序。每当坚果开始成熟时，男孩女孩们就朝着树上扔石子，靠这办法得到冬天的坚果储备。秋天里，再没人谈论别的，大家说的都只是收获的坚果有多少。收获最大的那一位，便成为最受尊敬的人。然后，再按照等级往下排，一直到我，我是最后一名，作为“村里的外来户”无权加入到等级秩序当中。

村里的两排主体房屋住着“上等农民”。在主体房屋的右角，即牧师家的边上，有一排房子俯冲下来，差不多有二十幢，归“中等”村民所有。火车站花园的边上，还有一片茅草房，所有者是“小门小户”。这就是我家的周边环境。几条道路从村里伸出，通往庄稼地和葡萄园，它们的主人是村里的人。每年，我都会跟“小门小户”的人们一起去采摘葡萄，还会参加一次他们的乡间婚礼。

除了代课老师，我还喜欢那个参与学校领导工作的人，就是那位牧师（弗朗茨·马拉兹，1860—1873年担任新村牧师，后来在奥登堡大教堂担任主教，地位显赫）。他每星期固定来上两次宗教课，其他时间也常常来校视察。这个人的形象深深印刻在我的心灵上，一再浮现在我的回忆中，贯穿我的整个人生。在我十岁或十一岁以前认识的人们当中，他绝对是最重要的。他是位坚定刚毅的匈牙利爱国者，积极活跃地参加了当时正在展开的收复匈牙利国土的活动。出于这种信念，他用匈牙利语撰写文章。代课老师只得帮他誊写整齐，还不顾我当时年幼无知，总是跟我聊起文章的内容，由此，我对这些文章也有所了解。不过，牧师也是一位精力充沛的教堂工作者，有一次布道给我心灵带来了强烈的触动。

新村还有一个共济会集会点。村民们对它秘而不宣，它身上交织着各种稀奇古怪的传说。

担任这个共济会集会点领导人的，是村头火柴厂的厂长。除了他，直接参与管事的，就只有另一位厂长以及一位衣帽商了。通常情况下，人们之所以发觉这个集会点很重要，只是基于一个事实，即时不时会有陌生客人远道而来，在村民们看来，来的人数多得不得了。衣帽商是个举止奇怪的人，走路总是耷拉着脑袋，像是陷入了沉思。人们称他是个“思考者”，由于他的这个特点，大家既找不到机会接近他，也觉得没有这个必要。共济会集会点是他家的房子。

我跟这个集会点扯不上一点儿瓜葛，因为根据我周边人们在这方面的整个举止做派，我不得不放弃提出问题了。还有，那位火柴厂厂长针对教堂发表的那些枯燥乏味的讲话，也让我心生反感。

在一个礼拜天，牧师用他那活力四射的风格做了一次布道，探讨了真正的美德对于人类生活的重要性，然后谈到了画像当中的真理之敌，画像都是从集会点拿来的。接着他用这样的话把演讲推向了高潮：“亲爱的基督徒们，瞧瞧谁是真理的敌人吧，比如一位共济会成员，或是一个犹太人。”在村民们看来，厂长和衣帽商由此便被一言九鼎地指认出来了。他说这番话时的那种铿锵有力的感觉特别对我的口味。

这位牧师特别让我感激的地方就是某次他留给我的强烈印象对我后来的精神走向产生了异乎寻常的影响。有一次，他来到学校，把“比较成熟”的学生们召集起来——他把我也算在其中，在小小的教师办公室聚拢在他身边，摊开他画的一幅图画，冲我们讲起了哥白尼的宇宙系。他当时非常形象地说到地球围着太阳转，说到轴心的转动、地轴的倾斜，说到夏天和冬天，还说到地球上的各个地区。我被这幅图画彻底吸引住了，一连好几天都在临摹它，随即又得到了牧师有关日食月食的特别指导，在当时以及接下来的时间，就把全部的求知欲都投放到了这个主题上。

我当时差不多十岁大，写字还做不到拼写和语法正确无误。

教堂近在咫尺，教堂的四周是墓园，它们对我的童年生活具有深刻的意义。乡村小学发生的一切，都是在它们的参与下展开的。造成这种情况的，不仅是当时在那个地方占据主导的社会与政治状况，更重要的是，牧师是个举足轻重的人物。代课老师同时兼任教堂的管风琴演奏员、弥撒法衣及其他教堂仪器的管理员，并为操持礼拜仪式的牧师提供所有辅助服务。在弥撒、丧礼上，我们这些男学童会担当辅弥撒者和合唱队的工作。拉丁语和礼拜仪式的庄重肃穆，是我的孩童之心很喜欢体验的元素。我通过在九岁之前频繁参与这种教堂服务，得以时常待在令我这般敬仰的牧师身边。

在我父母家，我跟教堂的这种关系得不到鼓励。我父亲从不参加教堂活动，他当时是个"无神论者"。他从来不去教堂，而我却伴着教堂长大。不过，他在童年和少年时代，也曾投身于教堂服务。直到他老了，退休了，回到了他的故乡霍恩，情况才重新有了变化。到那时，他又成了一个"虔诚的人"。只不过，我在那时跟父母家已经久不联系了。

在新村度过的童年时光里，牢牢留在内心挥之不去的，是礼拜仪式的情景以及向圣灵祭祀时庄严肃穆的音乐。它以强烈的心灵诱引方式，使得关于存在的种种神秘问题油然而生。牧师给上的圣经课和基督教教义问答课对我心灵世界产生的影响，远远低于他作为礼拜仪式执行者为沟通感官世界和超感世界所做的努力。对我来说，从一开始，这一切就不仅仅是个形式，而是深刻的体验。当我因此成了父母家的另类时，这种感受就更加真切了。我从情感上抛开了我借助礼拜仪式而开启的生活，也并未停留在我在家居环境的经历上。我生活着，却不参与这种环境。我看着它，其实却在持续挂念、思忖和感受着另一个世界。但我绝对可以说，我可不是什么梦想家，我对实际生活中的所有事务也都安之若素、得心应手。

与我的这个世界形成十足反差的是，我父亲热衷于政治话题。另有一位职员跟他轮班，此人住在另一座火车站，并在那儿兼着班，只是每两三天到新村来一次。无事可做的晚间时光里，我父亲就跟他聊开了政治。聊天是在桌边进行的，桌子就摆在火车站边两棵粗壮而美妙的椴树下。每当那时，全家人会跟那位外来的职员聚在一起。母亲织毛线活，或是摆弄钩针，弟妹嬉闹玩耍着。我常常坐在桌边，听着这俩男人无休止地谈论政局。不过，我感兴趣的压根不是聊天的内容，而是谈话所呈现的方式。他们俩总是意见不一，一个说"是"的时候，另一个就会回答"不"。这一切虽然进行得紧张激烈，但也热力四射，也带有不温不火的特点，我父亲本质上算是个好脾气的人。

在这个频频聚会的小圈子里，时常会有本地德高望重的绅士光顾，偶尔也会出现一位来自维也纳新城的医生。他是来给本地的病人看病的，在当时，这里并没有医生。他从维也纳新城步行抵达新村，给病人看完了病，就来到火车站，等着坐火车返回。在我的家人看来，在大多数认识他的人看来，这人是个怪人。他不喜欢提他的医生职业，反而更愿意聊德国文学。从他那里，我头一回听见有人谈论莱辛、歌德、席勒。我家里人可从来不谈这些，也对这一无所知。村里的小学也从来没有人谈这个，在那儿只能指望听听匈牙利的历史。牧师和代课老师对德国文学的这些巨匠不感兴趣。于是，随着维也纳新城的医生到来，一个全新的世界进入了我的视野。这人挺喜欢跟我相处，在椴树下稍事休息后，就把我叫到身边，领着我在火车站广场上走来走去，并非用说教的方式，而是满怀热情地讲起德国文学。对于什么是美，什么是丑，他都有自己林林总总的看法。

有这样一幅画面留驻在我的心里，成为我整个生命记忆中欢乐的节日时光：那位个子又高又瘦的医生，大步流星、勇往直前地走着，右手总是拿一把雨伞，由于拿着伞，上半身并不晃动，他走在一侧，我这个十岁小男孩走在另一侧，对他讲的东西听得完全入了迷。

除了这一切，铁路上的事务也真够我忙活的。靠着火车站的电报机，我对电学定律有了最初的直观了解。还有，小小年纪的我已经学会了拍电报。

在语言上，我是在德语方言中长大的，这是东部下奥地利的人们操的一种方言。其实说来，它在当时与下奥地利接壤的匈牙利那一带居民中也通用。我和阅读的关系迥异于和写字的关系。孩提时代的我在阅读时，会把字词弃于不顾，用心灵直接走近直观形象、概念和思想。就这样，阅读对于我在书写上对拼写和语法形成感受力没有起到一点作用。相反，在书写上，我却渴望准确地记录字词的形象，但要借助我通常从方言字词中听到的语音。通过这种方法，我只有在遇到巨大难题时，才会求助于书面语言的书写。对我来说，阅读从一开始就是轻而易举的事。

在上述的种种影响下，我长到了需要父亲回答一个问题的年纪：他要送我去维也纳新城上中学的话，是上文科中学，还是上实用中学？从那时开始，我在他们谈论政治的间隙多次听见我将来的人生命运被提及。我在当时就认识到，父亲虽然愿意听听别人的看法，但在行动上，却会遵从自己的固有意愿。

2　中学时代

我该被送去上文科中学，还是上实用中学？对这个问题起着决定作用的是我父亲，他打算让我接受适当的预备教育，以后好在铁路上谋个职。他的想法最后集中体现为，让我当一个铁路工程师。由此导致的选择是——上实用中学。

不过，首先得要明确一个问题：我要从新村小学转入附近维也纳新城的某所中学，在这几类中学当中上某一类究竟够不够格。于是，我就先在市立中学接受了入学考试。

这些事情开启了我的未来人生，可我本人对它们并没有多大兴趣。对那个年纪的我来说，谋个职位，上市立中学、实用中学还是文科中学，都是无关紧要的事。通过我从身边观察到的，通过我从内心所构想的，我对心灵生活和心灵世界产生了虽然模糊不定但却十分迫切的问题，我想学点什么，好让自己能回答这些问题。至于该上哪类中学，我是不太关心的。

市立中学的入学考试我考得很好。家里人把我在代课老师那里完成的图画全都拿来了，这给考我的老师们留下了深刻印象，竟让他们忽略了我知识上的欠缺。我得到一张出色的考试成绩单。我的父母、代课老师、牧师以及新村的许多绅士都非常高兴。大家为我的成功欢欣鼓舞，因为这对许多人来说是个证据，证明“新村小学还能做成点事”。

我的父母产生了一个念头，觉得我既然这么了不起，就根本不必先在市立中学上一年，可以立即进入实用中学了。于是，没过几天，我就接受了实用中学的入学考试。这回虽然考得不像上回那么好，可我还是被准许入学了。那是 1872 年的 10 月。

现在，我得天天从新村前往维也纳新城了。早上，我可以坐火车去，晚上，我却得走路返回，因为在那个时间段没有火车。新村坐落在匈牙利，维也纳新城位于下奥地利。也就是说，我每天从“外莱塔尼亚”到“内莱塔尼亚”去。[①]

中午的时候，我待在维也纳新城。我遇见了一位女士，她是在新村火车站逗留时认识我的，听说了我要去维也纳新城上学。我的父母冲她说起过，担心我上学中午的时间不好打发。她当即表示，可以让我在她家里免费吃饭，任何时候只要我有需要，都可以收留我。

夏天的时候，从维也纳新城通往新村的那条步行路是很美的，到了冬天，通常可就不好走了。在从城边回到村里之前，得在一条田间小路走上半个小时，小路上满是没有清理的积雪。我常常在齐膝深的雪里趟过，回到家的时候，都成了个雪人。

对于城市生活，我内心并不能像对乡下生活那样参与进去。我总是会畅想那片挤挤挨挨的房子里和房子之间所发生的事情。只有在维也纳新城的书店前，我才会久久驻足。

学校里所教的东西还有我本人要做的事情，起初也是从我的心灵倏忽掠过，没有引起更强烈的兴趣。头两个学年，我费了好大劲才跟上课程。直到第二学年的下半年，情况才算好一些，我才算成了个“好学生”[②]。

---

① “外莱塔尼亚”是奥匈帝国匈牙利部分的非正式名称，意为莱塔河以东。“内莱塔尼亚”与之相对，位于莱塔河以西，是奥匈帝国奥地利部分。——译者注

② 在学校的年度报告中，鲁道夫·斯坦纳从二年级起就被评为优秀生。

有一种强烈的需求主宰着我。我渴望找到能成为榜样的人，按照他们的样子生活。在头两个学年的老师们当中，没有出现这样的人。

在这段学校经历中又发生了一件事，深刻影响了我的内心。在某学年结束时发表的年度报告中，校长登出了一篇文章，名为《被视为运动之效果的吸引力》。我这个十一岁的男孩，起先对它的内容简直什么都不懂，因为它一开头就在讲高等数学。不过，对于个别句子，我倒是能捕捉到某种含义。我内心架起了一座思想的桥梁，从我由牧师那里听到的宇宙大厦学说，通向这篇文章的内容。文中还提到了校长写的一本书，《作为所有自然现象本源的物质普遍运动》。我攒了很久的钱，才买到了这本书。此时的我有了一个理想，要尽快学习一切能帮助我领会这篇文章和这本书内容的东西。

情况如下文所述。校长认为，那些从物质出发、能对远处产生作用的力量乃是一种没有道理的“神秘”假想。他想要抛开这样的“力量”，来解释无论是天体，还是分子和原子的“吸引力”。他说，在两个物体之间，存在许多可被认为处于运动中的更小物体。这些物体来回运动，跟较大的物体发生碰撞。同样，较大物体在各个侧面上也会随处受到撞击，因而彼此渐行渐远。相互远离的侧面发生的撞击次数，要多于两个物体之间区域所发生的撞击次数。由此，两个物体相互靠近。这种“吸引力”并不是什么特殊的力，而只是“运动的一个效果”。书的第一页有两句话，我觉得挺显眼：“一、存在一个空间区域，里面进行着穿越漫长时间的运动。二、空间和时间是连续不断的均质的量值；然而，物质却是由单独的粒子（原子）构成的。”作者希望通过大小粒子之间按上述方式展开的运动，来解释一切物理与化学的自然过程。

并非是我内心的什么东西，以某种方式促使我秉持了这种看法。而我却有一种感觉，那就是，我若能领会以这种方式所表达的东西，这将对我具有重大意义。为了达到这一点，我竭尽所能。只要是能弄到数学书和物理书的地方，我都会把机会用上，但进展十分缓慢。我一再从头开始阅读文章和书籍。每一次都会更顺利些。

不一样的情况出现了。三年级的时候，我拥有了一位真正满足了我心中“理想”的老师。他是我可以追随的人。他教的是算术、几何和物理。他讲课条理异常分明，通俗易懂。不管讲什么，他都把一个个要素安排得清清楚楚，跟着他的思路走，是一件极舒服的事。

学校的第二份年度报告是他的手笔，内容是概率计算和人寿保险计算方面的。我埋头研读了这篇文章，尽管也没能读懂里面的多少内容。不过，我很快就理解了概率计算的含义。然而，对我来说一个更重要的影响，是我从亲爱的老师运用素材的精确性上，找到了数学思维的榜样。由此，我跟这位老师之间形成了美好的关系。此人担任实用中学所有年级的数学和物理老师，这让我觉得真是幸事。

靠着从他那学到的东西，我越来越接近校长著作带给我的谜题了。

至于跟另一位老师，我是过了好久才建立起心灵上的亲近关系。这位老师教的是低年级几何图形和高年级绘图几何学。二年级的时候他就给我上课了，可直到三年级，随着课程的进展，我才算适应了他的风格。他是位了不起的绘图大师。他的课也是明白易懂，条理清晰，堪称典范。多亏了他的教授，用圆形、直线和三角形绘图成了我最爱做的事。有了从校长、数学兼物理老师以及几何绘图老师那里接收的知识做后盾，在我那孩童的见解当中，自然现象的种种谜题涌现了出来。我感到，我必须走近大自然，才能对存在于我那种想当然体验中的精神世界获得一定认识。

我对自己说，只有思想本身所呈现的形态直达自然现象的本质，人才能做到让精神世界的体验穿透心灵。带着这样的感受，我度过了实用中学的整个三年级和四年级。我自行整理所学的一切，为的是朝着那鲜明的目标迈进。

有一次，我路过一家书店。在橱窗里，我看见了康德的《纯粹理性批判》，是雷克拉姆出版社的版本。我想尽办法，尽快买到了这本书。

当康德进入我的思想领地的时候，我还一点也不清楚他在人类思想史上的地位。人们对他的看法是赞同还是抵制，我也毫不知情。我对纯粹理性批判的无限兴趣，纯粹是由我个人的心灵生活所引发的。我用我那幼稚的方式努力去理解，人的理性能够为真正洞察事物本质做些什么。

从康德的读物到外在的实际生活，是存在一些障碍的。在家和学校之间往返，我要走过长长的路途，每天起码要花三个小时。晚上六点以前，我是赶不到家的。回家后，又有没完没了的学校作业得完成。到了礼拜天，我差不多把精力完全投入到设计绘图上了。我的理想是，在绘制几何设计图时能做到极度精确，在处理阴影线和添加色彩时能达到洁净无瑕。

这样一来，我那时几乎就没时间阅读《纯粹理性批判》了。我找到了如下的办法。我们的历史课是这么教的，老师看起来是在背诵，其实是在照着书本朗诵。我们就是用这种方法，学着那些由书本带给我们的内容，学了一个又一个课时。我心想，朗读书上的东西，我在家里就可以做。对于老师的朗诵，我不屑一顾。听他诵读的内容，我什么也学不到。于是，我便把康德那本小书的一页页纸撕下来，夹进历史书里，上课时摆在我面前，读开了康德，而讲台上却在冲下面“教着”历史。就学校纪律来说，这自然是大错特错的。可它不干扰任何人，也几乎不妨碍我达到要求，当时我在历史课上得到的评分是“优秀”。

假期里，对康德的勤奋阅读在继续。有些页，我先后读了不止二十遍。我想要对人类思想与创造自然的关系有一个判断。

我在这些思想活动中的感知受到了来自两方面的影响。首先，我希望自己内心的思想是这样形成的，即每一个想法都可以一览无余，不会被模糊不定的情感带往任何方向。其次，我希望把这类想法跟宗教教义协调起来。这极度地耗费了我的时间。在这个领域，我们恰好有很棒的教科书。从这些教科书里，我真正潜心地参习了教义学和信条神学、祭礼说明、教会发展史。我在这些学说中获得了十分强烈的体验。不过，我跟它们之间的关系却取决于——在我看来，“精神世界就是人所观察的一个内容”。这些学说之所以深深闯入我的心灵，是因为我通过它们感受到，人的精神是怎样辨识出通往超感觉之路的。通过这种关系，对精神的敬畏——我当然知道这种事——在我这里就根本体会不到了。

另一方面，我持续不断地研究人类思想力的影响。我感到，思想可以被培养成一种能真正捕捉世间事物和过程的力量。某种停留在思想之外的“物质”，只能供人们“思考”而已，一想到这点我就受不了。我反复对自己说，存在于事物中的东西，必须进入人的思想才行。

然而，这种感受一再跟我在康德那里读到的内容发生碰撞。可我当时并没察觉到这种碰撞。我想首先借助《纯粹理性批判》掌握牢靠的依据，也好应对自己的思想。不论何时何地，只要是假期散步时，我准会找地方静静坐一会儿，在内心重又思考，该怎样从简单而透彻的概念转入对自然现象的想象。当时，我对康德的态度是完全不加评判的。然而，我却不能经由他走得更远。

通过这一切，我的注意力便不能脱离那些关系到实际完成日常活动以及人之技巧形成的事情了。凑巧，有位跟我父亲轮班的职员了解装订行业，我从他那儿学会了书籍装订。在实用中学四年级升到五年级的那个假期，我可以亲手装订自己的教科书了。假期这段时间，我还无师自通地学会了速记。尽管如此，我还是跟班学习了五年级安排的速记课程。

实习工作的机会是足够多的。我的父母在火车站附近分到了一个小花园，园子里长着果树，还有一小块种着土豆的地。摘樱桃、收拾园子、准备土豆播种、耕田、刨出长熟了的土豆，所有这些活儿，我的弟弟妹妹和我都跟着一块忙活。至于到村子里采购食品，我在不用上学的日子里，并没有承担下来。

在大约十五岁的时候，我有机会跟前面提过的那位维也纳新城的医生结成了密切的关系。由于他在拜访新村时曾经用那种方式跟我谈话，我对他很是喜欢。于是，我时常从他家旁边悄悄走过，他家地处维也纳新城两条很窄的小巷一隅，位于楼的底层。有一回，恰逢他在窗边，他把我叫进房间。于是，我就置身于一座图书馆里面了，按我当时的概念，这可是座很大的图书馆呢。他又聊起了文学，随即从藏书里拿出莱辛的《明娜·冯·巴恩赫姆》，说我该读读这本书，读完再来找他。就这样，他再三借书给我读，还准许我时不时地去他那里。每次获准去拜访他时，我都得讲讲我对读物的印象。由此，他其实成了我的诗歌文学老师。在此之前，不管是在父母家，还是在学校里，这方面都是我接触不到的，也就只有几次“排练”而已。在这位和蔼可亲、对所有美好事物都欢欣鼓舞的医生身边，我对莱辛有了特别的了解。

还有一件事，对我的生活影响深刻。对于吕伯森为了自修而撰写的数学书，我是知道的。我早早掌握了分析几何、三角、微分和积分，此时距离按教学规定学习它们的时候还有好久。这便把我置于这样的境地：我又回过头，去看那些有关《作为所有自然现象本源的物质普遍运动》一书的教科书了。如今的我有了数学知识，就可以更好地领会它们了。现在，除了物理课之外，化学课也给我带来了知识谜团，由此，在旧的谜团之外，众多新的谜团又出现了。化学老师是个很出色的人。他上课的方式几乎完全是实验式的。他很少说教，而是让自然过程来现身说法。他是我们最喜爱的老师之一。他身上带有某种奇特之处，在学生看来，这就使得他迥异于其他老师了。大家对他的感觉是，跟其他老师相比，他跟他的学科的关系更加亲近。对于其他老师，我们当学生的会以“教授”头衔相称。对于他，尽管他同样是个好“教授”，我们却称他为“博士先生”。他是多思善感的蒂罗尔诗人赫尔曼·封·吉尔姆的兄弟。他的目光很引人关注。人们觉得，这个人惯于敏锐观察自然现象，然后把它们保留到目光里。

他的课多少让我有一点困惑。我当时的心灵状态正渴望着整齐划一，故而对于他所呈现的大量事实，并不总能融会贯通。不过，他一定是认为我在化学上取得了长足的进步，因为他从一开始给我的评分就是“值得表扬”，在以后的所有年级，我一直保持着这个评分。

那个时期的某一天，我在维也纳新城的一家旧书店，找见了罗泰克的《世界史》。在我心目中，历史属于过去，尽管我在学校里总能得到最高分，但这未免有失浅薄。如今，它已进入我的内心。罗泰克捕捉和描述历史事件时的那种热情让我着迷。我并没有觉察他观点上的片面性。经由他，我进一步接触到了另外两位历史作者，他们以其文风及其基于历史的人生观，给我留下了无比深刻的印象，这两人就是约翰内斯·封·穆勒和塔西佗。有了这样的印象，我就很难让自己沉浸到满是故事和文学的历史课里了。不过，我仍然努力凭借我在历史课之外所掌握的一切，让这门课对我来说变得生动起来。就是在这样的状态下，我度过了在实用中学七个学年中的三个高年级时期。

从我十五岁开始，我就在补习班教课了①，不是给同年级的同学上课，就是给比我本人低年级的学生上课。老师们那边很喜欢给人介绍我教授这种补习课，因为我被他们视为“好学生”。我由此得到机会，起码可以赚点进项，补贴一下我父母拿出可怜的薪水花在我教育上的钱了。

我对补习课十分感激。通过把吸收的课堂内容再教给别人，我在某种程度上记住了它们。我不会别的讲课方式，我怎么在如梦浮生中吸收了学校传授给我本人的那些知识，就怎么原封不动地把它们讲出来。我清醒地记得我靠自己而掌握的东西，或是从某位精神施主那里学到的东西，比如上面提到的维也纳新城那位医生。我在充分清醒的灵魂状态下所汲取的东西，迥然不同于那些在课堂上如梦境般从我身边掠过的东西。如今在补习班上，我不得不激活我的知识，这个事实起到的作用是，我在半梦半醒之间接受的那些内容得到了改造重组。

另一方面，由此，我被迫小小年纪就投身于灵性学科的实践当中。从我的学生们身上，我了解到人类灵魂发展中的各种难题。

对于我教授的那些同年级同学，我首先得给他们示范德语作文。关于

---

① 斯坦纳的同学阿尔伯特·普利瓦对此说道：“我父亲要在五年级找一个可靠的男孩来陪伴我学习。耶利内克教授帮忙挑选了鲁道夫·斯坦纳。我每天在他的指导下完成全部的作业。”一年以后，鲁道夫·斯坦纳成功地把他提携为优等生，他后来成为毕业时获得嘉奖的三人之一。这三人分别是：斯坦纳、多伊奇和普利瓦。

这些作文，每一篇我本人也都得要写，因此，我只得针对布置给我们的每一个题目，找到各种各样的写作形式。这样一来，我时常感到处境相当不易。每次都是把各种最佳思路出让给别人之后，我才会着手写我本人的作文。

在三个高年级期间，我跟那位教德国语言文学课的老师关系相当紧张。他被我的同学们视为“失败透顶的教授”，为人特别严厉。我的作文总是写得特别冗长。较短的版本都被我口授给我的同学们了。老师得花好长时间来读我的作文。毕业考试过后，在告别典礼上，他头一回平易近人地置身于我们这些学生中间，这时候，他才对我说，我那些长篇大论的作文把他搞得有多么恼火。

还不止如此，我感到，通过这位老师，有什么东西浮现在中学时期，使我不得不加以应对。比如，当他说起诗画的本质时，我觉得，背景里像是有什么东西。一段时间后，我就明白那是什么了。他信奉赫尔巴特[①]的哲学。他本人对此从未说起，可是我听明白了。于是，我给自己买了一本《哲学导言》和一本《心理学》，这两本书都是按照赫尔巴特的哲学观点写成的。

现在，借助这些作文，我跟老师之间玩起了捉迷藏游戏。我开始领会了他在描述赫尔巴特哲学的过程中所表达的某些东西。他也从我的作文里察觉到源于这一角落的各种想法。无论是他还是我，都没有说出赫尔巴特这个源头。这情形就像有一个无声的协定。然而，有一次，我完成了一篇作文，照这种局面来看，未免写得不够小心谨慎。我写到了人的某种性格特征。文末，我写了这么一句话：“这样一个人是有灵魂自由的。”老师修改完学生们的作文后，就跟我们大家讲评了起来。等他讲到上述的这篇作文时，他扭曲着嘴角，露出十足的嘲讽意味，说道：“你在文中写到了灵魂自由。那东西根本不存在。”我回应道：“我认为，这是个误解，教授先生，

① Johann Friedrich Herbart，1776—1841 年，德国近代哲学家、心理学家、教育家。——译者注

灵魂自由当然存在。只不过在通常的意识里，不存在超验的自由而已。”老师嘴边的皱纹又抹平了，他用透视般的目光凝望着我，随后说道：“我早就从你的作文里发现了，你有一间哲学藏书室。我想建议你，别读那里头的书了。读那些书只会把你的思想搞糊涂。”我一点也不理解，为什么我的思想会因为读这些书而变糊涂，而他却从中形成了他的思想。就这样，他跟我的关系一如既往地紧张。

他的课让我很是忙活，因为他包揽了五年级的希腊诗歌和拉丁诗歌课程，课上会讲解其中的作品范例，都是译成了德语的。直到此时，我才不时感到，我父亲没把我送进文科中学而是送进实用中学，真是叫人痛苦。因为我觉得，希腊与拉丁艺术一经翻译之后的那种特点很难打动我。于是，我买来希腊语和拉丁语教材，在实用中学的课程之外，悄无声息地私下开了一门文科中学课程。这占用了我很多时间，不过，也给我打下了基础，让我后来虽然不合常规，却货真价实地完成了文科中学的课程。说起来，在维也纳读到高中的时候，我不得不在补习班教很多的课时。没过多久，我教的学生中出现了一位文科中学学生。对这个事情我后面还会谈到，它所产生的影响是，我靠着补习班的帮忙，引领这个学生度过了差不多整个文科中学时期。我也用拉丁语和希腊语给他上课，就这样，通过教他，我跟他一同体验了文科中学课程的所有细节。

低年级的时候，历史和地理老师没有教给我多少东西，如今到了高年级，他们却对我变得重要起来了。那位促使我接触了那本极为特别的康德读物的老师，有一次写了篇教学大纲论文，题目是《冰河纪和它的起源》。我怀着莫大的好奇心理吸收了文章内容，由此对冰河纪问题产生了积极的兴趣。不过，这位老师也是杰出地理学家弗利德里希·西蒙尼的好学生，这使得他在高年级课堂上，在黑板上绘制了一幅阿尔卑斯山脉地质地形图。此时此刻，我不再读康德了，而是全神贯注地听课。在地理方面，我从这位老师那里学到很多，尽管我对他的历史课丝毫不感兴趣。

直到在实用中学的最后一个学年，我才有了一位也能靠着历史课把我吸引住的老师。他教的是历史和地理。他的地理课继续讲述阿尔卑斯山的地形，并且延续了上一位老师那种诱人的讲法。在历史课方面，这位新老师对我们这些学生影响很大。在我们看来，他是那种个性丰满的人士。他是个有党派的人，为当时奥地利自由派的进步思想欢欣鼓舞。不过，在学校里，人们却对此无从觉察。他丝毫不把他的政党观点带进学校。然而，凭借他对生活本身的参与，他的历史课透着强烈的现实感。我带着阅读罗泰克书籍的成果，用心灵倾听着老师那激情四射的历史阐述。一种美妙的共鸣产生了。我必须说，恰巧能用这种方式学习近代史，对我来说很重要。

在父母家里，我听到很多有关俄罗斯与土耳其战争（1877 年—1878 年）的辩论。那位每到第三天都来跟我父亲轮班的职员是一个挺独特的人。他来轮班时，总带着一只粗重的旅行袋，他在里头放着大包大包的手稿，都是从各种科学书籍里摘抄的片段。他一次次地把它们拿给我读。我狼吞虎咽地读着。然后，他会跟我讨论这些读物。说真的，对于他所汇总的一切，他头脑里的认识尽管含混不清，但也算是兼收并蓄了。不过，他跟我父亲谈的却是政治话题。他为土耳其人击节叫好，我父亲则热情洋溢地捍卫俄罗斯人。我父亲属于那种当时尚且对俄国心存感激的人，感激俄国在匈牙利起义（1849 年）中对奥地利人给予的帮助。父亲对匈牙利人一点没有认同感，在匈牙利化的时期，他就生活在地处匈牙利边界的新村。何况，他脑袋上始终有一把达摩克利斯之剑，那就是，他因为不会说匈牙利语，所以当不上新村火车站的头头。尽管在那个本属德国的地区，根本用不着说匈牙利语，然而，匈牙利政府却在运作，把匈牙利境内的铁道线都安置上说匈牙利语的官员，就连私营铁路也包括在内。我父亲却希望能留住新村的职位，直到我在维也纳新城上完中学。由于这些原因，他对匈牙利人少有好感。由于他不喜欢匈牙利人，他就往往会简单直接地想到，是俄国人在 1849 年降服了匈牙利人。我父亲这种思维方式是异常热情又异常可爱的，同等的热情与可爱也体现在跟他交班的这个人对待“土耳其朋友”的方式上。辩论的天平不时地高高翘起。让我产生强烈兴趣的根本不是他们的政治观点，而是那种面红耳赤的争辩。因为对于当时的我来说，比政治观点重要得多的是回答这样一个问题：怎样才能证明，在人类思维当中，真正的精神会产生效用？

1879—1890/维也纳

3　大学时代

我父亲得到了南方铁路局管理部门的承诺，即等我从实用中学毕业、进入技术学校之后，铁路局会把他调往维也纳附近的一个小站。这样，我就可以每天在维也纳和家里之间往返了。于是，我家搬到了维也纳山下的茵泽斯村。那儿有一座火车站，远离居民点，与世隔绝，周围环境也算不上美丽。

家搬到茵泽斯村以后，我头一回去维也纳，是去购买大量的哲学书籍，让我尤其爱不释手的是费希特《知识学》的第一稿。通过阅读康德的书，我对费希特那意欲超越康德的步履形成了自己的看法，尽管这种看法还不成熟。不过，我对此倒也不是特别感兴趣。当时我所在意的是，要用严格的形象思维方式来表现人的心灵。我在自然科学概念方面的努力仅仅让我做到，把人的“自我”活动视作真正认识的唯一可能起点。我对自己说，当这个自我处在活动中并且在亲自观察这种活动时，人的意识里就径直形成了某种思想。我认为，人对于这样观察到的东西，必须用明确而一目了然的概念表达出来。为了找到这样做的路径，我立足于费希特的《知识学》。然而，我自然有我自己的视角。于是，我一页页翻读着《知识学》，并且改写着它，写成了一部很长的手稿[①]。此前，我曾经劳神劳力地为各种自然现

① 这份手稿仅有一些纸页留了下来。是鲁道夫·斯坦纳没有完成它，还是其他的篇幅遗失了，就无法确定了。

象确定概念，进而再为“自我”找到一个概念。如今，我却想反其道而行之，由自我开始，朝着自然的发展挺进。当时，在我的内心看来，精神与自然是决然对立的。对我来说，以精神为本质的世界是存在的。“自我”本身即是精神，它存在于由精神构成的世界，这是我的直接体验。不过，自然却不愿进入这个被体验到的精神世界。

由《知识学》出发，我对费希特的文章《论学者的使命》和《论学者的本质》产生了特别的兴趣。在这些著作中，我找到了一种我本人想要追随的理想。另外，我也读了《对德意志民族的演讲》，但当时它对我的吸引远远不及费希特的其他作品。

当然，我想要在迄今为止的基础上，对康德获得更好的理解。可是，在《纯粹理性批判》中，我却不能收获这种理解。于是，我就读起了《未来形而上学导论》。我相信，我通过这本书认识到，自己有必要深入地探究康德在思想家们当中引发的所有问题。我越来越有意识地致力于将我从精神世界获得的直接体验，浇铸成思想的形式。在从事这一内在工作的时候，我试图按照康德及其身后时代思想家们所采取的方法行事。我热切地研读了特劳戈特·克鲁格那本枯燥而又冷静的《先验综合主义》，一如我热切地潜心于认识的悲剧当中，那是费希特在写作《人的使命》时曾经到达的境地。赫尔巴特信徒蒂洛所著的《哲学史》拓展了我的眼界，使我由康德时代进而了解到哲学思想的发展过程。我决心要关注谢林，关注黑格尔。费希特和赫尔巴特的思想在我心灵中呈现出无比鲜明的对立。

1879 年的夏日时光，也就是从实用中学毕业后到进入技术学校之前的那段时间，我整个是在这样的哲学学习中度过的。到了秋天，我就要选择赖以谋生的学业方向了。我决定，朝着实用中学的教职努力。攻读数学和绘图几何学，这都符合我的喜好。我不得不放弃后者，因为若是学习它，需得一天当中花费大量课时练习几何绘图。可我为了给自己挣钱，却必须留出时间在补习班教课。这样一来，我只适合听那种就算被迫缺席了也能事后补上内容的课，却不适合按部就班地亲自坐到学校里上绘图课。

于是，我就先给自己登记了数学、自然史和化学课。

不过，对我来说，卡尔·尤利乌斯·施罗尔当时在技术学校开设的德国文学是具有特殊意义的。我在大学学习的第一学年，他讲授“歌德以来的德语文学”以及“席勒的生平与作品”。他还没讲第一节课，我就已经被吸引住了。他展示了十八世纪下半叶德意志精神生活的概况，并用戏剧性的手法阐述了歌德是怎样头一回在这种精神生活中出头露面的。他那种热情的处理形式，他在讲课时吟诵诗人作品的那种感染力，以潜移默化的方式引导学生沉浸于诗作中。

此外，他还设计了“口头背诵和书面描述的练习”。学生们要背诵或朗诵他本人所写的内容。接下来，施罗尔会对学生的成绩进行评点，评点其风格、背诵方式等。当时，我先是诵读了一篇有关莱辛《拉奥孔》的文章。随后，我又启动了一项更为重大的任务，要撰写这样一个题目：人的行为从本质上说有多少自由度？在写作这篇文章时，我密集钻研了赫尔巴特的哲学。这让施罗尔极其不满。当时在奥地利，赫尔巴特流派无论在哲学课讲台上还是在教育学领域，都占据了主导地位，可他却对此并无好感。他完全倾心于歌德的思想方法。因此，尽管他对赫尔巴特的思想纪律表示认可，但在他看来，与赫尔巴特相关的一切都是迂腐而乏味的。

我也可以去大学里听一些课了。赫尔巴特信徒罗伯特·齐默曼的课让我很是喜欢。他教的是“哲学实践”。我听了他的一部分课，他在课上探讨了伦理学的基本原理。我会换课听，通常一天坐在他的课堂上，另一天坐到弗朗茨·布伦塔诺那里，布伦塔诺在同一时间教授同样的科目。我不能持续听太长时间，因为这样会把技术学校的课漏掉过多。

给我留下深刻印象的是，对于哲学，不光要从书本上了解，还要亲耳听听哲学家们的口授才行。

罗伯特·齐默曼是个奇特的人。他长着个异常高耸的额头，留了副长长的哲学家胡子。他身上的一切都很稳妥，而且风度翩翩。当他走进门来，登上讲台，他的步伐仿佛是排练过的。不过，大家又可以反过来说，对这个人来说，这副样子已经习惯成自然了。他的举手投足像是遵照赫尔巴特的美学原则，兀自经过漫长的训练而形成的。好在大家对这一切确实挺有好感。随后，他缓缓地在椅子上落座，透过眼镜片冲教室里的全体学生投来长长的一瞥，再矜持地慢慢摘下眼镜，在没了眼镜的情况下，再次环顾听众席良久，然后才开始讲课，讲得像是信口道来，但语句却经过了细致的组织，说出来很是艺术。他的语言略带传统色彩，但由于听课时间很长，大家听着听着，就容易迷失在他阐述的脉络中。他在阐述赫尔巴特的哲学时，略略做了些改动。他思维的连贯和严谨让我难忘。不过，别的听者可不这样觉得。在起初的三四次课上，他讲课的大讲堂里人满为患。对于学法律的学生来说，“哲学实践”是第一学年的必修课。他们需要教授在科目表上签字。从第五次、第六次课开始，大多数人就溜号了。到了听讲古典哲学家的内容时，就只剩下寥寥几个听众聚拢了坐在最前排的长椅上。

但是，这些传授却给了我强大的激励。施罗尔和齐默曼观点的不同深深地吸引了我。除了听课和私人授课以外，我把所剩无几的时间都花在了自家图书室或是技术学校的图书馆里。就在那时，我头一次读到了歌德的《浮士德》。说真的，直到我十九岁受到施罗尔的激励之前，我还没有推进到这部作品那里。不过在当时，我对它的兴趣立即被强烈调动了起来。施罗尔已经出版了他那个版本的第一部。通过这个版本，我首先接触了第一部。另外，施罗尔的课讲了还没几节，我就跟他进一步熟了起来。此后，他时常把我带到他家，跟我说点这谈点那，作为对他讲课的补充，还乐意回答我的问题，再让我从他的图书室拿上一本他借给我的书，才准许我离开。在此期间，针对《浮士德》第二部，他也曾说过一些话，他正忙着出版第二部并给它作注释。那时候我也在读第二部。

在图书馆，我读的是赫尔巴特的《形而上学》，还有齐默曼的《作为形式科学的美学》，是遵照赫尔巴特的观点写成的。此外，我还深入钻研了恩斯特·海克尔[①]的《形态学大纲》。我大概可以说，我通过施罗尔和齐默曼的课，通过上述读物所发现的朝我迎面走来的一切，在当时都成了我无比深刻的心灵体验。有关知识和宇宙观的谜团在我心中形成了。

施罗尔是个对系统学不屑一顾的人。他是从某种本能出发来思考和说话的。可想而知，他对他那种给观点打上语言烙印的方式推崇备至。可能出于这个原因，他在课上从不漫无边际地讲。他需要安静地板书，以便怡然自得地把他的思想转化成要说的话。然后，他念起板书的内容，语调听来仿佛已经深深内化于心。然而有一回，他竟滔滔不绝地聊起了阿纳斯塔修斯·格林[②]和雷瑙[③]。他忘掉了他的讲义。不过，在下一节课上，他又把讲义的全部内容宣读了一遍。他对自己漫谈时营造的形象并不满意。

从施罗尔那里，我认识了许多美妙的作品。通过齐默曼，一种高贵典雅的美的理论向我走来。在我看来，施罗尔这个看不上系统学的依托本能的人，跟齐默曼这位严谨而系统的美的理论家，是相映成趣的。

我也听过弗朗茨·布伦塔诺的课，他身上当时特别让我感兴趣的是个性。他思维敏捷，同时又惯于沉思。他那种演讲的方式透着点庄严隆重。我听着他讲的内容，却又不得不时刻关注他每一个头部动作，关注他那极富表现力的手势。他是个出色的逻辑学家。每一个思想都认为应当绝对透明，并通过众多其他思想支撑起来。逻辑学上最讲究的认真就在这种思想序列形式中发挥着作用。不过我觉得，这种思想挣不脱它自己编织的网，无从突破到现实当中。布伦塔诺的整个姿态也体现了这一点。他用手松松地拿着讲义，讲义仿佛随时会从手指间滑落。他只是用目光掠过一行行文字。这姿态只是象征着对现实的轻柔触碰，而并非代表着坚定的把持。我

---

① 1834—1919 年，德国生物学家、博物学家、哲学家、艺术家，同时也是医生、教授，他将达尔文的进化论引入德国并加以继续完善。——译者注

② 1806—1876 年，德语政治抒情诗人，奥地利自由派政治诗的代表人物。——译者注

③ Nikolaus Lenau，1802—1850 年，奥地利最伟大的现代抒情诗人，德语文学中悲观主义的典型代表。——译者注

通过他那双“哲学家的手”对他那种哲学研究方法的理解，比透过他的话语理解的还要多。

来自布伦塔诺的激励对我持续产生了重大影响。没过多久，我就开始研读他的著作了。在后来的几年里，我阅读了他所发表的大部分作品。

当时的我认为，自己的职责在于通过哲学来寻求真理。我应该去大学攻读数学和自然科学。我确信，若是不能把这些学科的成果置于牢固的哲学地基之上，我对它们将不得其门而入。然而，我却把精神世界看作了现实。每一个人的精神个性都从他身上向我袒露开来，令我一览无余。这种精神个性袒露在有形的肉体上，展现在物质世界的所作所为上。它与源自父母的物质胚胎是一体的。对于死去的人，我会继续追踪他进入精神世界的道路。有一位我从前的老师，在我结束实用中学的学习后，仍跟我保持着友好亲密往来，某次，我写信给他，时值一位同学去世了，我就在信里写到了自己灵魂生活的这一面。他给我回信了，态度异常友好，但对我写到逝去同学的内容，却不置一词。

当时，我对精神世界的看法随处都受到了这种待遇。人家对我说的什么也听不进去。顶多就是从这边或那边传来各种笃信鬼神的说法，这时又轮到我不爱听了。我觉得，靠这种方式走近精神世界，未免显得无聊了。

这时候，我偶然结识了一个人群当中的普通人。他每星期乘火车前往维也纳，我也乘同一列火车。他在乡下采集草药，拿到维也纳卖给药店。我们成了朋友。跟他谈起精神世界来，感觉像是跟一个在这方面有经验的人交谈似的。他是个内心虔诚的人。尽管讲话很有条理，可他却没受过教育。他读过许多神秘主义的书籍，可是说起话来，却丝毫不受这些读物的影响。那是一种灵魂生活的流露，在这灵魂生活中，蕴含着一种纯乎天然的、创造性的智慧。我很快就感觉到，他读书仅仅为的是在别人那里发现他已经认识到的东西。然而，情况并不令他满意。他袒露着自我，就好像他作为人，仅仅是某个想要从隐秘世界发声的精神体的传声筒。跟他在一起的时候，可以深入探视大自然的各种秘密。他背上背着成捆的草药，但内心却承载着采集时从大自然智慧中收获的成果。跟这位“知晓天机的人”一起走在维也纳的大街小巷，我看见有人面露嘲笑，时而还会作为第三者尾随着我们。这并不奇怪，因为这位知天机者的表达方式并非从一开始就能让人理解，必须得先学会他的“精神方言”才行。我也不是一开始就能听懂他说的话。不过，从初次相识起，我就对他产生了最深的好感。就这样，我越来越感到，我仿佛是跟一个来自亘古久远年代的灵魂盘桓在一起，他不为现代的文明、科学和观点所动，只是把远古时代的本能知识带到我的身边。

若是提起“学习”这个惯用的概念，那么可以说，你从这个人的身上什么也“学习”不到。不过，你自己若是对精神世界有所认识，就可以借助某个在此世界稳稳立足的他人，对他深入探究一番。

对这个人来说，所有的狂热幻想都远隔天边。来到他的家里，就置身于平凡而简朴的乡村家庭氛围中了。他家的房门上有这样一句话：“一切都是神的恩赐。”我受到了款待，就像在其他村民家一样。我只得不住地喝咖啡，不是用碟子，而是用一把“瓷壶”，将近能盛一升的量。就着咖啡，我还得吃一块尺寸巨大的面包。不过，村民们也认为，这个男人不是什么狂热分子。他在家乡的行为举止足以反驳任何的嘲讽。他也有一种自然的幽默感，每当遇见村里的老老少少，都很善于倾谈，让人们从他的话语里得到快乐。在这里，没有人会像跟着他和我穿过维也纳大街小巷的人们那样发出嘲笑，那些人从他身上看见的大都是让他们觉得稀奇古怪的东西。

哪怕生活又把我从他身边带走了，这个人始终与我心灵相通。在我创作的神秘剧里，在菲利克斯·巴尔德这个人物身上，可以发现他的影子。

在当时，令我的心灵生活感到不轻松的是，我从别人那里所听闻的哲学，在他们思想中并未得到理解，因而并未达到对精神世界形成看法的程度。从我在这方面所体验到的困难当中，一种“认识论”开始在我内心形成了。渐渐地，生活在思想中对我来说就好比是灵魂在精神世界体验的余晖反射进了人的身体。我觉得，思想—体验正是某种实相中的存在，对于这种实相，任何怀疑都不敢招惹它，就好像不敢招惹某种经过透彻体验的实相一样。感官世界在我看来不是那么容易体验的。它就在那里，但人却不能像捕捉想法那样抓住它。它的内在或是它的背后，有可能潜藏着某种本质上未知的东西。然而，人却被安置到它的里面。于是，问题产生了：这个世界是不是十足的实相呢？假如位于它近旁的人在内心编织种种思想，随后思想把光带进这个感官世界，那么，人真的也把某种对它来说陌生的东西带到了它这里吗？然而，这却跟人惯有的体验毫不一致，那就是，感官世界位于人的面前，人带着他的思想闯进感官世界。不过，思想却可以证明自己是感官世界赖以发声的介质。那时候，顺着这样的思路继续追踪，是我内心生活的一个重要组成部分。

可是，我想要谨慎一点。我觉得，若是过于仓促地把一个思路引导成一套自己的哲学观点，那可就危险了。这促使我对黑格尔做了一次深入研究。这位哲学家阐述思想现实的手法，让我觉得挺亲切。不过对于他仅仅推进到了一个思想世界，尽管是一个生动活跃的思想世界，却没能对具体的精神世界形成看法，则让我感到不爽。在搞哲学研究时，若是从一个思想到另一个思想逐步取得进展，那会是稳妥的，这种安全感吸引着我。我看到，许多人认为经验和思想之间是对立的。我却觉得，思想本身就是经验，但却是人生活于其中的经验，而不是从外部朝着人走过来的经验。就这样，对我来说，黑格尔在很长时间里都是难能可贵的。

由于我对哲学的这种兴趣，必修课的学习自然会受到影响。但这方面也是可以受益的，因为我先前就已经大量涉猎过微分和积分演算，也接触过几何分析法。因此，我可以缺席一些数学课，却不会跟不上进度。数学对于我仍然重要，它是我整个认知求索的基础。它包含了一个由直觉和概念构成的体系，这些直觉和概念都是独立于所有外部感官经验而获得的。不过，凭借这些直觉和概念，却可以走近感官现实，并透过感官现实找到其规律性，我那时不住地这样对自己说。通过数学可以认识世界，但是为了实现这一点，必须先得让数学从人的心灵中产生才行。

当时，一次对我起到决定作用的体验恰恰是来自数学方面。空间想象成了我内心的最大难题。正如当时占据主导的自然科学理论所认为的，它是全方位无穷延伸的空，因而对它无法展开一目了然的想象。借助我听课和私下学习时所了解的近代（综合）几何，我内心产生了这样一个观点，认为一条向右边无穷延长的直线，会从左边重新返回它的出发点。位于右边无穷远处的点，恰恰是位于左边无穷远处的那个点。

我觉得，借助近代几何的这类想象，可以从概念上理解空间，要不然，空间只能是僵化的空间。那条像一个圆圈似的回归自我的直线，给我的感觉就像是一次开示。我丢开了课上教的内容，记得当初它走向我的心灵时，就像是千钧重负朝我压下来。一种解脱感油然而生。几何又一次给我带来了幸运，就像在我幼小的童年时期那样。

在我人生的这一阶段，我感到，位于空间之谜背后的是时间之谜。可不可以这样设想，通过朝着“无穷远”的未来进发，就有可能在想象中回到过去？我在空间想象方面很走运，这使我在关于时间的想象上变得心潮起伏不定。然而，起初是看不到出路的。一切的思考尝试导致我认识到，我尤其要提防的是，不能把直观的空间概念跟对时间的理解混淆起来。追求认知有可能带来的种种失望，莫不在时间的谜题上产生了。

我从齐默曼那里获得了美学上的激励，这促使我去攻读当时著名美学家弗利德里希·台奥多尔·费舍尔[①]的著作。我发现，他作品中有一处地方指出，近代自然科学思想使得改革时间概念成了必要。每当我看到别的人士那里也有着我内心所产生的认知需求，我都会感到欣喜和鼓舞。就这件事来说，这就好比能证明，我寻求一个令人满意的时间概念是合情合理的。

对于我在技术学校注过册的那些课程，我总归必须通过相关考试而结课才行。这是因为，我被批准获得了一项奖学金，只有每年拿出特定的学习成绩，才可以继续领取。

---

① 1807—1887 年，德语文学家、美学家、哲学家。——译者注

然而，我的求知欲，尤其是在自然科学领域的求知欲，却不能通过这些必修课得到满足。好在当时维也纳的高校准许我以旁听生的身份上课，还可以跟着做练习。当我打算以这种方式展开科学生涯的时候，到处遇到的都是支持和配合，一直到我步入医学领域。

我敢说，每当事情涉及要遵照当时传授的方法来认识自然科学的时候，我都不会让自己对精神领域的探究受到干扰和干预。我潜心学习课上教的内容，只是在背地里希望，有朝一日自然科学和精神认知能够在我面前融会贯通就好了。只不过，这两个方面都让抱有这种希望的我感到不安。

当我开始关注有机自然科学的时候，它已经被达尔文的思想渗透了。当时在我看来，达尔文主义从最高观念来说，是一件在科学上不可能的事。我渐渐萌生了一个想法，要绘制一幅人的内在图景，是精神性质的那种。它被构思成精神世界的一个环节。对它是这么设想的，它从精神世界沉入自然生活，融进自然生物体，为的是借助生物体来认识和影响感官世界。

纵使我对生物体发展学说的思路抱有一定敬意，但就这幅图景而言，我也不会任由自己留出什么商量的余地。高等生物体起源于低等生物体，我觉得这是个有益的想法。要让它们与我所理解的精神世界相互结合，难度是不可估量的。

物理学研究中完全充斥着机械热能理论和波动力学，用它们来解释光的现象与色彩现象。

机械热能理论学习对我产生了一种带有个人色彩的吸引力，因为我在物理学领域听过一位我异乎寻常敬仰的人士的课。他就是埃德蒙·莱特林格，《自由视线》的作者。《自由视线》是一本美妙的书。

他为人和蔼可亲，无比讨人喜欢。我听他课的时候，他已经患上了严重的肺病。我在整整两年里，一直听他讲机械热能理论、为化学人士开设的物理学以及物理学史。我在化学试验室跟在他身边工作，涉猎了许多领域，特别是光谱分析。

莱特林格的物理学史课程对我具有特殊的意义。由于患病，他说话时，会让人觉得，他每讲一个字都很吃力。然而，他讲起课来却让人无比振奋。他是个研究型的人，归纳严谨。凡是涉及物理教学法时，他都喜欢援引惠威尔[①]归纳学著作中的话。在他看来，牛顿是物理学研究的高峰。他把物理学史分成两部分来讲述：第一部分是从远古到牛顿，第二部分是从牛顿到近代。他是个涉猎广博的思想者。在看待物理学问题时，他总是从历史角度转移到一般意义的艺术史视角。就连司空见惯的哲学思想也会出现在他的自然科学讲授中。比如，他阐述过乐观主义和悲观主义，异常兴奋地谈论过关于自然科学形成假设的合理性。他对开普勒[②]其人的描述，他对尤利乌斯·罗伯特·迈尔[③]特点的形容，都堪称科学演讲方面的杰作。

当时在他的激励下，我差不多通读了尤利乌斯·罗伯特·迈尔的所有著作。我时常跟莱特林格口头聊起其中的内容，这让我真切地体验到一种巨大的快乐。

我在莱特林格那儿完成了机械热能理论的最后一次考试，几个星期后，亲爱的老师就病重去世了。我伤心欲绝。临终前不久，他还仿佛留下遗嘱似的，给我推荐了一些能帮我的私人授课班招来学生的人。这事办得很是成功。我随后几年挣得的生活费，有相当一部分都是多亏了逝去的莱特林格的推荐。

通过机械热能理论和波动力学对光的现象和电的作用的解释，我被推向了认识论研究。在当时，外部的物理世界呈现为物质的运动过程。感官的感觉仅仅表现为主观的体验，表现为纯粹运动过程对人的感官产生的作用。外部空间上演着物质的运动过程，这些过程一旦触及人的体温感官，

---

① 英国归纳主义哲学家。——译者注

② 1571—1630 年，杰出的德国天文学家，发现了行星运动的三大定律，分别是轨道定律、面积定律和周期定律，赢得了“天空立法者”的美名。同时对光学、数学也做出重要贡献，是现代实验光学的奠基人。——译者注

③ 1814—1878 年，德国物理学家，能量守恒定律的发现者之一，热力学与生物物理学的先驱。——译者注

人就会体验到温度。以太的波动过程是在人体之外展开，它们一旦碰触到视觉神经，人体内就会产生光和色彩的感觉。

这种看法从四面八方向我袭来，令我的思考变得说不出的艰难。它把所有的精神都逐出了外部客观世界。一个观念在我心里产生了：如果说对自然现象的观察能导致此类看法，那么，人们凭借对精神的体验就不可能得出这些看法。我看到，这些看法对于当时靠自然科学滋养起来的思想流派是多么富有诱惑力。此时，我还没能打定主意，要用我自己独有的思维方式去对抗占据主导地位的思维方式。但即便如此，还是产生了激烈的内心搏斗。对主流思维方式的批评轻易就能想出来，但不得不一再被压下去，压在心底，为的是等待时机，获得进一步的认识源泉和认识途径，让事情更安全稳妥一些。

通过阅读席勒的《审美教育书简》，我受到强烈的鼓舞。他指出，人的意识仿佛在不同状态之间来回摇摆，从而跟我为人的心灵内在作用和活动所绘制的图景形成了共鸣。席勒划分了两种意识状态，人在其中形成跟世界的关系。人若是听凭感官在体内发挥作用，就会活在大自然的强制之下。感官和欲望左右着他的生活。他若是受制于理性的逻辑规律，则会活在不可或缺的精神之中。不过，他可以在内心形成一种介于两者中间的意识状态。他可以培养的“审美情调”，是既不片面听命于大自然的强制，也不委身于不可或缺的理性。在这种审美情调中，心灵尽管要借助感官过活，但却可把某种精神带入感官体验中，带入受到感性驱使的行动中。人借助感官察觉到，精神仿佛涌进了感觉中。行动中的人听任直接渴望带来的满足感摆布，却又完善了这种渴望，好让自己喜欢好的，厌恶坏的。由此，理性便跟感性结成了一种内在联系。好的成了天性。天性能够为它自己指明方向，因为它本身沾染了智慧的特征。席勒从这种意识状态中看到，在这样的心境下，人可以体验美的作品，还可以创造美的作品。在这种状态的形成过程中，他发现，人的真正本性在人的内心复苏了。

席勒的这些思路吸引着我。它们说明，首先必须让意识处于某种状态下，才能跟世界上的各种现象建立符合人之本性的关系。由此，从自然观察和精神体验角度向我提出的种种问题，就变得更加明确了。席勒谈到了这样一种意识状态，只有处在这种状态下，才能体验世界之美。是否也可以设想，这样一种意识状态能够传达事物本质的真相？如果这个设想是合理的，那就不能用康德的方法来观察最先产生的人类意识了，也不能探究它能否弄清事物的真正本质了。反之，必须先行去研究的那种意识状态，正是人赖以使自己跟世界建立了关系，进而使得事物和事实的本质向他揭开的意识状态。

我相信，如果人所拥有的思想不仅能描摹外部事物和过程，还能把思想的体验带给他自身，那么，这样一种意识状态在某种程度上就已经达到了。在我看来，思想的体验表现得决然不同于日常生活带来的体验，也迥异于一般科学研究带来的体验。越是深入到思想的体验中，越会发现，这种体验会迎来精神的实相。不妨沿着这条心灵之路朝着精神进发。然而，在这条内在的心灵之路上抵达的精神实相，却恰恰是在大自然内部也能再次看见的那种精神实相。借助活跃的思想体会了精神的实相之后，再置身于大自然的面前，便能对大自然获得一种更加深入的认识。

我越来越清楚，该怎样略过普通的抽象思维，迈向精神上的体验。不过，这种精神体验却能保持思想的审慎和光明，让人进入到一种实相当中，而一般的意识又会让他远离这种实相。一般的意识一方面具有感觉的生动性，另一方面又具有思想形成的抽象性。精神体验利用了精神，正如感官借助了自然。不过，精神体验跟神识思维的距离，并不像一般意识跟感觉思维的距离那么遥远。精神体验是通过体验精神来进行思考，通过把人苏醒的智慧带向思考来进行体验的。

精神体验浮现在我的灵魂之前，这灵魂并非是基于幽暗的神秘情感。它更多是在精神活动中伸展，这种精神活动的透明度完全可以跟数学思维相媲美。在我正在接近的灵魂状态中，我相信，即便在自然科学思想论坛前，我也敢认定，自己内心对精神世界获得的体验是有理有据的。

当这样的体验渗透我的灵魂时，我正值二十二岁的年华。

4 青年时期的友谊

对于我当时希望为之打下牢固基础的精神体验形式来说，音乐体验起到了紧要的作用。这个时期，在我身处的精神环境中，关于瓦格纳的争论进行得如火如荼。在童年和青年时代的生活中，我利用任何时机来增进自己对音乐的理解。我的思想立场与音乐理解相携而生。在我看来，思想本身能够生成思想的内容，而不仅仅是借助它所表达的感受。然而，这却仿佛自然而然地导致了对于纯粹的音乐声音形象的体验。我认为，声音世界本身揭示了实相的一个根本方面。至于瓦格纳的信徒当时用尽一切办法宣称，音乐应当在声音形式之外再“表现”些什么，这让我觉得实在“算不上音乐”。

我一直是个合群的人。由此，我早先在维也纳新城读书的时期和后来又在维也纳的时候，都结下了许多的友情。在见解上我跟这些朋友很难谈得来，但这却从来不妨碍在朋友交往中洋溢着真诚，充满了强烈的相互激励。我曾跟一位抱有美妙唯心论立场的年轻人结下这种友情。他留着一头金黄的卷发，长着一双正直的蓝眼睛，是德意志青年人的典型长相。他整个被瓦格纳崇拜裹挟住了。那种自成一体的音乐，只想在声音中过活的音乐，对他来说变成了一个由可恶市侩构成的没落世界。声音的倾诉恰如某种语言的倾诉，这让他觉得声音形象是弥足珍贵的。我们一道去听了些音乐会，看了些歌剧。我们总是各执己见。我仿佛身体里灌了铅似的喜欢凝重，他却对那种“富于表现力”的音乐热情似火、心醉神迷。每当毫无掺杂的纯正音乐响起，他反而会感到索然无味。

跟这个朋友的辩论进行得无休无止。悠长的散步路上，喝着咖啡的漫长座谈中，他用激情四射的语言阐述着各种为他撑腰的证据，证明直到有了瓦格纳，真正的音乐才算是诞生了，先前的一切只不过是为这位“音乐发现者”的到来所做的准备。这番论调促使我用十分激烈的方式来表达我的感受。于是，我说瓦格纳式的野蛮聒噪埋葬了一切真正的音乐欣赏。

遇到特殊的场合，辩论会来得特别激烈。有一天，我的朋友生出个奇怪的癖好，在我们几乎天天进行的散步活动中，把我们朝一条窄巷子的方向带了过去。到了那儿，他通常会跟我一边讨论瓦格纳，一边沿着巷子来来回回走上好多遍。我深深沉浸在辩论中，慢慢地才逐渐灵光一闪，明白他怎么就形成了这个癖好。在我们散步的时候，巷子里有一户人家的窗口，总会坐着个妩媚的年轻姑娘。起先，他跟这姑娘没什么别的关系，不过是，他见她差不多天天坐在窗口，猛然意识到，那投向街上的目光是望着他的。

我起初只是感到，他对瓦格纳的捍卫原本已经够狂热的了，但他的热情在这巷子里竟然熊熊燃烧了起来。等我刚一意识到是什么支流源源不断汇入了他那汹涌澎湃的心潮，他竟也把这方面的事坦然相告了。于是，我便对一段无比温柔、美好而迷醉的初恋感同身受了。这段关系在上述状况之外没能取得多大进展。我的朋友出身于一个没有天赐财富的家庭，不久就必须到某省城就任一个小小的记者职位。他没法设想跟这姑娘建立亲密联系，他也没强大到能掌控局面的地步。有很长时间，我跟他保持着通信联系。他的信里传来了忧伤的余音，听天由命吧。在他心里，仍然留有念想，可他却不得不断了这念想。

当生活早已终结了我跟这位青年时代朋友的通信之后，我邂逅了一个人，是从他谋得记者职位的那座城市来的。我一直很欣赏他，就问起了他的情况。那人对我说道：“哎，他的状况很糟糕，简直连面包都挣不上。到最后，他在我那儿当文书，不久就得肺病死了。”我听了这消息心如刀割，因为我知道，这个理想主义的金发男子一旦为形势所迫抛下了他那曾经的初恋，那么今后生活还会把他带向何方对他来说就都无所谓了。若是生活并非是我们在那条窄巷散步时呈现在他眼前的理想模样，那么对他来说，打造这种生活是一文不值的。

在跟这位朋友的交往当中，我当时对瓦格纳崇拜的反对恰也发展得恣意而强劲。不过，这一时期，它也在我的灵魂生活中发挥了重大作用。我向四面八方去探寻，去熟悉那些与瓦格纳风格毫不相干的音乐。我对“纯音乐”的喜爱多年来一直在滋长。我对“通过音乐来表现的野蛮”的厌恶感越来越严重。这种情况下，我竟命中注定般地进入了几乎完全由瓦格纳崇拜者构成的人际环境当中。这一切颇有裨益，促使我在很久很久以后，极为艰难地实现了对瓦格纳的理解，对于一种如此重要的文化现象，只有理解才是通晓人性和理所应当的。不过，这种挣扎属于我生命的后一时期。在此处所描述的时期，有一些活动，比如说不得不陪我的一个学生去看《特里斯坦》[①]的演出，可真让我觉得“无聊得要死”。

这个时期，另一段对我具有重要意义的青年时代友谊也出现了。那是一位各方面都跟金色卷发男孩截然相反的年轻人。他以诗人自居。我跟他在一起，也花了很多时间进行激动人心的对话。他对所有的诗歌都那么心神激荡。他早早担负起了伟大的使命。我们认识时，他早已写成了一部悲剧《汉尼拔》，还写了好多抒情诗。

跟这两位朋友交往时，我也在做“口头朗诵和书面描写的练习”，这是施罗尔在学校里开的课。我们仨人还有另外一些人，都从中获得了无比美妙的激励。我们这些年轻人可以朗诵那些让我们在精神上有所实现的内容，施罗尔会针对这一切跟我们展开讨论，用他那崇高的理想主义和高超的鼓舞能力升华我们的灵魂。

当我获准去施罗尔家拜访时，我的朋友通常会陪我前往。此时，他总是会活跃起来，而其他时候，他的生活态度却常常贯穿着沉重的调子。由于内心的矛盾冲突，他对生活难以应对。任凭什么职业都引不起他的兴趣，都不能促使他快乐地履职。他整个沉浸在对诗歌的兴趣中，除此之外，就再看不到跟生存之间有什么真正的关系了。说到底，他对生存采取无所谓

① 瓦格纳创作的歌剧名，全称是《特里斯坦与伊索尔德》。——译者注

的态度是有必要的。我也跟他保持着通信联系。他并不能从诗歌艺术本身体验到真正的满足，这让他的心灵备受煎熬。对他来说，生活未能填充珍贵的内容。我不得不痛楚地体会到，无论是他的来信还是跟他的交谈中，都越来越浓地弥漫着他得了不治之症的说法。任凭什么都不足以打消他这种毫无根据的疑虑。于是，有一天，我获悉了一个消息，这个跟我很是亲近的年轻人亲手结束了他的生命。

此时，有一个年轻人跟我结下了真挚的友情，他是从德国特兰西瓦尼亚来到维也纳技术学校的。我最初认识他，也是在施罗尔的练习课上。当时，他针对悲观主义发表了一番高论。叔本华就这种人生观所提出的一切，都被他演说得活灵活现。此外，这个年轻人自己的悲观生活情绪也被有所触及。我自告奋勇，要来一次针锋相对的演讲。我驳斥了悲观主义，语调真可谓雷鸣电闪，在当时我就将叔本华称作一个“头脑狭隘的天才”，并且用这样的话把自己的阐述推向高潮，“如果演讲人先生对悲观主义的论述算是有道理的话，那我宁愿把我脚下踩的木头柱子当成一个人。”这句话在我的熟人圈里被重复了很长时间，大家对我极尽嘲讽。然而，它却把这位年轻的悲观论者变成了跟我真心相交的朋友。我们一同度过了许多时光。他也以诗人自居。我常常在他房间一坐就是好几个小时，喜欢聆听他朗诵他的诗作。他也兴趣盎然地迎合了我的精神追求，不过，他这么做与其说受到了我所涉猎事物的激励，不如说是出于他本人对我的喜爱。就这样，他缔结了一些美好的青年友情，也开启了初恋。他的生活很是艰难，为了活下去，他需要这些。身为穷孩子的他在赫尔曼城上完了中学，那时就不得不靠私人教课来维持生计了。后来，他想出个天才的主意，在维也纳以通信方式继续给在赫尔曼城招到的私人学生上课。学校教的知识引不起他的兴趣。有一回，他要完成一次化学考试。他连一次课也没上过，也没碰过相关的书籍。考试前的最后一夜，他让一位朋友从全部材料中摘出片段念给他听。最后，他听得睡着了。不过，他还是跟这位朋友一道上了考场。两人“华丽丽地”双双落败了。

这个年轻人对我无限信任。有一段时间，他待我就像是对待一位告解神父。他把一种有趣的、时常感伤的、为一切美好事物欢欣鼓舞的生活展现在我的灵魂之前。他带给我这么多的友情和爱，要想没有那么一两次让他大失所望，可真是件难事。发生这样的情况通常是因为，他常常认为，我对他不够关注。可这也是没办法的事，因为我的某些兴趣领域在他那儿得不到切实的理解。不过，这一切到最后却只是促使友情愈发地真挚了。每年夏天，他都在赫尔曼城过暑假。每当那个时候，他会重新招收学生，以便在接下来一年里从维也纳靠着通信给他们授课。我总能收到他写来的长信。我很少甚至根本不回信，这让他感到苦恼。不过，每当他在秋天回到维也纳，他就会像个孩子似的，蹦蹦跳跳来到我面前。共同的生活就又开始了。当时我跟好多人有来往，这都多亏了他。他喜欢带我去见他所结交的所有人。我渴望社交。这位朋友给我的生活带来了许多的欢乐和温暖。

这段友情在生活中一直占据了这样的地位，直到几年前这位朋友辞世。它经受了一些生活的风雨，却始终如一。对于它，我还会有许多话要说。

回首往事，意识中浮现出许多的人际关系，以及许多的生活交往。就热爱与感激之情而言，这种回顾的意识仍然十足地存在于灵魂当中。我在此不能把一切逐一赘述，某些东西只得不去触及，尽管它们在我的个人体验中，曾经并且始终跟我十分亲近。

我这里所说的那个时期的青年友谊，跟我的生活历程之间形成了一种奇特的关系。它们迫使我在内心过上了一种双重生活。与认识之谜的搏击在当时充斥着我的内心，它虽然总能引起朋友们的强烈兴趣，却得不到多少共同参与。在对这道谜题的体验上，我是相当孤独的。相反，对于我的朋友们生活中涌现的所有东西，我本人却会感同身受。就这样，有两股生活潮流在我这里并行不悖：对于第一股，我像个孤独的漫游者那样追随着；对于另一股，我是通过跟我喜爱的人们的活跃交往来经历的。然而，在许多情况下，对于我的发展产生深刻而持久意义的，却也是第二种体验。

有一位朋友我得特别回忆一下。早在维也纳新城的时候，他就是我的同学。不过那个时候，他跟我并不熟稔。直到在维也纳，他才跟我亲近起来。他先是时常来拜访我，后来就当上公务员，在这里生活。不过，早在维也纳新城时期，他虽然跟我并无外在联系，却已对我的生活起到了一定作用。有一回，我跟他一道去上体操课。当他在做体操，而我却无所事事的时候，他把一本书放到了我身边。那是海涅的著作，写的是"浪漫派"和"德意志哲学史"。我瞥了一眼。这就促使我读了整本书。我从中收获了许多启发，但却跟海涅处理我所接近的生活内容的方式格格不入。从对这种跟我内心正在形成的东西截然相反的思维方式和情感走向的观察中，产生了一种强大的动力，要对我内在的生命走向进行反省。就我的灵魂气质来说，这是必不可少的。

靠着这本书，我跟这位同学搭上了话。这时候，他的内心生活得以呈现，为后来一段持久的友谊奠定了基础。他是个封闭内敛的人，很少敞开心扉。人们大都觉得他是个怪人。对于他愿意坦露心声的不多的几个人，他会在信里变得十分健谈。他觉得，他这个人在内心秉性召唤下注定会成为诗人。他认为，他的灵魂里承载着一笔伟大的财富。在跟女人的关系上，他也倾向于宁肯浮想联翩，也不愿与之缔结真正的外在关系。有时候，他都近乎要缔结这样一种关系了，却还是不能把它变成真正的经历。在跟我的交谈中，他会发自内心、满怀热忱地体验一番他的梦，仿佛这梦是真实的一般。每当这时候，梦境难免都会灰飞烟灭，他就会变得凄楚起来。

他的心灵生活跟他的外在简直是风马牛不相及。对他来说，这种生活重又成了恼人的自我观察的对象，在他写给我的许多信里，在交谈中，都包含了它的影子。比如有一次，他给我写了封很长的信，阐述了那些细致入微的和无比宏大的体验是怎样变成了他内心的标记，而他又是怎样与这些标记共存的。

我喜爱这位朋友，带着喜爱，我理解了他的梦想。不过，我跟他在一起时，总是会觉得，我们如同行走在云中，接不着地气。这对我是一种特殊的体验，因为我在不断努力，在认识中寻找牢固的生活支柱。每当面对这位朋友时，我不得不一再地游离自己的天性，仿佛跳进了别人的外壳里。他喜欢跟我一起待着。有时候，他也会就“我们本性的差异”进行一些含义深远的理论观察。他几乎没意识到，我们两人的思想有多么不一致，因为友情忽略了一切思想。

我跟另一位维也纳新城的同学的交往与此相似。他在实用中学比我低一年级，等他比我晚一年来到维也纳，进入了技术学校，我们俩才相互走近。不过那时候，我们有很多时间在一起。对于认识领域那些引发我内心思考的东西，他也很少能理解。他学的是化学。他秉持的是自然科学的观点，这就使得他当时在跟我的交往中，无非只能充当我心中所萦绕的精神观念的怀疑者。在后来的生活中，我从这位朋友那里得知，其实当时他从最为内在的本性来说，已经接近了我的心灵状态。只不过在当时，他根本没让这种最为内在的本性流露出来。于是，我们之间活跃而又持久的辩论对我来说变成了一场“抗击唯物论之战”。面对我关于世界的精神成分的认识，他总是借助据说源于自然科学的异议来全盘否定。我当时则被迫亮出我所有的观点，以便击退那些源自唯物论思想取向的反驳观点，捍卫一种从精神出发的世界认知。

曾经有一回，辩论进行得极为激烈。每天在维也纳上完课，我的朋友都会返回他的住处，他仍然住在维也纳新城。我时常陪他穿过维也纳的林荫小巷，送他到南火车站。一天，我们来到火车站，唯物论之争正好进行到剑拔弩张的地步，火车马上得开了。于是，我就把我要说的内容概括为下面的话：“你说：我认为，这是你大脑神经系统进程的必然结果。你能站得住脚。这些进程只不过是实相。你说：我看见这个那个，我走了什么的。情况确是这样。可是你瞧，你不会说：我的大脑在想，我在脑海里看见这个那个。若是你真的认为，你在理论上所宣称的是真实无误的，那么，你就非得纠正你的措辞不可。当你说到‘我’的时候，你其实是在扯谎。然而你别无选择，只能听任你健全的本性去抵制你那理论的灌输。你所体验的事实不同于那些维护你理论的人。你的意识证实你的理论纯属谎言。”这位朋友不住地摇头。他再也没时间反驳了。我独自往回走，不禁想到，用这么粗鲁的方式来驳斥唯物论，实在算不上什么特别精确的哲学。不过，要在火车开走之前五分钟提出一条哲学上无可辩驳的论据，对于当时的我来说确实很难，我只能把我内心对于人之“自我”实质的准确体验表述出来。我觉得，这个“自我”是人对他自己内在实相的内观体验。在我看来，这个实相是确凿无疑的，正如别人对唯物论的认可一样。然而，它却毫无物质成分可言。在接下来的岁月里，这种对于实相和“自我”之精神性的洞察帮助我摆脱了唯物论的所有诱惑。我知道：这个“自我”是牢不可破的。我清楚，凡是不了解“自我”的人，都把它理解为一种表现形式，当成其他进程的一个结果。而我却视它为内在的精神体验，我想向朋友表明这一点。我们两人在这个领域还有过多次针锋相对。不过，我们在一般的人生观上却有着许多完全相同的感受，这使得激烈的理论交锋从来不曾转化成个人关系上的误会，就连一点也没有。

这个时期，我进一步沉浸在维也纳的大学生活中。我成了“技术学校德意志读书会”的成员。在集会和小型聚会中，大家会深入探讨当时的种种政治文化现象。讨论中，年轻人各抒己见，各种可想而知的或是不可思议的观点尽皆呈现。特别是在选举干部的时候，意见会南辕北辙，激烈交锋。许多场景紧张火爆，群情激奋，虽是在青年人当中展开，却折射出奥地利公共生活的各种事件进程。当时，各个国家主义政党正在集结，特色日趋鲜明。那在后来一步一步导致奥匈帝国土崩瓦解的一切，在世界大战后呈现其后果的一切，当时正处于萌芽阶段。

我先是当选为读书会的图书管理员，这个岗位的职责是，只要我觉得哪些作者写的书对大学生图书馆有价值，我就要负责找到他们。我会给这些作者写“借贷函”，常常一个星期要搞定上百封这样的信。通过我的这项工作，图书馆迅速扩大。这事也给我带来了另一种收获，由此，我有机会十分广泛地了解当时的科学、艺术、文化、政治等方面的文献。我变成了作者们馈赠书籍的热心读者。

后来，我当选为读书会主席。这对我来说是个吃力的差事。我要置身于大量彼此迥异的党派立场之间，在大家当中判定谁是相对正确的。各个党派的成员都来找我，谁都想要说服我，相信只有他的党才是对的。我当选的时候，所有党派都投了赞同票，因为在此之前他们只听说过我在集会上是怎么捍卫正当观点的。我当上主席半年以后，大家就都反对我了。因为他们到这时候才发现，不管对待哪个党派，我的赞同程度都达不到他们想要的。

在读书会上，我的社交欲望得到了大大的满足。随着各种公共事件不断反映在大学生社团生活中，公共生活的其他领域也引发了我的兴趣。当时，我坐在奥地利议会上下两院的观众席，列席了一些有趣的议会辩论。

除了那些通常会深刻影响民生的议会措施以外，令我特别感兴趣的就是议员们的其人其事了。每年，机智敏锐的哲学家巴托洛毛斯·卡涅利都是预算主题的首席演讲人，他会站在长椅的角上发表演说。他的言辞如炮弹般地狂轰滥炸塔菲首相的内阁，捍卫奥地利的德意志民族文化特性。站起身发言的还有恩斯特·封·普莱纳，他演讲起来干巴巴的，但却是财政问题上无可争议的权威。当他带着算术师的冷静，冲着财政部长杜纳耶夫斯基批评起开支时，人们会不寒而栗。紧接着，他又抨击起了鲁提尼人[①]托马斯扎克的民族政策。大家觉得，他挖空心思要编织对于眼下来说特别应景的语句，为的是助长人们对部长的反感。那个带着点农民式狡黠的，总是能言善辩的，是利恩巴赫牧师。他的脑袋微微前伸，使得他所说的观点就像澄清的水流一般源源不断地涌出。年轻的捷克人格雷戈尔开口了，也是独具特色、一针见血。他给人的感觉俨然是半个民众领袖了。这时站起身的是年长的捷克人利格尔，他是捷克民族特性极具典型意义的体现，这种民族特性是他长期以来形成的，在十九世纪后半叶融会成了他的自我意

① 居住在波兰加利曾的东部、匈牙利东北部和布科维纳部分地区的乌克兰人的名称。——译者注

识。一个很少故步自封的、灵魂充满力量的、怀抱坚定意志的人。右边，在波兰人坐的长椅当中，说话的是奥托·豪斯纳。他的演讲时而意味深长，仿佛在谈读书心得，时而锋芒毕露，冲着整个议会四面出击，却又切合实际，带着某种惬意。一副单片眼镜之后，有一只眼睛怡然自得却又聪颖睿智地眨个不停，另一只则在眨动之余显得满意，仿佛不住地说着"是"。一位在当时就能偶尔出言预见奥地利未来的演讲者。今天，人们真该查阅一下他那时候说过的话。大家会为他的锐利眼光感到惊叹的。当时人们所嘲笑的许多东西，几十年后却变成了痛苦和艰辛。

5 科学研究（色彩学、光学）

对于以某种方式深刻影响我的灵魂的奥地利公共生活，当时的我还没有形成什么看法。我停留在对异常复杂形势的观察上。对于那些赢得我强烈兴趣的言论，我只能跟卡尔·尤利乌斯·施罗尔分享。恰在这个时期，我获准时常去拜访他。他本人的命运跟奥匈帝国德意志民族的命运息息相关。他的父亲是托比亚斯·戈特弗里德·施罗尔，父亲在普鲁士当过德意志中学的校长，写过剧本，还撰写过历史和美学方面的著作。那些著作是用克·奥泽的名字出版的，是很受欢迎的教科书。托比亚斯·戈特弗里德·施罗尔的诗作无疑是重要的，在小圈子里颇受好评，但却不为公众所知。诗作所传达的思想跟匈牙利的主流政治背道而驰，只得不署作者的名字，部分在境外的德国出版。设若作者的思想倾向在匈牙利传开来，他不仅会被解除职务，甚至不得不迎来严厉的处罚。

就这样，卡尔·尤利乌斯·施罗尔早在青年时期，就在自己家里体会了德意志民族面临的压力。在这种压力之下，他对德意志民族特性和德意志文学暗自倾心，并热烈爱上了歌德本身的一切以及与歌德相关的一切。格维努斯所著的《德意志诗歌史》深刻影响了他。

他在十九世纪四十年代去了德国，在莱比锡、哈勒和柏林的大学攻读德意志语言文学。回来后，他先是在父亲的中学担任教师工作，教授德意志文学，还主持一个研究班。此时，他接触了为人喜闻乐见的圣诞剧[①]，这是德意志移民年年要在普雷斯堡一带上演的。于是，德意志民族特性就以让他颇有好感的方式进入了他的心灵。几百年前从匈牙利西部地区移民来此的德意志人从古老的故乡带来了这个剧种，并继续进行演出，就像他们古时候在圣诞节期间演出一样，那时大概是在莱茵河附近的区域吧。在这些演出中，伊甸园传说和基督降生、三王前来朝拜的故事，都以通俗易懂的方式展示。在聆听了吟咏或审阅了古老的手稿之后，施罗尔出版了这些剧作，书名是《匈牙利的德意志圣诞剧》。他是在农民那儿看见那些手稿的。

对德意志民族文化的美好体验日益俘获了施罗尔的心灵。他启程去旅行，为的是研究奥地利不同地区的德意志方言。在这个多瑙河君主国治下的斯洛伐克、匈牙利、意大利各地区，凡是德意志民族文化播撒到的地方，他都想了解当地的特点。就这样，他撰写的词典和语法书问世了，涵盖了喀尔巴阡山南麓惯用的齐普泽方言、流行于卡尼鄂拉公国下属一小块德意志民族聚居区的科切维方言、匈牙利西部通用的赫安岑语。

对施罗尔来说，这些研究绝不单单是一项学术任务。他全心全意过着这种揭示民族特性的生活，想要借助话语和文字，把这种特性带给那些一度被生活夺走了它的人们，把它带回他们的意识中。后来，他在布达佩斯当了教授。由于对当时那里的主流思潮感到不适，他迁到了维也纳，先是担任新教中学的校长，后来成为德意志语言文学教授。早在他担任这个职务时，我就得以认识他和亲近他了。我认识他的时候，他已经把全部身心投向了歌德。他正致力于《浮士德》第二部的出版，并为之作序，而对第

① 见《具有古老民族风情的圣诞剧——上游岸边的戏剧》，多纳赫，1981年，以及《具有古老民族风情的圣诞剧的说明》，全集卷274，另外还有《论民族风情圣诞剧——圣诞节的回忆》一文，见《现代文化危机中的歌德思想，1921—1925》，全集卷36。

一部，他早已付梓发行了。

当我走进施罗尔的小小图书室兼工作室拜访他时，我感到，我所置身的精神氛围给我的心灵生活带来了强烈的快感。我那时候就已知道，施罗尔因其著作，说白了是因为他的那本《十九世纪德意志诗歌史》，在文学史主流写作方法的拥趸那儿遭到了敌视。他的写作不同于舍雷尔派的成员，那些人像自然研究者那样来对待文学现象。他对文学现象有自己的感触和见解，会表述得通情达理，在写作时又不把目光过多地引向“来源”。有人甚至说，他是“用手腕”写下了他的阐述。

我对此没多大兴趣。在他身边时，我从精神上感到温暖。我可以在他身边一坐就是好几个小时。从他激情澎湃的内心出发，在他的口头讲述中，那些圣诞剧栩栩如生，德语方言的精髓呼之欲出，文学生命的进展活灵活现。方言与教化语的关系让我一目了然。当他像在课堂上那样，跟我说起用下奥地利方言写作的诗人约瑟夫·弥森时，我感受到一种真正的快乐。这位诗人写过那首热情的诗作《下奥地利农民纳兹背井离乡》。然后，施罗尔总是从他的图书室拿书给我看，我可以从中继续追寻谈话的内容。当我这样跟施罗尔独处时，我真的总是感到，在场的还有一位第三者，那就是歌德的灵魂。施罗尔深深活在歌德的性情和作品里，不管他的心灵中浮现出任何的感受或想法，他都会情不自禁提出一个问题：歌德也会是这种感受吗？也会这样想吗？

我倾听着，从精神上对施罗尔所传达的一切都抱有无比的好感。不过，我别无选择，即便在他面前，我也要完全独立地在自己灵魂中树立我内心孜孜以求的东西。施罗尔是个唯心论者。在他看来，思想世界是自然和人类生成的驱动力。我则认为，思想是鲜活的精神世界的影子。当时我甚至觉得，对我本人来说，很难用言语说明施罗尔思想方法跟我之间的差异。他声称思想是历史的推动力。他在思想的存在中体会着生命。对我来说，精神生命位于思想的背后，而思想仅仅是精神在人的心灵中的体现。当时，我没有别的词，只能用“客观唯心论”来形容我的思想方法。我想以此说明，思想的本质并非在于它呈现在人的主体当中，而是在于它是靠精神客体来呈现，就像色彩靠感官活动来呈现一样，还在于人的灵魂——主体——认识到了它，就像眼睛感觉到某种生物的色彩一样。

不过，当我们谈论“民族灵魂”一词所揭示的含义时，施罗尔用他的表达方式高度迁就了我的观点。他认为，这指的是一种真正的精神本质，它存活在作为族群一员的个人的集合体当中。他的用语所体现的特色并不单单触及某个抽象想法的名称。就这样，我们两人审视了旧奥地利的结构体系以及在其中发挥作用的民众个体。对我来说，从这个方面便可以对那些深入干预我灵魂生活的公共状况有所认识了。

就这样，我当时的体验跟我与卡尔·尤利乌斯·施罗尔的关系密不可分。不过，对于自然科学，他就显得生分了，我是经过内心斗争才涉猎于此的。我也想把我的“客观唯心论”跟自然知识放到一起来了解。

在我跟施罗尔交往最频繁的那段日子，精神世界与自然世界的关系问题以新的方式浮现在我的心灵中。起先，这跟歌德的自然科学思想方法全不相干，因为施罗尔对于歌德在这一领域的创作并不能告诉我什么至关重要的东西。他的乐趣在于，只要能看到这个那个自然研究者善意地赞同歌德对动植物物种的观察就行了。可是，他却看到，歌德的色彩学处处遭到自然科学学者们的断然抵制。所以，他在这方面没有形成什么特别的主张。

在我生命的这个时期，尽管我通过跟施罗尔的交往走近了歌德的精神生命，但我跟自然科学的关系并没受到来自这方面的影响。当我要从物理学家的角度思考光学的事实时，这反倒给我制造了难题。

我发现，在自然科学观察中，人们会用类比法来看待光与声，而这是不允许的。人们会提到“普遍的光”和“普遍的声”。类比是这样做的：人们把单个的声音和声响当成特别容易变化的一次次空气振动，而把位于人的声感体验以外的声之主体当成空气振动的状态。对于光的看法与此相似。凡是在人的外部所发生的，如果人认识到它是由光引起的现象，人就会把它定义为以太之中的振动。色彩就是经过特殊塑造的以太振动。那时候，这个类比成了我心灵生活中一份真正的煎熬。因为我以为，不言而喻，“声”的概念只是声音世界单个事件的抽象概括，而“光”本身则在被照亮的世界万象面前代表着具体。——在我看来，“声”是一个抽象概括的概念，“光”却是一种具体的实相。我对自己说，光根本不能被感官感觉到。通过光，可以被认识到的是“色彩”，光在色彩认知中可以得到普遍揭示，但它本身无法被感官感知。“白”光并不是光，而已经是一种色彩了。

于是，在我看来，光成了感官世界的一种真实的存在，但它本身却是超出感官之外的。此时，我的心灵中浮现出唯名论和唯实论的对立，这种对立是在经院哲学内部形成的。唯实论者坚称，概念是实质性的，它存在于事物当中，只有人的认识才能把它从中调出来。相反，唯名论者则认为，概念只不过是由人制定的名称，它概括了形形色色的事物，但却并不存在于事物本身当中。我感到，必须用唯名论方法来看待声的体验，对于光所引发的体验，则必须用唯实论方法来看待。

带着这种倾向，我走近了物理学家的光学。在这方面，我必须摒弃许多东西。我已经获得的体验为我开辟了通往歌德色彩学的道路。从这方面出发，我又给自己打开了通往歌德自然科学著作的大门。起初，我把我按照自己自然科学观点写成的一些小论文拿给施罗尔。他对此无能为力。这些论文还不是用歌德的观察方法写成的，我在文末只是插入一段短短的备注：*若是按照我所描述的方式来思考大自然，就会首先看到，歌德的自然研究跟科学上的合理性在此会师了*。当我这样表述的时候，施罗尔发自内心感到欣喜。不过除此之外，就没什么别的了。我所处的境况也许可以通过下面这件事反映出来。有一天，施罗尔对我说，他跟一位同行聊过了，那是位物理学家。没错，那人说，歌德是反对牛顿的，而牛顿却是“这么一个天才”。他，施罗尔，对此回答说：歌德可也是“一个天才”呢。于是我感到，正在受困于谜题的我，重又变得孤立无援了。

我通过物理光学所获得的体验，仿佛为我架起了从精神世界认知到自然科学研究的桥梁。我当时感到，有必要通过自己的某些光学实验活动，用感官体验来检测一下我对光与色彩的本质所形成的看法。对我来说，购买这些试验所必需的物品不是件容易事。靠着私人授课挣来的资金实在微薄。只要有可能，我都会竭尽全力，只为了完成光学实验的安排，这真的可以促使我对这个领域的自然事实形成毫无偏见的观点。

我通过在赖特林格物理实验室从事工作，了解到物理学家们通用的实验规范。光学的数学处理是我熟悉的，因为我刚刚在这个领地做过深入研究。尽管物理学家那一边对歌德的色彩学发出各种各样的异议，我却通过自己的实验，从流行的物理学观点越来越被推向了歌德的观点。我发觉，所有的同类实验都只是在确立“关于光”的事实——此处使用歌德式的表达，而并非“针对光”本身来做实验。我对自己说：色彩不能按照牛顿的思想方法从光当中调取出来，只要消除了光的自由展示的障碍，光就会呈现。在我看来，这是从实验中得出的直接发现。

我认为，由此，光就脱离了真正物理存在的行列，而位居为介于感官可感知的存在与精神上可洞察的存在之间的中间阶段。

我反感的是，针对这些事物让自己仅仅在哲学思维过程当中游移。不过，我却十分看重，要正确解读自然界的事实。我越来越清楚，光本身没有进入感官可体验的领域，而是与之相距甚远。同时，当感官体验被带入光的领地时，色彩便会呈现。

我感到，有必要从各种彼此迥异的方面出发，重新向着自然科学知识靠拢。我又被引向了解剖学和生理学的学习。我观察人体、动物和植物机体的各个环节及其形态。由此，我就用我的方式走近了歌德的变形学。我越来越发觉，感官可感知的自然图景是怎样涌向了在我看来可用精神方式来体验的对象。

当我用这种精神方式察看人的活泼的灵魂时，察看思想、感受和意愿时，“精神的人”就在我面前浮现了出来，生动而又直观。我不能停留在抽象层面，一说到思想、感受和意愿，人们都习惯想到它。我从这些内在的生命启示中看到了创造力，这些创造力把“作为精神的人”在精神意义上置于我的面前。接着，我把目光投向人的感官现象，这些现象就在我观察的目光中平添了精神形象，存在于感官体验中的精神形象。

我接触了歌德所说的感觉—超感觉形态[①]，它安插在感官感知和精神体验之间，既适用于真正的天然直觉，也适用于精神层面的体验。

解剖学和生理学一步一步朝着这种感觉—超感觉形态挺进。在这挺进的过程中，我的目光先是以一种很不全面的方式落在了人的三段式本质上。对于它，我在悄悄开展研究三十年之后，才开始在我的《灵魂之谜》一书中公开谈论。我先是弄明白，人体组织中最倾向于形成神经—感官组织的那一部分，也正是感觉—超感觉形态表现得最明显的那一部分。在我看来，头部组织也是感觉—超感觉以感官形式表现得最明显的地方。相反，对于四肢组织，我却只能当成感觉—超感觉隐藏最深的地方，以至在四肢组织这里，那些在人之外的自然当中起到作用的力量继续对人体构成发挥效用。我认为，那有节奏地存在着的一切，比如呼吸组织和循环系统，等等，都位于人体组织的这两极之间。

当时，我找不到任何人，可以跟他谈谈这些见解。每当我偶尔提到其中一些看法时，人家会把这当成某种哲学思想的成果，而我却深信不疑，它们是从毫无偏见的解剖学和生理学经验认知角度给予我的展示。

由于见解上的孤独，我的心灵倍感压迫。在这种心境下，我只能一再阅读歌德和席勒的谈话，来获得内心的救赎。那是他们两人一道离开耶拿自然研究协会的一次集会时所进行的谈话。两人一致认为，绝不能像他们听过的植物学家巴奇演讲中那样，用一种如此支离破碎的方式来看待自然。

---

① 在屈什纳版《德意志民族文学》（卷 1，79 页及后页，全集卷 1a）当中由鲁道夫·斯坦纳编辑并评注的歌德《我的植物学研究》中，歌德写道：“正如只能在概念之下采集植物一样，我越来越清楚地认识到，可以用一种更为高级的方式来激活体验：那是一个要求，它在当时以一个超感觉原始植物的感觉形态浮现在我的心上。”鲁道夫·斯坦纳在为这个卷本写序时提到了这一点，他写道：“生物体的观念形态、典型同样具有由时空元素组成这一特征，因此，它在歌德看来也是一种感觉—超感觉形态。”

在席勒面前，歌德用一些笔触描绘了他的“原始植物”。他通过一种感觉——超感觉的形式，将植物展现为一个整体，而叶、花等，都是在分别模仿整体的过程中从整体当中发育成形的。席勒当时还没有超越康德的立场，因而只能把这个“整体”当成人的理性通过观察局部而形成的一种“观念”。歌德对此并不认同。他是从精神上来“看见”整体的，就像他靠感官来看待局部一样。他不认为精神体验与感官体验之间有什么原则性差异，只认为两者之间存在一个过渡。他清楚，这两者都提出了要求，要求置身于与经验相符的实相中。不过，席勒不由自主地宣称，原始植物不是经验，而是观念。这时，歌德从他的思想方法出发给予了答复，随即，他同样用眼睛来看待他的观念。

对我来说，心灵中一场漫长的纠结得到了平复，这是我通过领会歌德的这些话得到的帮助，我相信自己透彻领会了他的话。在我看来，歌德的自然观是精神式的，直通我的心灵。

在一种内在必要性的驱使下，我不得不认真钻研歌德的自然科学著作了。我起先没有想到，可以尝试给这些著作做个注解，此后不久，我就在《屈什纳版德意志民族文学》的歌德著作导语中发表了注解。我当时更多想到的是，要独立描绘任何一个领域的自然科学，按照这门科学以“精神方式”所呈现的样子。

要想真正做到这一步，我当时的外在生活还不具备这些条件。我只得私人授课，涉及的领域彼此迥异。我身处的教育界状况可谓形形色色。一次，有位普鲁士军官在维也纳露面，他出于某种原因，不得不离开德国陆军兵役。他想为进入奥地利陆军当工兵军官做准备。在命运的特别安排下，我成为他的老师，教他数学和自然科学这两个科目。在教课当中，我感到了深深的满足。我的“学生”是一个异常可爱的人，待我们上完他做准备工作所需要的数学与机械学发展课程之后，他就催着要跟我和气地聊聊天。在其他情况下，比如在要准备博士考试的大学毕业生们那里，我就必须传授数学和自然科学知识了。

凭借这种需要反复钻研当时自然科学的强制工作，我获得了充分的机会去适应这个领域的时代观念。在讲课中，我只能介绍这些时代观念。至于我在自然知识方面最为在意的东西，我就只得悄悄封存在自己的内心了。

我的私人教师工作在当时为我开启了唯一的生活机遇，还让我避免了片面性。由于这个原因，我必须自学很多东西，以便于授课。比如，我对簿记的奥秘已经习以为常了，因为我恰好有机会教授这个领域的课程。

在教育思想领域，施罗尔也给了我卓有成效的启发。他多年担任维也纳新教中学的校长，曾在《教学问题》这本可爱的小册子里公布过他的经验。无论我在书中读到了什么，都可以找他去谈。在教育和教学方面，他通常反对纯粹的知识传授，主张开发完整而完善的人性。

6　在施佩希特家当家教；从事歌德研究

在教育领域，命运赋予我一项特殊任务。我被举荐给一户有四个男孩的人家当老师[①]。对于其中三个，我只需要先教公立学校的学前课程，然后再教补习课就行了。第四个差不多有十岁大，他的教育被整个托付给了我。他是个让父母操心的孩子，尤其让母亲操心。我进他家的时候，他简直一点也没掌握阅读、写字和计算的基本知识。家里人认为他的身体和心灵发育高度异常，以至于都质疑他的教养能力了。他的思维迟缓又懒散，哪怕一点点精神劳累都会引起头疼、日常活动萎靡不振、脸色苍白、内心状态惊恐不安。

---

① 1884 年 6 月，在政府顾问瓦尔泽博士的举荐下，维也纳商人拉迪斯劳斯·施佩希特的太太找到鲁道夫·斯坦纳，问他“是否乐意”到她家担任“一个家庭教师的职位”。到了下个月，他就在这个职位上就任了，负责照料这家的四个儿子理查德、亚瑟、奥托和恩斯特，直到 1890 年秋天。其中得到鲁道夫·斯坦纳特别关照的孩子是奥托。

我认识这孩子后，便得出了一个判断，通过跟这种身体和心灵结构相适应的教育，肯定能唤醒各种沉睡的能力。我向孩子的父母建议，只管把教育移交给我。男孩的母亲对这个建议报以信任，由此，我便承担起这项特殊的教育任务。

对于这个起先处于类似睡眠状态的心灵，我必须找到通向它的路径，再逐渐引领它对身体的表现形成主导。某种程度上，先得把心灵与身体相互打通。我心中充斥的信念是，这男孩的精神能力虽然隐藏着，但绝对是很棒的。这就使我将这项任务变成了一项颇能带来满足感的使命。没过多久，我就把这孩子变成我身边一个可爱又亲爱的人了。这就使得，单凭我跟他的交往就能够唤醒那些沉睡的心灵能力了。在教课方面，我必须设计特别的方法。只要上课超出了规定的速度，一旦持续一刻钟，就会给健康状况造成损害。对于有些科目，这孩子很难与之建立联系。

这项教育任务成了我的一个丰富充盈的学习来源。它通过我所应用的教学实践，为我打开了视野，使我洞悉了精神、心灵与身体之间的联系。由此，我得以继续原本在心理学和生理学上的研究。我意识到，教育和授课必须成为一门以人的真实认识为基础的艺术。我小心细致地奉行一条经济学原则。通常，我必须为了半小时的课准备两个小时，以便对课上内容进行设计，然后就能在最短的时间里，在体力和心力尽可能不紧张的情况下，让男孩施展出高度的能力。教学科目顺序必须仔细权衡，一整天的安排必须视实际情况而定。令我欣慰的是，在两年的时间里，男孩补习了公立学校的课程，通过了文科中学的入学考试。他的健康情况也从根本上改善了。现有的脑积水可以理解为严重的萎缩。我向其父母提出建议，把男孩送进公立学校。我觉得，有必要让他的生命成长跟别的孩子保持一致。我以教师身份待在这户人家好多年，尤其在这个孩子身上投注了精力。在度过上学生涯时，他完全仰仗的是，精神上仍像家庭活动中一样，怎么开始的，就怎么继续。我有理由按照上文提过的方式继续学习希腊语和拉丁语知识，因为我得要针对这个孩子还有另一个男孩的文科中学课程，在家里给他们上补习课。

命运把我带入这样一种生活境遇，我真得为此感谢它。因为由此，我以鲜活生动的方式获得了有关人之本性的认识，我相信，要是通过别的方式，它就不可能如此生动地让我捕获。还有，我被这户人家异常亲切地接纳了，跟他们结成了一个美妙的生活共同体。男孩们的父亲是印度和美洲棉花的代理商。我得以了解生意的进程及许多与此相关的东西。由此我也学到了很多。我看到了一个非常有趣的进口业务分支的工作开展，观察了生意伙伴们的交往，以及各种商业和工业活动的相互联系。

我照看的那孩子在文科中学一路畅行。我留在他身边一直到八年级。这时候，他已经进步到不再需要我了。文科中学毕业后，他上了医学系，当上了医生，以医生身份牺牲在第一次世界大战中。那位母亲由于我为她儿子效劳，成了我的忠实朋友，对这个让人担忧的孩子怀着无比真挚的爱，没多久就追随他而去了。父亲在此前就已离开了人世。

我青年生活的很大一部分都是跟这项让我如此胜任的任务联系在一起的。很多年里，每到夏天，我都跟我教的孩子全家人一道，前往萨尔茨卡默古特山地的阿特湖，在那里领略上奥地利那壮丽的阿尔卑斯山风光。渐渐地，我取消了给其他学生的私人授课，那原本在这项教育工作期间仍在继续。这样，我便给自己留出了继续学习的时间。

在走进这个家庭之前，我很少有机会参与儿童游戏。就这样，直到我二十多岁了，我的"游戏时代"才算降临。我不得不学习怎样游戏，因为我必须带着孩子们玩耍。这样做的时候，我感到莫大的满足。我甚至相信，我有生以来玩耍得并不比别人少。只不过，别人十岁以前在这方面就能做到的，我却得在二十三岁到二十八岁的年纪补上。

这一时期，我涉足了爱德华·封·哈特曼的哲学。我拜读了他的《认识论》，在此过程中，矛盾不断涌现，激荡我的内心。真正的现实是超越意识体验的无意识，而意识体验无非是对现实的一种不真实的、图画式的反映，诸如此类的观点让我甚为反感。意识体验可以通过心灵生活的内在强化，潜入真正的现实当中，我对此持反对态度。我清楚地知道，当人凭借其内在生命让示现成为可能时，神—精神就会向人示现。

在我看来，爱德华·封·哈特曼的悲观论是完全错误地质疑人的生命的后果。对于人，我必须这样来解释，人追逐目标，从目标中获取内在的源泉，这会让他的生命圆满，让他获得满足。我对自己说，若是造化从一开始就赋予人“最好的生命”，人又怎能让内在的源泉汩汩涌流呢？外在的宇宙秩序发展到了一个阶段，便把万事万物分出了善恶。于是，人性才苏醒了，有了自我意识，进而继续发展，不是以万事万物为出发点，而是从存在的源泉出发，朝着自由的方向迈进。我认为，单是悲观论或乐观论问题的提出，就已经违背了人的自由天性。我时常对自己说：若是命运一定程度上是由外部宇宙秩序赋予的，人又怎能自由创造自己至高无上的命运呢？

与此相比，哈特曼的著作《道德意识现象学》吸引了我。我发现，人类的道德发展遵循着一条可以凭经验观察到的主线。事情并不像哈特曼的认识论和形而上学所认为的那样，思维推想被导向了一种超越意识的未知存在，而是，凡是被人们体验为美德的东西，人们领会的都是它的现象。我内心清楚，任何哲学推想若要接近真正的实相，就不得凌驾于现象之上来思考。世界上的现象本身昭示着真正的实相，只要自觉的心灵愿意捕捉它。凡是仅仅把感官的感受纳入意识的人，可以到意识之外去寻找真正的存在。凡是在体验中领会了精神的人，都会把精神说成一种世间的东西，而不是认识论意义上的彼岸之物。哈特曼对道德世界的观察让我颇有好感，因为他在这里让他的彼岸立场彻底退出，立足于观察对象。我想要通过深入到现象当中，直到揭示它的精神本质，来完成对存在的认识，而不是通过对现象的背后展开思考。

我始终追求从积极方面来感受人的成就，因此对我来说，爱德华·封·哈特曼的哲学是可贵的。不过，其哲学的基本走向和生命观点却让我反感，因为它是用一种咄咄逼人的方式来探讨现象中的许多东西。我原则上抵制

《无意识哲学》一书中的文章，可我也发现，其中有许多内容带给我非同寻常的启迪。爱德华·封·哈特曼的那些流行著作跟我的交集也是一样，它们涉及文化史、教育、政治领域的种种问题。我在这位悲观论者身上看到了“健康”的生命观，而在一些乐观主义者身上却没看到。面对他，我感觉到什么是自己需要的：哪怕不得不反对，也要有所认同。

在阿特湖畔度过的一些夜晚，我只管让我的学生们自由活动，从房屋的阳台上欣赏一下星空，就开始学习《道德意识现象学》和《人类宗教意识的阶段发展》了。读着这些著作，我对我自己的认识论观点越来越有把握了。

1882年，在施罗尔的推荐下，约瑟夫·屈什纳邀请我，在他主编的《德意志民族文学》一书中，负责为歌德的自然科学著作撰写导言和依次添加注解。施罗尔本人为这部宏大的文集承担了歌德戏剧部分，他要为我负责的几卷本的第一卷写一篇引导性的前言。他在这篇前言中谈到了，作为诗人和思想家的歌德在近代精神生活中处于什么位置。他从那种引发了歌德之后自然科学时代的宇宙观中看到，歌德曾经站立的精神高度发生了跌落。我由于编辑歌德自然科学著作而承担的使命，在这篇前言里得到了全面的彰显。

对我来说，这项使命一方面包括了对自然科学的探讨，另一方面则涉及歌德的整体宇宙观。如今，既然我要带着这样一种探讨在公众面前亮相，我就只得给自己此前当成宇宙观而吸收的一切画上个特定的句号了。

迄今为止，我的写作活动只是给报纸写过不多的几篇文章。要把我的心灵体验用这样一种方式记下来，对我来说不是件容易的事。我觉得，把它付诸出版是有价值的。我总是觉得，我越是想用完美的阐述来铸造内心的体会，它反而越会呈现蹩脚的形象。就这样，所有的写作尝试都成了我内心不满的一个持续不断的来源。

那种自从自然科学开始对十九世纪文明产生重大影响以来就一统天下的思想方法，在我看来不适合用来理解歌德在认识自然方面所追求的目标以及所达到的高度。

我认为，歌德是这样一个人，他通过把人放到这世界上，放到特别具有精神意味的关系中，就捎带着能用正确方式把自然认识安放到人类的整个创造领域了。我长大成人的那个时代的思想方法，在我看来只适合对无生命的那部分自然形成见解。我觉得它昏匮乏力，难以带着认识力接近生机勃勃的自然。我对自己说，为了获得能够传达有机体知识的看法，有必要首先自行激活那些适用于无机自然的理性概念。依我看，这些概念死气沉沉，所以也只适合解释死的东西。

怎样本着歌德的精神让各种思想复活？怎样把它们变成思想形象？我努力对此进行描摹，为的是阐述歌德的自然观。

在我看来，歌德对自然认识的这个或那个领域有过怎样的个别思考和研究，其重要性都比不上我通过对他的研究而取得的那些重要发现。我认为，他的发现在于，人必须怎样去思考有机体，才能接近它并认识它。

我发现，机械学之所以能满足认知需求，是因为机械学以理性方式、本着人的精神来形成概念，然后看到这些概念在对无机物的感官经验中得到了实现。在我面前，歌德作为有机学的奠基人屹立着。有机物所指的状况与生物体相同。当我关注新近精神生活史当中的伽利略时，我不得不注意到，他是怎样通过生成无机物的各种概念，让现代自然科学呈现轮廓的。他为无机物做到的，正是歌德为有机物追求的。依我看，歌德就是有机学领域的伽利略。

在编辑歌德自然科学著作卷一时，我先是要分析他对变形的看法。我很难说清楚，那种用来认识有机物的活灵活现的形象思维，跟那种适于领会无机物的原生思想之间，是一种怎样的关系。不过在我看来，完成我的任务整个取决于，用恰当的方式直观地表明这一点。

在认识无机物时，概念罗列得一个接一个，为的是对各种力之间的关系有个概览，这些力无不在自然界中起到了一定作用。面对有机物，必然要允许从一个概念中生成另一个，以至在不断展开的鲜活生动的概念变迁中，那些在自然界以次生性质出现的事物景象呼之欲出了。歌德为此付出了努力，他的方法是，试着在精神上记住一幅植物叶子的想象画面，这画面不是一个僵化、死板的概念，而是一个可以用各种各样方式描绘的概念。只要从精神上生成这些形象，就能虚构出整个植物。人可以在心灵当中，用想象的方式，模仿大自然用真实方式创造植物的过程。

当用这种方式尝试理解植物的本性时，自然的东西与精神之间的距离，要比借助无形概念认识无机物时更近。对于无机物，人们捕捉到的，只不过是那些以非精神方式存在于自然界的事物反映到精神上的一个假象。不过，在植物的成长当中，却存在某些跟人的精神中生成的植物画面隐约相似的特质。人们发现，大自然是怎样通过生成有机物，让与精神类似的特质自行得到了施展。

歌德和他的变形学采取的走向是用类似精神的方式来思考有机物的自然作用。对此，我想在歌德植物学著作导言中加以说明。

就歌德的思想方法而言，更加与精神接近的似乎是动物天性的作用，以及人之本性的自然基础的作用。

在动物—人这个领域，歌德看穿了同时代人的一个谬误，并以此作为出发点。那些人寻找人和动物之间的个别不同特征，想要据此让人之本性的有机基础在自然界占据特殊地位。他们发现，在颌间骨那儿就有这样一个不同特征，动物是有颌间骨的，就是上门牙所处的位置。在人的身上，上颚部位则缺少这样一个特别的间骨。人的上颚是由一块骨头构成的。

歌德认为这是个误解。在他看来，人的形象是动物形象向高级阶段的演变，动物构造中呈现的一切，也必然存在于人体构造中，只不过是以高级形式存在着。这样一来，人的生物体就能充当具有自我意识的精神之载体了。

歌德认为，人与动物的区别在于整体形式的提高，而不是个别的提高。

人们在观察中，由植物本性上升到不同形式的动物，从而一步步认识到，生物体的创造力越来越近似精神。在人的生物体形象中，精神方面的创造力量在活动，是它引发了动物构造的最高级变形。这些力量存在于人之生物体的发展过程中。它们在自然基础上为自己打造了一个容器，这个容器可以收纳它们的非自然存在形式。从此以后，它们便作为人的精神而长存了。

我认为，后来在达尔文基础上针对人与动物亲缘关系提出的一切合理说法，在歌德对人之生物体的这种看法中，都已经预先谈到了。一切不合理说法也都遭到了驳斥。达尔文发现当中的一切唯物论观点，都导致每当精神以其尘世终极存在的最高形式出现在人体中时，人们对于人与动物亲缘关系所形成的种种看法，均对精神持否认态度。歌德的观点导致的是，在动物形象中能看到一个精神世界，只不过，这个精神世界还没有达到能让精神作为精神而存在的阶段。凡是在人体中作为精神而存在的，都是把动物形式当成一个预备阶段来运作的。在人身上，它转变了这种形式，好让自己不仅作为创造者，还能作为自我体验者出现。

这样看来，歌德的自然观察是这样的，它追随着大自然从无机物到有机物的一步步发展，逐渐把自然科学朝着人文科学引渡。对这一点进行描述，是我在编辑歌德自然科学著作卷一时首先要做的。因此，我让我撰写的导言着重去阐释，达尔文主义是怎样带着唯物论色彩形成了一种片面的看法，对于它，必须按照歌德的思想方法加以纠正。

若要探究生命现象，人必须怎样去认识它们？对此，我想在对歌德有机学的观察中加以说明。我很快就感到，这一观察需要一个支撑它的基础。在当时，我的同时代人描述起认识的本质来，跟歌德的观点毫不相干。认识理论学家们眼前只有当时自然科学的那幅景象。他们针对认识之本质的说法，只适合解释自然界的无机物。在我关于歌德式认识方法必须说的话与那个年代流行的认识论之间，并无任何相通之处。

因此，我在自己根据歌德有机学所做的阐述的驱使下，又接触了认识论。位于我面前的各种诸如奥托・利伯曼那样的观点，都在以完全不同的形式表达一句话，即人的意识永远也走不出它自身。意识只得安心存活在现实送进人心灵的东西当中，这些东西会以精神形式呈现在意识里。如果这样来看事情，就谈不上用歌德的方式在自然生物体中寻找精神的近亲了。人们就只能在人的意识内部寻找精神，并把用精神方式观察自然当成不允许的事情。

我发现，在歌德的认识方法上并无认识论可言。这就促使我去尝试，起码要暗示性地推出这样一种理论。出于内心的需要，我写了我的《歌德宇宙观的认识论》，然后才去编辑歌德自然科学著作的其他卷本。这本小册子完成于 1886 年。

7　在维也纳的学者和艺术家圈子里

我写下《歌德宇宙观的认识论》这篇文章当中所持观点的那个时期，命运把我领进了一户人家，那户人家让我体验到许多美好的时光，在他们的圈子里度过了一段幸福的生活。很长时间以来，在我的朋友们当中，有一位是我十分喜爱的，因为他本性活泼开朗，因为他对生活和人们品评得恰如其分，也因为他的性情坦率又忠诚。他把我和其他共同的朋友一道带进了他的家。在那里，除了这位朋友以外，我们还遇见了家里的两个女儿，也就是他的妹妹，还有一个男人，没过多久我们就看见这男人成了大女儿的新郎官。

在这一家人的背景方面，飘浮着某种不为人知的情况，我们永远也看不清它。那就是兄妹几人的父亲，既存在，又不存在。我们从各种不同侧面听到这个未曾谋面的人的一些事。根据我们听到的说法，他一定是个特别的人。兄妹们起初对父亲不置一词，而父亲肯定就在隔壁。渐渐地，他们才时不时地评论一下他。每个字眼都包含着十足的敬畏。大家觉得，兄妹们是把他当成重量级人物来敬仰的。不过，我们也感到，他们非常害怕我们可能会偶然间跟他打个照面。

我们在家庭圈子里的聊天大多涉及文学内容。为了衔接上这个或那个话题，兄妹们会从父亲的图书室拿些书来。这种情况带来的后果是，我渐渐熟悉了那男人在隔壁房间读过的许多书，反而他本人，我从来也见不到。

到最后，我再也干不了别的，只顾询问跟这个陌生人相关的许多事。就这样，透过兄妹几人拘谨克制但却吐露了许多情况的言语，这个奇怪的人的形象在我心灵中出现了。我喜欢这个人，对我来说，他也是个重要的人。归根结底，我把他当成这样的人来尊敬：生活中的艰难体验使得他如今更多地只在内心涉足这个世界，而避免跟他人之间的一切交往。

有一天，我们这些访客被告知，这男人病了。很快，就传来了他去世的消息。兄妹们委托我致墓前悼词。我用发自内心的话凭吊了他这个人，这个我只靠他人的描述而认识的人。葬礼上，到场的只有一家人、一个女儿的新郎以及我那些朋友们。兄妹几个对我说，我在悼词中勾勒出了他们父亲的真实形象。从他们说话的方式中，从他们的眼泪中，我感到这的确是他们的心声。我也知道，这男人在精神上与我如此亲近，就仿佛我跟他有过许多交往。

在小女儿和我之间，渐渐结下了一段美好的友情。她身上真的具备德国姑娘的某些典型特征。她的心灵毫不沾染矫揉造作的教养，而是留存了纯朴又典雅的天性，外带高贵的矜持。她的这种矜持也引发了我内心同样的矜持。我们彼此爱慕，两人对此大概心有灵犀，但却不能克服羞怯，没法相互吐露爱意。就这样，爱情存在于我们交谈的字里行间，却没有表达爱的言语。照我的感觉来说，这段关系是心灵当中最为私密的，然而，它却没机会走到心灵之外，哪怕是走出一步之遥。

这段友情让我欢欣。我感到，这位女朋友就好比生命中的阳光。然而，后来的生活使我们各奔东西。关于一同度过的快乐时光，只剩下了一次简短的通信，还有就是对于带来美好体验的生命华章的忧伤回忆了。在接下来的整个生命中，这回忆一再从我的心灵深处浮现出来。

这个时期正是我走近施罗尔的时候。他完全沉浸在刚刚获得的印象里。

他熟悉了玛丽·欧仁妮·德尔·格拉奇的诗歌，她当时出版的作品有一小册诗歌、一部叙事诗《赫尔曼》、一篇戏剧《绍尔》以及一篇小说《茨冈女人》。施罗尔热情洋溢地谈论着这些诗作。“所有这些都是一个年轻人在不满十六岁的时候写的。”他说道。他又补充说：“罗伯特·齐默曼说过，这是他有生以来认识的独一无二的真正天才。”

施罗尔的热情促使我在一列火车上也拜读了这些诗作。我给这位女诗人写了篇副刊文章，因此，可以去拜访她，这带给我莫大的喜悦。拜访当中，我跟女诗人进行了一次对话，这次对话时常浮现在我的心上。她当时已经在从事一项规模宏大的任务——在写她的叙事诗《罗伯斯庇尔》。她谈到了这部诗作的基本思想。那时候，她的言谈中早已贯穿着一种悲观的基本情调。她的情绪让我觉得，她仿佛想借罗伯斯庇尔这样的人物来描写一切理想主义悲剧。理想产生于人的胸中，然而，它面对大自然那种并无思想可言的、残酷而毁灭性的作用却无能为力。面对所有的理想，大自然毫不留情地喊道：“你只是幻觉，只是我创造的一个假象，我会把你一再地丢回虚无。”

这便是她所信奉的。接着，女诗人跟我说起了另一个诗歌创作计划，要写一部《撒旦诗篇》。她想把上帝的对头描写成初始生灵，在残酷而没有思想的大自然中，它就是向人类展现的力量。她带着真正的创意，谈论着这种爬出存在的深渊而统治着存在的力量。我深受震动地离开了女诗人那里，但她说话时的那种高贵却历历在目。她的思想实质恰好跟我对精神世界的全部体验针锋相对。然而，对于我觉得伟大的东西，我绝对不会吝惜表达我的钦佩和兴趣，哪怕它在内容上跟我背道而驰。是的，我对自己说：“世界上的这些对立肯定会在某个地方达成和谐。”这使得我能够充满理解地关注与我相左的东西，仿佛它跟我自己的心灵状态一致似的。

不久以后，我受邀去见德尔·格拉奇。她要当着许多人的面，朗诵她的《罗伯斯庇尔》片段。这些人当中，有施罗尔和他的太太，还有施罗尔家的一位女性友人。我们聆听着，一幕幕的场景流露出激昂冲动的诗意，但基调却是悲观的，洋溢着色彩斑斓的自然主义，描绘出她人生当中那感人至深的方方面面。遭到命运内在欺骗的伟大人物浮出水面，却又沦落为扣人心弦的悲剧的主角，这就是我的印象。施罗尔不满意了。他觉得，艺术绝不能坠入这样可怕的深渊。女士们离去了。她们感到不寒而栗。我不能赞同施罗尔的意见，因为在我看来，他整个沉浸在一种情绪中，觉得凡是人的心灵中的可怕体验，绝对不可以写进诗歌，哪怕这种可怕的体验是真实的经历。此后不久，德尔·格拉奇发表了一首诗，诗中歌颂大自然是至高无上的力量，却对所有的理想冷嘲热讽。她把理想召唤进存在，只是为了迷惑人们。一旦迷惑的目的达到了，她就会把理想丢回虚空。

我针对这首诗写了一篇文章《自然与我们的理想》，我没把它拿去发表，只让人印了少量样本。在文中，我谈到了表面的合理，这正是德尔·格拉奇的观点所具有的。我说道，在我看来，一种观点面对那种在自然界位于人类理想对立面的敌对观点，如能做到不故步自封，那么，它就比丝毫不了解存在之深渊的“肤浅乐观主义”显得高明。不过，我也说道，是人内在的自由本性通过自发的创造，赋予了生命以意义和内容。这个本性若是靠着大自然赐福，从外部赐予它本应内在生成的东西，那么，它就不能得到尽情地施展。

由于这篇文章，我体会到深深的痛苦。施罗尔读过它之后，就给我写信称，我若是这样看待悲观主义，我们两人就从没有相互理解过。谁要是像我在文中那样谈论自然，这就表明，他对歌德的“认识你自己，跟这世界和平共处”这句话没有足够深入的理解。

当我收到这些字句时，我在心灵最深处受到了触动。我可是对写这些话的人投注了无比强烈的依恋之情啊。当施罗尔意识到，有人在对艺术中的和谐之美犯罪时，他变得怒不可遏了。当他不得不用他的理解来评论这种犯罪时，他不再跟德尔·格拉奇交往了。他认为，我对女诗人的敬仰等于背叛了他，同时也背离了歌德。他在我的文章里没有看到，我关于从自己内心出发克服了自然障碍的人之精神写了些什么。他感到伤心的是，我主张外部自然世界不可能给人带来真正的内心满足。尽管悲观主义在特定界限内有其合理性，我却想要阐述它的无足轻重。施罗尔觉得，任何悲观主义倾向都无异于他所称的“精神燃烧后的残渣”。

在玛丽·欧仁妮·德尔·格拉奇家里，我体验到我生命中的美妙时刻。每个星期六的晚上，她家都宾客盈门。到场的人士分属许多思想流派。女诗人成了中心点。她朗诵她的诗作，发起言来铿锵有力，体现她的世界观。她用这种思想观点来探讨人的生命。那当中没有阳光普照，其实总是月色昏晦，云天低垂。然而，人的居所中，却有火光升起，逼近黑暗，仿佛承载着让人备受煎熬的激情和幻想。不过，她也总能通情达理地把握一切，吸引一切，将锐利的锋芒笼罩在高雅的魅力之下，她是一个思想极其丰富的人。

在德尔·格拉奇身边出现的是劳伦斯·米尔纳，他是天主教神父，女诗人的老师，后来成为她的无微不至的高贵朋友。他当时担任大学神学系的宗教哲学教授。不光他的面容，而且他的整体形象都反映出，这是在灵魂禁欲中度过思想发展历程的结果。他在哲学事物上是一个怀疑论者，在哲学的各个方面、艺术观点和文学领域都有很深的造诣。他为天主教神职的人员日报《祖国》撰写过激动人心的文章，都是关于文学艺术的。女诗人的那种悲观主义世界观和人生观也总是从他口中说出来。

这两人都对歌德怀有强烈的抵触。相反，他们的兴趣却投注在莎士比亚以及那些生来经历了生命的痛苦严酷和人性的自然主义迷途的新近诗人身上。陀斯妥耶夫斯基是他们的至爱，利奥波德·范·萨克－马索克[①]在他们看来是一位不畏惧任何真相的卓越描述者，描述的都是现代堕落生活中那些被认为应当加以摧毁的太有人性味的东西。在劳伦斯·米尔纳身上，对歌德的反感染上了天主教神学的色彩。他赞赏鲍姆加特纳撰写的歌德论

---

① 1836—1895 年，奥地利作家，以描写加西利亚生活的文章和浪漫小说在所处年代闻名。——译者注

著，那作品把歌德标注成了值得追求的人性的对立面。在德尔·格拉奇身上，仿佛对歌德存在某种很深的个人反感。

以这两人为中心，神学系教授、天主教神父济济一堂，都是些高雅精致、学养丰富的人，尤其能够活跃气氛的是圣十字西妥教团修道院的神父威廉·诺伊曼。由于他学识广博，米尔纳自然对他十分推崇。有一次，诺伊曼不在场时，我欣喜而崇敬地谈起了他那高瞻远瞩的见解，只听米尔纳对我说："没错，诺伊曼教授了解整个世界，外加三个村子。"每当我们从德尔·格拉奇那里离开时，我很喜欢跟这个博学的人结伴同行。我跟这位学术人士的"理想"进行了诸多谈话，不过同时，他也是"他的教会的忠实儿子"。在这里，我只想提两件事。一件是关于基督的本质。我表达了我的观点，说到拿撒勒的耶稣怎样借助地球以外的影响力跟基督救世主合为一体，以及基督自从在各各他殉难以后怎样作为一种精神存在伴随着人类的发展。这次谈话深深留在我的心灵中，并一再地浮现出来。它对我极具重要性。当时谈话的其实是有三位。除了诺伊曼教授和我，还有第三个看不见的人，那就是拟人化的天主教教义，它仿佛面对精神之眼现了身，从诺曼伊教授身后逼近过来，伴随着他一路前行。每当这位学者的精密逻辑对我的观点赞同得过多时，它还会提示似的拍拍他的肩膀。教授身上值得注意的是，从前言到后语，语义会发生翻转，走向反面。当时与我面面相觑的是天主教生活方式，它在它最优秀的代表人物身上体现了出来。正是通过他，我才真正彻底认识了它，并对它心存敬意。

另一次，我们聊起了尘世生命的循环。我聆听教授讲起各种各样的文学作品，在其中可以找到蛛丝马迹。他时常轻轻摇一摇头，大概根本不打算实质性地探讨这个让他觉得有些奇怪的主题。尽管如此，这次谈话对我来说仍然重要。诺伊曼虽然对我说的话未加评判，但我感觉到了他的不快。这种不快已经深深写进了我的记忆。

星期六的访客当中，还有教会历史学家和其他的神学家。此外，不时到场的还有哲学家阿道夫·施托尔，多情善感的女小说家格斯维娜·封·

贝尔莱普什、艾米莉·马塔亚（写作时的笔名是艾米尔·玛略特），诗人兼作家弗里茨·莱莫迈尔以及作曲家施特罗斯。我后来跟弗里茨·莱莫迈尔颇为交好，正是通过他，我才了解到德尔·格拉奇每天下午是怎么度过的。莱莫迈尔是一个非常奇怪的人。他谈论他所感兴趣的一切，带着内敛、矜持和庄重。从外表来看，他长得既像音乐家鲁宾斯坦，又像演员莱温斯基。他对赫贝尔的崇拜几近狂热。对于艺术和生命，他秉持着从心灵认识生成的特定观点，并且对此坚定不移。他写过一本妙趣横生而又寓意深刻的小说《炼丹者》，还写过一些美妙且思想深沉的作品。他善于把生活中微不足道的事物推向显著的视角。记得有一次，我跟其他朋友一道，到他位于维也纳一条支巷的可爱的小屋去拜访他。饭是他亲手做的：两个软心鸡蛋放进一只快速煮锅里，再就是面包了。水沸腾着，他在给我们煮鸡蛋，这时候，他加重语气说："这可很美味噢。"在以后的生命阶段，我还会说起他的。

阿尔弗雷德·施特罗斯，作曲家，是一个天纵才华但却极具悲观气质的人。在德尔·格拉奇那里，当他坐到钢琴边，弹奏他的音乐会练习曲时，大家会觉得，安东·布鲁克纳的音乐听起来仿佛想要挣脱尘世，获得升华。施特罗斯很难被理解，弗里茨·莱莫迈尔却对他怀着不可名状的喜爱。

莱莫迈尔和施特罗斯两人都跟罗伯特·哈梅林十分交好。后来通过他们两位，我有机会跟哈梅林短暂地通过信，后面我还会谈到他。施特罗斯最后得了重病，精神错乱了。

雕塑家汉斯·勃兰特施德特也会在德尔·格拉奇家里出现。

然而，飘荡在整个聚会上空却又看不见摸不着的，却是神学史家维尔纳。他时常浮现在人们的美妙描述和近乎痴迷的谈论中。德尔·格拉奇爱戴他胜过一切。当星期六晚上我有机会来拜访时，他从来不亲自现身。不过，他这位女崇拜者总是能展现这位托马斯·阿奎纳[1]传记作者形象的新侧

① 约 1225—1274 年，中世纪经院哲学的哲学家和神学家，他把理性引进神学，用自然法则来论证君权神圣说。——译者注

面，那是一个亲切、可爱、年届高龄却仍葆有天真的学者形象。大家眼前浮现出这样一个人：那么大公无私，对待他作为历史学家所表述的题材是那么忘我投入，那么严谨精确，以至人们会说，这样的历史学家要是有许多就好了。

在这星期六的聚会上，有一位真正的魔术师在忙活。天黑以后，天花板上裹着红布的灯亮起来了，让整个聚会场合熠熠生辉，我们就坐在这样明亮的屋里。然后，待站得稍远的人们离去之后，德尔·格拉奇就变得异常健谈起来，她说的一些话，仿佛是度过命运攸关的日子后发出的生命叹息。不过，也可以听见谈论造化弄人的真正幽默感，以及提到媒体和其他领域腐败时的愤怒声调。这当中，穿插着米尔纳那冷嘲热讽的、常常显得尖酸刻薄的评论，涉及哲学、艺术等方面的各式各样的话题。

德尔·格拉奇的家是一个充满悲观与自我的地方，一个反对歌德主义的所在。当我说起歌德时，人们总会注意倾听。不过，劳伦斯·米尔纳却认为，我把歌德的作品诗意化了，它其实跟现实中的部长卡尔·奥古斯特大公没有多大关系。尽管如此，我觉得，每次来这家里拜访——我知道，那儿的人喜欢看见我——都会让我生出莫可名状的感谢。我感到，我在那里进入了一种真正惬意的精神氛围。对我来说，人的思想观念用不着一致，只要敏而好学、能够接纳精神内容就行了。

此时，我置身于令我如此流连忘返的这个聚会之家和我如父如师的朋友卡尔·尤利乌斯·施罗尔之间，左右为难。施罗尔在第一次造访德尔·格拉奇家之后，就再没有露过面了。由此，我的情感生活发生了真正的分裂，因为我对两边都投入了真挚的爱和敬仰。

然而，正是在这个时期，我后来出版的《自由哲学》的最初想法成熟了。在上文提到的致德尔·格拉奇的公开信《自然与我们的理想》中，有一段话便是这本书的胚胎：

我们的理想再也不是肤浅的，如此陈腐而空洞的现实不能满足它。——

然而，我不能相信，在源于这一认识的深沉悲观主义当中，不存在激昂奋发的东西。每当我窥探我们的内心世界，每当我走近我们理想世界的实质，这种激昂奋发就呈现在我面前。我们的理想世界是一个自成一体、尽善尽美的世界，它既不会得到，也不会失去，不会因为外部事物的消逝而有所得失。我们的理想设若真的是活生生的个体，它难道不是摆脱了自然界的好恶、自给自足的客观实体吗？可爱的玫瑰或许会被无情的阵风摧残花瓣，可是它完成了绽放，愉悦了上百人的眼眸。可怕的自然或许明朝会突然毁灭整个星空，可是数千年来人们满心崇敬地仰望过它，这就足够了。并非事物在时间中的存在，而是事物的内在本质使它们获得圆满。我们的精神理想是一个独立的世界，它也一定会无拘无束地发展，它并不会通过自然的善意作用而有所获得。人若不能在自己的理想世界之内获得满足，却需要自然的作用才能满足，那他该是怎样可悲的造物啊！若是自然像对待未成年的孩子那样把我们拴在裤腰带上，领着我们走路，呵护我们，照顾我们，那么神圣的自由何在？不，它必须什么也不给我们，让我们自由的自我去生成一切，这样我们才会幸福。就让自然每天摧毁我们的建设吧，这样，我们就能天天为新的创造而欣喜！我们不想向自然索取什么，一切都归功于我们自身！

人们会说，这种自由只是个梦罢了！我们自以为是自由的，却臣服于大自然那铁一般的规律。我们捕捉到的最自命不凡的思想，只不过是大自然无形之中统治我们的产物。——噢，我们到最后当然会承认，一个认识了自我的生物，是不可能不自由的！……我们看到，法则体系主宰着万物，这就引发了规律。我们在认识中明明拥有挣脱自然万物法则的力量，却仍然甘当这些法则的毫无自我意志的奴隶吗？

我形成这些想法，并非是出于对立思想，是精神世界的体验敦促我，去反驳那种与我的生命观对立、我不得不视之为另一极生命观的看法。不过，对于这另一极生命观，我也怀有说不出的敬重，因为它在真正的灵魂深处给了我启示。

我在德尔·格拉奇家得以感受这么多的激励。同一时期，我还进入了奥地利年轻诗人的一个圈子。他们每星期聚会一次，自由地高谈阔论，相互交流意见。各种性情迥异的人汇聚一堂，从乐观又天真的生命诠释者到沉重压抑的悲观论者，任何一种生命观和心灵状态都在这里找得到。弗里茨·莱莫迈尔是圈子里的灵魂人物。聚会中充斥着对那时精神生活领域的“老人们”的攻击，而在“外头”的德意志帝国，这种攻击是由哈特和卡尔·亨克尔两兄弟等人发动的。好在一切都沉浸在奥地利的“可爱”之中。大家谈论更多的是，所有生活领域都必然响起新的论调，以及这样的时代是怎么到来的。不过，人们却对奥地利人特有的激进主义表现出反感。

圈子里最年轻的人之一是约瑟夫·基蒂尔。他正在创作一种抒情诗，是从马丁·格赖夫那儿获得了激励。他不想表达主观情感，而想“客观地”描写一个过程、一种状况，但要描写得仿佛不是从感官角度来观察，而是从情感出发来观察一样。他不想说他陶醉了，而要描绘那个令人陶醉的过程，用不着诗人说出陶醉这个词，听众或读者就应该陶醉了。基蒂尔在这个方向上创作了真正美好的东西。他是个本性天真的人。还没过多久，他就跟我亲密无间了。

在这个圈子里，我满心欢喜地听人谈起一位德裔奥地利诗人，并且听说了他的一些诗作。这人给我留下了强烈印象，我努力想要结识他。我询问跟他相熟的弗里茨·莱莫迈尔还有另外几个人，能不能把这位诗人请来参加我们的聚会。可是人家却告诉我，就是套上四匹马拉车，也没法把他弄过来。他是个怪人，不愿意跟人交往。可是，我实在是想认识他。于是，有一天晚上，参加聚会的所有人都出动了，步行前往“知情人”能找见他的地方。那是一个小酒吧，坐落在跟克恩特纳大街平行的一条巷子里。只见他坐在一隅，面前摆放着不小的一杯红酒。他坐着，仿佛已经坐了无限长的时间，并且还想坐上无限长的时间。他虽然是位老先生，但眼睛却闪着青春的光芒，面容透露出诗人和理想主义者那心思敏感、表情丰富的特点。他先是没看见我们这些人进来，在那发型雅致的头颅中，显然有一首诗正在创作。弗里茨·莱莫迈尔只得抓住了他的胳膊。他转过脸冲着我们，打量着我们。我们打扰了他，他那吃惊的目光掩盖不住这一点。只不过，他用可爱至极的方式表露了出来。我们团团围住了他。窄小的酒吧里，这么多人要想坐下来，是不够坐的。令人称奇的是，这个被形容成"怪人"的人，不一会儿就表明是个思想丰富而健谈的人。谈话中，心灵之间的交流在进行，于是，我们在这沉闷逼仄的小屋里再也待不下去了。根本没费多大劲，我们就把这个"怪人"带进了另一间酒馆。除了他以及他的一位已在我们圈子盘桓许久的熟人，我们其他人都很年轻。然而没过多久，情况就表明，我们还从没像这天晚上这么年轻过，因为这位老先生来到了我们中间，而他其实才是最年轻的那一位。

在心灵的最深处，我被这人的魅力打动了。我当下就意识到，这人在出版的作品以外，肯定还创作过许多更有分量的东西。我大着胆子问起了他。只听他近乎害羞地回答道："是啊，我家里还有些关于宇宙的东西。"我竟然说服他答应，下次我们有机会见到他时，他会把那些作品带来。

就这样，我认识了费歇尔·施坦万德，一个诗意盎然、见解丰富、富于理想主义情怀的诗人，来自克恩特纳地区。他是穷人的孩子，在极度贫困中度过了青年时代。地位显赫的解剖学家希尔特耳赏识他，为他提供了生活保障，由此，他得以完全投身于写诗、思考和感悟当中。很长时间里，世人对他所知甚少。罗伯特·哈梅林为他出版了第一本诗作《泽伦勃兰德心灵之火伯爵夫人》，广获好评。

我们再也用不着去请这位怪人了。他经常会在我们的晚间聚会露面。让我十分欢喜的是，有次聚会上，他带来了他的"关于宇宙的东西"。那是诗作，《原始本能之歌》和《原始梦想之歌》，那生机勃勃的诗歌韵律中跃动着的情感，仿佛是要展现开天辟地的创造力，和谐美妙的音调编织着直达本质的思想，展现出宇宙洪荒的力量。我认识到一个事实：我所结识的费歇尔·封·施坦万德，成为在我青年时代走近我的重要人物之一。他的个性如同一位智者，用真正的诗歌呈现着他的智慧。

我对生命循环之谜百思不得其解。有些人在他们的生命表现中，在他们的个性特征中，轻而易举就展现了实质内涵的痕迹，这在先天遗传和后天习得当中都不可能找到。当我走近这些人，我就对生命循环形成了一些观点。然而，费歇尔的表情变化和每一个肢体动作，都向我展示了那种只能形成于基督教发展初期的灵魂本质，那时候，希腊异教信仰仍在对这一发展继续产生影响。若是只想着一个人那脱口而出的谈吐，就不会形成这样一种体验了。只有通过个性特征的激励，人们才会形成这样的体验。个性特征直通本能，它们似乎伴随着这样的谈吐，事实上却无限深化了它。在跟一个人共处时，尽管试图寻找，却也得不到这样的体验，而是要等到事后，强烈的印象继续发挥作用，变成一种复活的记忆，在这记忆里，外部生活中根本的东西归于磨灭，其他“非根本的东西”却开始发出十分清晰的语音。谁要想靠着“观察”人们来揭开上一段尘世生命之谜，那他毫无疑问是达不到目的的。这样的观察肯定会让人觉得，这是加在被观察者身上的侮辱。这样，就只能指望，仿佛要借助来自精神上的外界的命运安排，人的前尘往事才能揭示在当下。

正是在这里所描述的生命时期，我对尘世生命的循环形成了特定的观点。在此之前，循环之说虽然离我不算遥远，但却没能走出模糊不定的意味，升华为强烈的印象。不过，关于生命循环这样的事，我自己的思想中并没有确立理论。我虽然从文学作品中接受了它，并把它当作某种启示来理解，但我本人并没有把这事理论化。只有我在这个领域具备了真实体验，我才能跟诺伊曼教授展开上文提到的谈话。人们对生命循环以及其他只有通过超感觉途径才能获得的观点深信不疑，这当然是无可指责的。因为在这个领域，毫无成见的人类理性也能够生成普遍适用的信念，哪怕人没有把理性带向直觉体验。只不过，在这方面走理论化之路，却不是我想走的路。

正当我对生命循环日益形成具体观点的时候，我接触了 H.P. 勃拉瓦茨基发起的神智学运动。我跟一位朋友聊起这些事时，他就把西奈的《秘传佛教》递到我手里。这是我透过神智学运动接触的第一本书，但它根本没给我留下印象。令我欣慰的是，我在从自身灵魂生活中获得体验之前，没有读这本书。它的内容让我抵触。也许是对于超感觉描述方式的反感，阻止了我沿着摆在面前的道路继续前行。

8　关于艺术和美学的反思；在《德意志周刊》当编辑

这个时期，也就是 1888 年左右，我一方面受到内在灵魂生活的驱使，对精神领域保持了强烈的专注，另一方面，生活把我投入了广泛的社会交往中。通过给我所编辑的歌德自然科学著作卷二撰写内容翔实的导言，我内心生出一股动力，要用一种思路清晰的描述方式，把我对精神世界的体验表达出来。这需要的是，把通过外部生活跟我发生联系的一切，进行内在的抽象化处理。这种抽象化是我能够做到的，为此，我十分感谢境遇的安排。当时，我坐在一间咖啡馆，周围一片喧闹，生机盎然，内心却十分静定，思想专注地写下提纲，再把它转化成上述的导言。就这样，我维持着一个跟外界毫不相干的内在生命，当然，我的兴趣是会跟外界再度密切交织的。

在当时的奥地利，公共事务表现得危机丛生，我的这些兴趣不得不转向种种现象。跟我交往较多的人都把工作和精力投入到奥地利各民族之间的较量上。其他人则关注社会问题。还有一些人追求的是让艺术生命永葆青春。

当我靠着我的灵魂在精神世界生活时，我常常有一种感觉，即所有这些目标设置肯定是一无所获的结果，因为它们都避免靠近存在之中的精神力量。对我来说，思考这些精神力量是首先和必须要做的。然而，我在我周围的精神生活中，却看不到与此相关的明确意识。

当时，罗伯特·哈梅林的叙事诗《赫蒙库勒斯》已经出版了。诗人在时间面前摆了一面镜子，有意用漫画形象展现了时间的物质性以及时间对生命外在的关注兴趣。只有在机械论—唯物论的观念和活动中才能存活的男人，结交了一个本质上不属于现实世界，而属于幻想世界的女人。哈梅林是想直指文明发生扭曲的两个方面，一方面是空洞乏味的追逐，把世界看成机械的，按照机械方式来打造人生；另一方面则是没有灵魂的幻想，根本没有兴趣把伪精神活动转变为跟实相的真正联系。

哈梅林所描绘的怪诞形象遭到许多人抵制，这些人原本通过他以前的作品成了他的崇拜者。在德尔·格拉奇家，人们此前对哈梅林佩服得五体投地，但当这部叙事诗问世后，却变得疑虑重重了。

不过，这部《赫蒙库勒斯》却给我留下了很深的印象。我觉得，它展示了统治着现代文明的种种遮蔽了精神的力量。我从中看到了对时间发出的一个严正提示。可是，我也很难对哈梅林形成什么立场。《赫蒙库勒斯》的出版在我心灵中加剧了这种难度。我认识到，对我来说，哈梅林是这样一个人，他用一种特殊方式亲自传达了时间的启示。回望歌德及其合作者把唯心论带到人之尊严高度的那个时代，我觉得，有必要穿过唯心论的大门，挺进真正的精神世界。在我看来，这种唯心论就是一道美妙的幻影，并非感官世界对内投在人的心灵上，而是从精神世界落到人的内心的，它反映出一个要求，要从幻影出发，抵达那个投下幻影的世界。

我喜欢哈梅林，他用如此强有力的图像描绘了唯心论的幻影。不过，他的止足不前却让我深感难过。他的目光很少投向前方，朝着真实精神世界的新形式进发，而是往后看，关注被唯物论打碎的精神的投影。尽管如此，《赫蒙库勒斯》却吸引着我，它固然没有表现人们怎样挺进精神世界，但却描述了，当一个人想要独自在非精神世界游走时，他该往哪里走。

跟《赫蒙库勒斯》发生交集之时，我正在思考艺术创作的本质以及美的实质。当时我内心贯穿的所思所想，可以在《歌德是新美学之父》这篇小文中得到体现。我在维也纳歌德学会做演讲时，又把它朗诵了一遍。唯心论作为一种大胆的哲学，在费希特和黑格尔那儿论述得那么透彻，可是为什么没能闯入活生生的精神领域呢？我想找出根源。在我探索根源的路径中，有一条就是，反思纯唯心论哲学在美学领域有哪些谬误。黑格尔以及跟他想法类似的人认为，艺术的实质在于用感官方式呈现“思想”。当“思想”在感官题材中呈现时，它就成了美的展示。这是他们的观点。然而，在这种唯心论之后到来的时代，却不想再认可“思想”的实在性了。正如唯心论世界观的思想存在于唯心论者的意识中一样，它并不指向精神世界，因此，它若宣称自己具有真实值，就在后来者心目中站不住脚了。于是，“现实主义”美学诞生了，它并不关注思想在艺术作品感官画面中的呈现，而只关注从人的天然需求出发、在艺术作品中表现为不真实形式的感官画面。

在艺术作品中，我想把感官方面的呈现视作根本。不过我觉得，真正的艺术家所走的创作道路，表明是一条通往真正精神的道路。他是从感官的感受出发的，只不过对感受到的东西进行了改造。在改造过程中，他不让自己受到纯主观欲望的牵引，而是试图赋予感官方面的呈现以一种形式，使之看起来就像精神本身在场一样。我对自己说，美并不在于用感官形式来展现思想，而在于用精神形式来描述感觉。于是，我在艺术生活中看见，精神世界介入了感官世界。真正的艺术家或多或少会下意识地认可精神。我当时总是这么对自己说，要想闯入精神世界的认知范畴，只需要把艺术家心中那些影响到感官素材的灵魂力量，转化成一种脱离了感官、纯精神式的体验就行了。

在当时的我看来，真实的认知、精神在艺术中的展现以及人的道德意愿融会成了一个整体。我必须把人的个性当成一个中心点，这个中心点非常直接地把个性跟宇宙的最原始本质连在一起。意愿正是起源于这个中心点。清晰的精神之光一旦在这个中心点发挥作用，意愿就能释放出来。然后，人的行动就能与宇宙的智慧保持一致。这智慧并不必然具有创造性，只有在自我本性的实现过程中才能去创造。就人的这个中心点来说，行动目标并不来源于晦暗的原动力，而是出自直觉，这些直觉本身就像最为通透的思想那样显而易见。于是，我想通过观察自由意愿来找到精神，有了这精神，人才能成为这世上的个性存在。我想通过感悟真正的美来体验精神，这精神通过人发挥作用，它在感官中的活动方式是，不仅仅把自我本性表现为精神上的自由行动，而是让其中的精神本性流淌出来，进入这世界。世界虽然源于精神，但并不直接揭示精神。我想通过观察真相来体会精神，这精神呈现在它的自我本性上，它的精神反照是道德行为，而艺术创作是通过塑造感官形式来追求精神的。

在我的心灵中生成的，是一种“自由哲学”，一种基于渴求精神、追求美好的感官世界的生命观，一种对鲜活现实世界的精神体验。

也是在 1888 年，我被带进了维也纳新教牧师阿尔弗雷德·福尔梅的家。在那里，一群艺术家和作者每星期聚会一次。阿尔弗雷德·福尔梅本人是个声名鹊起的诗人。弗里茨·莱莫迈尔怀着友好的心意这样形容他的特点：“热情、本性真诚、狂热，近乎沉迷地信奉上帝和天国。就在这样柔和而澎湃的旋律中，阿尔弗雷德·福尔梅创作着诗篇。他的步履仿佛没有触及坚实的大地，他仿佛在高高的云朵里半梦半醒、想入非非。”阿尔弗雷德·福尔梅的为人也是这样。一走进牧师的家，人们会有脱离现实的感觉，起先露面的只有男主人和女主人。牧师保持着孩童般的虔诚，不过，由于他那热烈的气质，这种虔诚无比自然地转化成了抒情诗般的情调。福尔梅才刚说几个字，人们一下子就被真挚的气氛包围了。女主人用牧师之家替代了职业舞台。没人能看出，忙着招呼客人的可爱而又妩媚迷人的牧师太太从前曾经当过演员。她几乎母亲般地照顾着牧师，人们从她对他说的几乎每一句话里，都听得出这种母亲般的关爱。在这两人身上，体现出一种逗人喜爱的对照，心灵是优雅的，外表却极其高大魁梧。访客们携带着被各种精神风向吹拂的尘世气息，走进了牧师家这种超凡脱俗的氛围。

常常到场的有弗利德里希·赫贝尔的遗孀，她的莅临每次都像过节一样。高龄的她尽情挥洒着一种朗诵艺术，这艺术能让人如痴如醉，彻底俘虏人们的艺术感觉。当克丽斯蒂娜·赫贝尔叙述时，满场的人都沉浸在温暖的心境中。在福尔梅家的晚间聚会上，我还认识了女演员维尔伯恩。这是个有趣的人，声音嘹亮，慷慨激昂。每次听她朗诵莱瑙的《三个茨冈人》，人们总能生出新的喜悦。没过多久，聚在福尔梅家的人们时不时也在维尔伯恩女士那儿聚会了。可是，那儿的情况是多么不一样啊。还是那些人，却变得入乡随俗、富有生活气息、幽默风趣了。而在牧师家的时候，就算"维也纳国民诗人"弗利德里希·施洛格尔在朗诵他那妙趣横生的滑稽故事，大家还是会保持严肃。举个例子，当维也纳人小范围地引进了遗体火葬时，这位诗人写了一篇小品文。文中，他讲述的是，一个男人对他太太爱得有点粗鲁，每当感觉不爽时，就冲她大喊大叫："老婆子，把你烧掉！"在福尔梅家，人们对这样一件事的评论就好比是维也纳艺术史的某个篇章。在维尔伯恩家，人们却会大笑，直笑得座椅笃笃响。福尔梅到了维尔伯恩家，看上去就像个俗人。维尔伯恩到了福尔梅家，就像是个女修道院院长。可见，针对人们的转变，一直到面部表情的变化，都可以做些深入的研究。

在福尔梅家来往的还有艾米莉·玛塔亚，她用艾米尔·玛略特的笔名写了那部洞察了人生的小说。一个让人着迷的人，她用她的生活方式直观、天才而又时常令人鼓舞地昭示了不屈不挠的生命存在。一个善于描述人生的艺术家，知道生命何时会把秘密投进日常生活，何时又会把命运悲剧捣碎了抛到人们头上。

聚会中，时常也能听见奥地利切姆帕斯女声四重唱的四位女士一展歌喉。弗里茨·莱莫迈尔抑扬顿挫地反复吟诵赫贝尔的《荒原男孩》，就着阿尔弗雷德·施特罗斯的激情钢琴伴奏。

同一时期，我不得不深入关注奥地利的公共事务，因为1888年的时候，我曾短期承担《德意志周刊》[①]的编辑工作。这本杂志是由历史学家海因利希·弗里德荣格创办的。我干编辑时，正值奥地利各族的较量进行得如火如荼。我很不容易，每星期要写一篇文章，评论公共事件进展。从根本上说，我对所有组党结派的人生观都尽量敬而远之。我感兴趣的是文化在人类进步中的发展历程。对于从中产生的观点，我只得全部接收并保留，同时又不让我的文章看起来像是出自一个“不谙世事的理想主义者”之手。另外我觉得，在当时的奥地利，主要由高奇部长启动的“教学改革”会损害文化利益。有一次，我对这个领域的评论甚至引起了施罗尔的忧虑，他一向是对政党观察很有好感的。我赞赏来自天主教会的列奥·图恩部长早在五十年代就为奥地利文科中学做出的那些实事求是的安排，反对高奇那些不符合教育学的措施。施罗尔读了我的文章后，问我道：你是想让奥地利重新实行教会那种教学政策吗？

对我来说，这段短暂的编辑工作意义重大，它引导我去关注当时奥地利人处理公共事务的作风。这种作风让我深为反感。我也想在评论中塞进一点东西，使之具有涵盖重大精神目标和人性目标的特色。我发觉，当时的日刊文章并没有这种特色。怎样让这种特色产生效用，这是我当时天天操心的事。我非得操心不可，因为我没有能力在这个领域获得丰富的人生阅历。根本说来，我是毫无准备地涉足了这项编辑工作。我相信自己弄清了各个不同版面的操作技术。可是，那些会对报纸读者产生启示的篇章却不归我撰写。就这样，每周一期的发刊让我费尽心力。

由于周刊当时的老板跟创办人就售价发生了一场争执，我的这份工作就结束了，我感到如释重负。

不过，这工作使我跟一些人士结下了相当密切的关系，他们的活动都

---

① 《德意志周刊》：柏林，维也纳。德国人国家利益的喉舌。鲁道夫·斯坦纳作为责任编辑，名字出现在卡尔·奈瑟博士之后。鲁道夫·斯坦纳从 1888 年 1 月初到 1888 年 7 月 18 日期间从事该杂志的编辑工作。由于当时的出版人约瑟夫·欧根·鲁塞尔发生的风波，在鲁道夫·斯坦纳的最后一个工作日，该周刊停止了出版。

是面向公共生活领域五光十色的分支行业。我认识了维克托·阿德勒，他当时是奥地利社会党人无可争议的领袖。一个瘦弱而简朴的男人，但却怀着坚定的意志。每当他在咖啡桌旁发言时，我总是感到，他所说的内容无关紧要、毫不稀奇，但却流露出宁折不屈的意志力。我认识了佩尔纳施托弗，他正从德意志民族派转型为社会主义党人。他是一个学识渊博的强悍人物，尖锐地批评公共生活遭到破坏的事实。当时，他正在出版《德意志有话说》月刊，我觉得那是一本鼓舞人心的刊物。

对于人类的外在生活，二十七岁的我内心充满了疑问和谜团。与此同时，通过封闭式的体验，灵魂的本质及其与精神世界的关系以越来越明确的形式浮现在我的心上。我暂时只能从这种体验出发进行精神探索。在这项工作日益呈现的走向引导下，几年以后，我撰写了我的《自由哲学》。

9　旅居魏玛、柏林和慕尼黑

1889 年我第一次去了德国。此行是受邀参与魏玛的歌德作品出版工作，这项工作是由索菲·封·萨克森大公夫人委托，歌德档案馆主持的。几年前，歌德的孙子瓦尔特·封·歌德去世，他把歌德的手稿遗物作为遗产赠予了大公夫人。大公夫人由此创立了歌德档案馆，并与许多歌德专家——打头的是赫尔曼·格林、古斯塔夫·封·洛佩和威廉·谢勒尔——共同做出决定，要出一版歌德作品，将歌德为人熟知的作品和尚未出版的遗作加以汇总。

我做过歌德文献的出版，因此才有缘受邀负责这一版当中的歌德自然科学著作。我被召唤到魏玛，为的是了解自然科学遗作情况，并投身于最初的工作。

我在这座歌德之城逗留了几个星期，这段时间在我的生命中就像是过节一样。我多年来生活在歌德的思想里，如今可以亲自来到这些思想诞生的地方了，就是在这种情感所营造的庄严印象下，我度过了这几个星期。

我面前日复一日摆放着文稿，它们位于我以前为屈什纳版《民族文学》编辑过的歌德作品之外，此次要补编进来。

通过那一版的编辑工作，我心中已对歌德的宇宙观有了一个形象的了解。如今要探讨的是，怎样对此前没有出版过的自然科学遗作也能获得这种形象的了解。我兴致勃勃地投入到这部分歌德遗作的编辑当中。

我很快就认识到，尚未出版的作品将为更加清楚地透视歌德的认识方法做出重要贡献。

在我此前发表的文章中，我这样阐述歌德的认识方法：歌德活在这样的体验中，即认为人及其普通意识对其身边世界的真正实质感到疏离。从这种疏离中萌生了欲望，要在认识世界之前，先在心灵中形成普通意识并不具备的认识力。

从这种视角来说，让我感到富有意义的是，我在歌德文稿中迎面看见了如下的论述：

为了让我们对不同的方法有所了解（歌德指的是人在认识上的不同方法，以及人与外界打交道的不同方法），我们想把它划分为：利用、认知、体验、综合。

1. 利用、寻求收获、索取是初步的方法，它等于囊括了与实践相关的知识领地。经验意识赋予它安全，需求赋予它一定的广度。

2. 求知需要有平静无私的眼光、好奇心的激荡、清醒的理性，并持之以恒。

3. 体验可以取得成效，知识和体验在不知不觉中得到强化，向人发起挑战。既然求知者沉浸在想象中会如有神助，他就必须在自己出错之前，召唤想象力来帮忙。

4. 从自豪的角度来说，综合又可称作创造，它的活动是极具成效的，是从思想出发来表现整体的统一性。从某种程度来说，在此之后，反而要让自然来顺应这种思想了。

下面的评论说得很明白：歌德认为，人及其普通意识形式乃是位于外部世界的本质之外。他要想认识并融会这种本质，就必须转入另外的意识形式。我在魏玛逗留期间，有个问题越来越清晰地浮现出来：怎样在歌德奠定的认识基础上继续构建，才能以歌德的体验方法为出发点，引导思想进入能够按照精神体验生成方式来接纳它的状态？

歌德是从认识的低级阶段，即“利用”和“求知”阶段所能达到的水平出发的。在这一水平上，他让自己心中展现了“体验”和“综合”阶段的心灵创造力会向低级认识阶段揭示的内容。当他这样以高级的体验和综合为背景，与心灵中的低级认识共处时，他感到自己与事物的本质融为一体了。

精神方面的认识体验还没有出现。不过，通往它的道路已经摆在了面前，是通过人与外界关系这个方面来展现的。而我心上惦念的，却是要等认识了另一个方面，即人与自我的关系，才能获得满足感。

假如意识是有创造性的，能自动生成接下来的现实图景，那么，所生成的产物是停留在现实范畴，还是会飘离现实，在非现实中遁去？意识“产物”的对立面何在，对这一点必须看透彻。人的意识必须先与它自身达成理解，然后才能论证纯粹精神体验的合理性。当我在魏玛坐在歌德的文稿前，这样的念头在我思想中一再呈现，比以往的形态更加清晰了。

那是夏天。我对当时魏玛的精神生活很少关注，而是气定神闲地投入到对于歌德创作具有标志性意义的艺术作品中。我并非活在当下，而是陶醉于歌德时代。眼下的魏玛正是李斯特的时代。不过，代表人物并不在这里。

工作之余的时光是跟档案馆工作人员一同度过的。还有就是那些来自外面，或短期或长期访问档案馆的人。我得到了歌德档案馆馆长伯恩哈德·苏凡异常亲切的招待。档案馆的一位常务工作人员——尤利乌斯·瓦勒，成了我心爱的朋友。然而，要到我一年后再次踏入档案馆并长期停留时，这一切才会呈现出更加清晰的面貌。若要描述我的这段生命时光，那才是不得不讲的。

我首先向往的是，当面结识爱德华·封·哈特曼。我跟他已经就哲学问题通了好几年的信。在我离开魏玛在柏林短期逗留时，这事才算实现了。

我跟这位哲学家长谈了一次。他躺在沙发上，上半身直挺挺的，腿伸展开来。自从患了膝盖病以来，他就是这样度过绝大部分生命时光的。额头显然体现着清晰而敏锐的理性，眼神表明内心深处对自己的认识抱有十足的把握，这就是我所看到的。面容被浓密的络腮胡子包围着，语气坚定果断，传达出他对整个世界景象的一些基本看法，并表明了他的阐释方式。每当提到不同的观点，所有的看法就立即笼罩在批评中了。我坐在他的对面，他目光锐利地审视着我，其实内心并没有在听我说。在他看来，事物的本质存在于无意识，对于人的意识来说，它必然永远藏在那里不动。而在我看来，无意识是可以借助灵魂生命活动日益提升到意识的。谈话进行当中，我竟然这样说："人绝不能从一开始就想当然地以为，那些遭到现实隔离的，只构成了意识中的非现实。这样一种观点当然不能充当认识论的出发点，因为它阻断了人通往一切现实的路径，让人只能相信自己活在想象中，只能在假想中靠近现实，也就是以非现实方式靠近现实。相反，人必须考查，想象中的观点作为非现实能否产生效用，它是否仅仅源于偏见。"爱德华·封·哈特曼回答道：这个没什么可争论的。想象之中毫无真实可言，这在"想象"的字面解释中就能体现。听到这个回答，我感到心灵在颤抖。"字面解释"竟然能充当生命体验的严肃出发点！我认识到，自己跟同时代的哲学相距多么遥远。当我坐在火车车厢里继续旅行时，思想和记忆仍然沉浸在这次珍贵的拜访中，而心灵却又颤抖了起来。这件事对我的影响将是长期的。

继在魏玛逗留之后，我在旅途中穿越德国，去了柏林和慕尼黑。除了那次拜访爱德华·封·哈特曼以外，我的全部生活都投入了各地的艺术活动，我的眼界朝着艺术方向拓展了，这让当时的我感到，自己的心灵生活也变得特别丰富多彩了。就这样，我所做的这次大规模旅行对于我的艺术体验来说也具有了深远的意义。我的内心留下了充足的印象。旅行之后，我又来到萨尔茨卡默古特，在我多年给孩子们教书的那户人家待了几星期。我还指望除此之外再找一份私人授课的差事呢。我受到了他们家的热情招待，因为男孩的教育交托给我好些年了，我成功唤醒了他那完全处于沉睡状态的心灵，把他的人生成长带到了一定的水平。

返回维也纳后，起初，我频繁往来于一位女士召集的聚会圈子，她那种神秘的神智学灵魂观给圈子的所有参与者留下了深刻印象。对于我来说，当时有机会在这位名叫玛丽·朗克的女士家度过的时光是极为宝贵的。在玛丽·朗克身上，呈现出一种以严谨为特色的人生观和生命感悟，那是一种优雅而美妙的呈现。她那些深刻的灵魂体验用一种悦耳又透彻的语言表达了出来。这种与内在自我、与世界艰难搏斗的人生，只有在她的神秘探索中才能得到某种满足，虽然不是完全的满足。因此，她注定成为这个探索者圈子的灵魂人物。这个圈子弥漫着的，是 H.P. 勃拉瓦茨基在十九个世纪末创立的神智学。弗朗茨·哈特曼也把他的著作带进了这个圈子。他因为出版过大量神智学著作，也因为跟 H.P. 勃拉瓦茨基的关系而在圈中广为人知。玛丽·朗克接受了这种神智学的部分说法，她从中看到的思想内容似乎在某些方面迎合了她的心灵特点。不过，她在这方面所呈现的，对她来说仅仅是外在的表象。她内心承载着一笔神秘的财富，这财富是以一种强有力的方式，从经过生活考验的心灵中提升到了意识层面。

如果不是玛丽·朗克表现得饶有兴致的话，我在她家遇见的建筑师、文学家以及各色人等，大概对弗朗茨·哈特曼所推介的神智学毫无兴趣。我本人对此也没有一点兴趣，因为弗朗茨·哈特曼著作中所体现的对精神世界的态度，跟我的精神取向完全背道而驰。我不能认同这种态度反映了真正的内在真相。与他著作的内容相比，这些著作会怎样影响到那些真正的探索者，反而更加让我关注一些。

通过玛丽·朗克，我认识了跟她交情较好的罗莎·麦瑞德太太。罗莎·

麦瑞德其人，是我有生以来最为敬仰、对其成长历程最为感兴趣的人士之一。可想而知的是，我在这里所要表达的，是不会让她本人感到满意的。我只是感到，有什么东西通过她进入了我的生命。后来罗莎·麦瑞德的著作给许多人留下了理应如此强烈的印象，也毫无疑问地让她在文学领域占据了十分显著的地位，但在那时候，这些作品还都没有问世。不过，作品中所揭示的，却已经以精神表现形式活在罗莎·麦瑞德的心里，我对这种表现形式必然会投注无比强烈而真挚的好感。这位女士给我留下的印象是，她仿佛具备人在灵魂领域的所有禀赋，并且，这些禀赋和谐一致地构成了恰当的人性表现形式。她把各种艺术才华与自由而透彻的观察力融为一身。她的绘画同样体现出独具个性的生命绽放和对客观世界的忘我投入。她是从写短篇小说开始写作生涯的，她的短篇小说好比完美的和声，是个人奋斗与客观观察对象的和谐共鸣。她接下来的作品日益呈现出这个特点，表现得最显著的就是她后来出版的两卷本作品《女性批判》了。我认为，在我此处描述的这个时期，能跟处于探索和心灵奋斗年代的罗莎·麦瑞德共度一些时光，不啻是我生命中一个美妙的收获。

我也不得不重新审视我跟别人的一种关系了，这种关系的形成忽略了思想内容，某种意义上完全抛开了它，获得了旺盛的生命力。我的世界观还有我的情感走向不同于罗莎·麦瑞德。我是从当前人们公认的科学性出发，上升到精神体验层面的，这种方式不可能让她产生好感。她试图利用科学性来论证思想，那些思想旨在让人的个性得到完全展现，同时又不让对纯粹精神世界的认识去干预个性。至于我在这方面有什么必须做的，她几乎不置一词。她整个投身于人的直接个性需要，并不在意对个性产生影响的精神力量。她以她的方式，完成了迄今为止关于女性本质及其生命需求的最重要阐述。

她对我同艺术的关系形成了她的看法，由于这一看法，她对我从未满意过。她认为：我误解了真正的艺术，而我却恰恰极力追求，用我通过精神体验而形成的内心观点来理解专门的艺术。她认为，我在揭示感官世界的时候钻研得不够深，因此不能走近真正的艺术。而我却恰恰渴望，深入到感官形式的完全真相当中。——这一切都丝毫无损我心中对此人产生的真挚友情和好感，直到今天，这情感真正是有增无减。那个时候多亏了她，我才度过了我生命中最珍贵的时光。

在罗莎·麦瑞德家，我有幸常常参加见多识广人士们的娱乐活动。列席的有跟罗莎·麦瑞德交情很好的胡戈·沃尔夫，他安静地坐着，看上去更像在孤芳自赏，而不是倾听旁人。尽管他要说的话很少，人们还是会凝神细听。令人费解的是，无论谁跟他待在一起，都会对他的体验产生共鸣。我发自内心地喜欢罗莎太太的丈夫，那位无论是为人还是在艺术上都那么优雅纯净的卡尔·麦瑞德，还有他的兄弟尤利乌斯·麦瑞德。玛丽·朗克以及跟她交往的弗利德里希·艾克斯坦也时常到场。艾克斯坦当时完全融入了神智学的思想流派和世界观。

那个时候，我心中构思的《自由哲学》越来越轮廓清晰了。在我这本书问世的那个阶段，罗莎·麦瑞德是我与之谈论书的架构最多的人。当我内心感到孤独时，她为我消除了部分孤独感。她渴望感悟人的直接个性，我则向往宇宙的启示。对于宇宙的启示，人的个性可以以心灵为基础，通过自动打开的精神之眼来寻求。两者之间存在某种桥梁。在接下来的生活中，在我精神领域最值得感激的回忆里，常常浮现这样或那样的经历画面。画面上，一条道路穿过阿尔卑斯山的壮丽森林，罗莎·麦瑞德和我走在路上，正在谈论人的自由的真正意义。

10　自由哲学

回顾我的生命历程，前三十年在我看来是一个已经完成的章节。在它的最后，我搬到了魏玛，在歌德与席勒档案馆工作了将近七年。在前文所述魏玛之行和我搬到这座歌德城之间的那段时间，我仍在维也纳度过，回顾那个时期，它带给我内心某种程度的成就感，那是此前我的心灵孜孜以求的阶段。在撰写我的《自由哲学》过程中，这种成就感始终存在。

在当时我用来表达自己体验的那些思想当中，一个根本组成部分就是，感官世界在我看来并不是真正的实相。在我当时发表的著作和文章中，我总是说，人的灵魂并非从感官世界中汲取了某种思想活动，而是在超越了感官感觉的自由活动中展示了它。在思想活动中，灵魂作为一种真正的实相而呈现出来。对于这种“摆脱了感官性”的思想，我的描述是，它与灵魂同处于世界的精神本质中。

不过，我也笔锋犀利地指出，人活在这种无感官性的思想中，也确实会清楚感受到存在的精神根源。认识界限的说法对我毫无意义。对我来说，认识就是在感官世界重新发现了灵魂所体验到的精神内容。若是有人谈起认识界限，我就会认为，这等于承认，他没能从精神上体验到真正的实相，因此也不能在感官世界重新发现实相。

在表达我自己观点的时候，我最看重的是驳斥有关认识界限的看法。先是观察感官世界，然后突破感官世界，朝着外部的真正实相进发，对于这样的认识途径，我是抵制的。我想要表明的是，寻求真正的实相并不是靠这样的向外突破，而是要潜入人的内在。想要向外突破的人往往会看到，这不可能做到，那他就会认为存在认识界限。这之所以不可能做到，并非因为人的认识能力有限，而是因为，他所寻求的乃是通过适度内省根本无从说起的东西。他通过继续挺进感官世界，某种程度上是想寻找感觉在感知背后的延续。这就好比是，活在幻觉中的人到进一步的幻觉中去寻找自己幻觉的根源。

当时，我所描述的感官是这样的：尘世中的人从一生下来就不断成长，并总是以认识的态度去面对世界。他先是获得了感官体验。不过，这只是认识的一个前哨，这种体验还不能揭示世界上的一切。世界是有其本质的，然而，人一开始还不能抵达这种本质，他面对这种本质仍是闭目塞听的。由于他还没让自己的本性直面这个世界，因而，他内心所形成的世界观跟世界的本质是脱节的。这种世界观其实是一个幻象。从感官感觉来说，人所面对的世界是一个幻象。但是，如果摆脱了感官性的思想从内心形成，并朝着感官感受推进，那么，幻象就会被实相渗透。然后，幻象就不再是幻象了。于是，存在于内心深处的人之精神便与宇宙之精神相会了。对于人来说，宇宙之精神现在不再隐藏在感官世界之后，而是浮现在感官世界当中，并且活动着。

我当时认为，找到宇宙之精神不是逻辑推理的事，也不是感官感受的延续。当人从感知进一步迈向摆脱了感官性的思想体验时，它就会实现。

怀着这样的看法，我在自己编辑的 1888 年版歌德自然科学著作的卷二这样写道："谁若是判定思想具有超越感官感受的认知力，他也只好对处在纯粹感知实相之外的客体赋予思想。不过，思想的这些客体乃是观念。思想捕获了观念，就跟宇宙的本源融为一体了。外在的活动者进入人的精神，人就在最高潜能水平上跟客观实相实现了统一。在实相中察觉观念，就等于人在真正接受圣餐。——思想之于观念的作用，就好比眼睛之于光线，耳朵之于声音。它就是起到捕捉作用的器官。"（参见屈什纳《德意志民族文学》之歌德自然科学著作导言，卷二，第 4 页。）

当不带感性的思想经由自我体验迈向精神体验时，精神世界会呈现怎样的景象？我当时不太看重这样来描述精神世界，而是比较注重表明，存在于感官体验中的自然的本质乃是精神。我想要表达的是，自然的真相是精神。

这是基于，我的命运牵引着我，要跟那个时代的认识理论家们分庭抗礼。那些人设定的前提是，自然与精神无关，并认定自己的任务在于阐明，人有多大权利从精神上勾勒出一幅自然的精神图景。我想要提出一种与此针锋相对的认识论。我想要表明，人并非像个跳脱自然的外人似的，通过思想来形成自然的图景，相反，认识就是体验，人是置身于事物的本质当中去认识的。

进而言之，我自己的观点跟歌德的息息相通，这是命运的安排。在这种相通之中，我固然有很多机会表明自然具有何等的精神性，因为歌德本人向往的就是一种以精神为本的自然观。不过，我却没有类似的机会，把纯粹的精神世界说成是纯粹精神的，因为歌德并没把以精神为本的自然观引申为直接的精神观。

我当时没有想到把自由观念表述出来。人的行为若是出自本能、欲望、癖好等，他就不是自由的。那样的话，冲动就会主宰他的行为，它对他来说，就像感官世界的印象一样清晰可见。不过，这也不是他的真正本质在行动。他是在他的真正本质根本还没展现的层面上行动的。他很少展示他作为人的一面，就像感官世界面对纯粹感性的观察很少展示其本质一样。照此看来，感官世界并非真的是一个幻象，而只是被人变成了幻象。人在其行为中，确实能够把类似感性的冲动、欲望等变成幻象。然后，他就听任幻象的摆布了，行动着的不是他本人了。他听任非精神在行动。当他在不带感性的思想领域发现，道义直觉乃是行动的动力时，他的精神才会行动起来。此时，行动着的才是他本人，而不是别的什么。此时，他才是一个自发行动着的自由人。

我想要描述的是，凡是把不带感性的思想当成人的纯粹精神加以抵制的，永远也做不到理解自由。不过，若是能够看透不带感性的思想的真相，这样一种理解就会立即实现。

在这个领域，那时的我也不太在意描述那个让人体验到道义直觉的纯粹精神世界，而是更多强调这种直觉本身的精神特征。我要是看重前者，就或许不得不这样来撰写我的《自由哲学》中“道德幻想”这一章的开头了：“自由的生命根据冲动来行事。这是直觉，是生命在自然界以外的纯粹精神世界体验到的直觉，而生命在通常意识下，却不知道这个精神世界的存在。”不过，我在当时只是看重，要阐明道义直觉的纯粹精神特征。因此我指出，直觉存在于人的整个观念世界，并据此说道：“自由的生命根据冲动来行事。这是直觉，是借助思想从整个观念世界挑选出来的直觉。”——谁若是不关注纯粹精神的世界，若是写不出这第一句，他也就不会完全认可第二句。不过，关于这第一句，在我的《自由哲学》中可以找到足够多的提示。比如：“个体生命的最高层次是不顾及特定感觉内容的概念思维。我们靠着观念领域的纯粹直觉，来决定一个概念的含义。这样一个概念就与特定的感觉毫不相干了。”这里指的是“感官的感觉”。若是我当时不光写到道义直觉的精神特征，而是想要去写精神世界，那我就必须顾及感官感觉与精神认知之间的对立。可是，我却只注重强调道义直觉的非感性特征了。

当我的思想世界朝着这个方向推进时，我的第一个生命阶段结束了。这是我生命中第三个十年的结束，也是我的魏玛时代的开始。

11　关于神秘主义和神秘主义者

在我第一个生命阶段结束时，我内心感到有必要明确地了解有关人的灵魂的各种特定流派。其中一种流派就是神秘主义。尽管它出现在人的精神发展的不同时期，透过东方智慧、新柏拉图主义、中世纪的基督教以及犹太教神秘教义的祈愿，浮现在我心灵之眼的前面，尽管我有着特殊的秉赋，我却很难对它形成一个了解。

我觉得，神秘主义者都是些应付不了观念世界的人，而在我看来，精神恰恰存在于观念世界。我感到，人要想带着观念潜入没有观念的内在，以便获得心灵的满足，这就未免欠缺真正的智慧了。我不认为这是一条通往光明的道路，反而是一条通往精神黑暗的道路。精神实相本身虽然不存在于观念中，但却是借助人的观念让人体验到的。在我看来，灵魂若想通过逃脱观念而抵达精神实相，那无异于认识上的昏聩无能。

然而，也有什么东西把我引向人的神秘主义追求。那就是神秘主义者的内在体验方式。他们想要与人灵魂中的存在之根源共处，而不仅仅作为外来者，靠着观念式的观察来了解这些根源。然而我也清楚，要是带着完整而清晰的观念世界内容潜入灵魂的底层，而不是在潜入过程中摆脱这些内容，就能够获得相同类型的内在体验。我想把观念世界的光明带进热情的内在体验。在我看来，神秘主义者这种人看不到观念中的精神，因而一旦遇到观念，内心就会被冻僵。他在观念那里体验到的冰冷迫使他通过挣脱观念来寻求灵魂所需要的热情。

当我把暂且模糊不定的精神世界体验铭刻在特定观念上时，我内心恰恰会生出这种灵魂体验的热情。我时常对自己说：对于人与渗透了精神的观念共处时所能感到的热情和灵魂亲密度，那些神秘主义者的误解有多深啊。对我来说，这种共处始终就像是一种跟精神世界的个人交往。

我认为，神秘主义者强化而不是削弱了信奉唯物论的自然观察者的立场。他拒绝观察精神世界，是因为他压根不许这个世界发挥作用，或是因为他误以为，人的认识只适用于感官所能察觉的对象。在感官能够察觉的地方，他为认识设置了界限。对于人的观念认知，一般的神秘主义者跟唯物论者持有相同的看法。他声称，观念无法沟通精神，因此，人只得带着观念认知，驻足在精神之外。然而，由于他仍想走近精神，他便求助于没有观念的内在体验了。于是，他就把观念认识局限在对纯自然的认识上，从而赋予了唯物论的自然观察者以合理性。

然而，若是进入灵魂深处时并不带着观念，就能到达纯粹感觉的深层区域。那样，人们就会说，借助通常生活中所说的认识途径，是不能抵达精神的。人们会说，为了体验精神，必须脱离认识区域，潜入感觉区域。

唯物论的自然观察者会表示同意这种看法的，假如他不认为，所有关于精神的说法都是在用毫无真实性可言的话语来玩幻想游戏的话。那样，他就会在他那注重感性的观念世界看到唯一合理的认识基础，在人与精神的神秘关系中看到些许纯属个性的东西。对于这东西，人们依照气质的不同或喜好或反感，但在任何情况下谈论它，都绝对不会像谈论某种“可靠认识”的内容一样。对于人和精神的关系，人们必须完全听任“主观感受”来判定。

随着我把这个关系置于心灵之眼的前面，我心灵深处那股反对神秘主义的力量越来越强了。我觉得，灵魂深层体验中的精神体验要比那些感性体验可靠多了。在我看来，对灵魂体验设置认识界限是不可能的。我斩钉截铁地拒绝通过纯粹的感觉途径来走近精神。

然而，当我关注神秘主义者的体验时，我又感到，我本人对精神世界的态度仿佛遇见了一个远亲。我借助被精神照亮了的观念，寻求与精神的团聚，而神秘主义者在用同样的方法，寻求与非观念的团聚。我也可以说，我的观点是以神秘主义的观念体验为基础的。

厘清自己灵魂深处的这种冲突，并不是很难的事，冲突终归会变得清晰起来。真正的精神体验会照亮观念的活动区域，指出个性的局限。精神的观察者知道，当灵魂的本质转变为体验精神世界的器官时，人的个性会怎样停止发挥作用。

不过，难处在于，我要在我的作品中找到表达我观点的方式。没办法立即找到一种能让读者觉得不同寻常的表达观察的新方式。可供我选择的是：对于我认为有必要说的，要么更多地采用自然观察领域的惯用方式来表达，要么按照那些倾向于神秘主义感受的作家所用的方式。我觉得，若是借助后一种，似乎无法克服出现的困难。

我得出看法，自然科学领域的表达方式应是含义丰富的观念，哪怕这含义带有唯物论的思想特点。我想要构建观念，用其解释精神，类似于自然科学解释感官感受。由此，我便能为我所说的话保留观念特征。我觉得，在使用神秘主义方式时，不可能得到同样的效果。因为神秘主义方式根本说来并不解释人外部的实体，它只能描述人的主观体验。我不想描述人的体验，而想表明精神世界是怎样借助人内部的精神器官得到展现的。

在这些基础之上，形成了观念的形态。后来，我的《自由哲学》又从中应运而生了。在形成这些观念的时候，我可不想听任内心一时来潮的神秘主义摆布。不过我清楚，对观念所展示内容的最后体验，就心灵深处而言，必定跟神秘主义者的内心感受是相同类型的。不过，区别当然是有的，那就是，在我的阐述中，人献出了自我，并把外在精神世界本身视同客观现象，而神秘主义者却强化了自己的内心生活，用这种方式抹杀了客观精神的真实形态。

12　命运问题

我阐述歌德的自然科学观念，是要用到屈什纳《德意志民族文学》的导言当中。我为此花了很长时间。我在八十年代初就开始了这项工作，到我从维也纳搬到魏玛，从而进入第二个生命阶段的时候，竟还没有完成。原因就是上文描述的，关于自然科学和神秘主义的表达方式出现了种种困难。

当我忙着用适当的观念形态来阐明歌德的自然科学立场时，我也必须继续为呈现在我心灵上的、在观察世界进程时所获得的精神体验找到表达方式。于是，我被推动着一再偏离歌德，转而描述自己的世界观，然后又转向他，用收获的想法更好地阐释他的思想。我首先感到，歌德的根本之处在于，在认识不可估量的实相财富方面，他反感借助任何在理论上一目了然的思想产物来获得自我满足。当歌德想要描述形形色色的动植物形态时，他奉行的是唯理论。当他想要领会地球的地质构造，或是想要体悟各种气象学现象时，他会求助于观念。不过，他的观念不是抽象的思想，而是以思想形式存活在心灵中的画面。

当我了解到，他在他的自然科学著作中针对这些画面都说了些什么，我在心灵最深处感到了欣慰。我看到了观念—画面—含义，由此不得不相信，他在进一步的阐述中，描绘了自然事件反映在人的精神中的真正影像。我心里清楚，主导的自然科学思想方法必将被提升到歌德这种思想方法的水平上。

不过同时，歌德的这种自然认识观点却涉及一个要求，即在阐述观念—

画面—含义的本质时，要把它放到与精神实相本身的关系中。观念—画面只有指向这样一种以感性为基础的精神实相，它才具有合理性。然而，歌德在传播了他心灵中的感性画面—形态直到精神性的画面—形态之后，出于对无法量度的实相财富的神圣敬畏，避免了进一步来描述精神世界。

我必须表明，歌德固然以认识的眼光从感官自然推进到了精神自然，从而可以拥有灵魂生活，不过，别人却只有超越歌德，引导着认识从观念角度来领会精神世界本身，他才能完全理解歌德的灵魂生活。

当歌德谈论自然时，他正置身精神之中。他担心，若是从这种置身其中的鲜活状态继续前行，生活在对置身其中状态的思考中，自己恐怕会变得抽象起来。他想要自己在精神中去感受，却不希望自己在精神中去思考。

我常常感到，我若是把对歌德宇宙观的看法阐述出来，就难免不忠实于他的思想方法了。对于我要阐释的关于歌德的每一个细节，我都必须一再掌握一个方法，那就是，用歌德的方法来谈论歌德。

我对歌德观念的阐述是一场持续一年的奋斗，要借助自己的看法越来越理解歌德。回顾这场奋斗，我必须对自己说：我对它很是感激，因为我的精神认识—体验获得了发展。若不是歌德出版物在命运安排下介入了我的生命历程，这个发展将会慢得多。我大概会追随我的精神体验，并按照它出现在我面前的样子来描述它。我会更快地被拖进精神世界。不过，我恐怕找不到机缘，努力潜入自己的内心。

就这样，我通过歌德作品的编辑工作，体验到一种不同的灵魂状态，它带着某种慈悲揭开了精神世界，一步步地让自己的灵魂深处与精神相似起来，然后，当灵魂体会到自己就是真正的精神时，它便置身于宇宙的精神之中了。只有在这种置身其中的状态下，人们才能感到，在人的灵魂中，人的精神与宇宙的精神多么紧密地生长在一起。

在我从事歌德作品阐释工作期间，歌德在我的精神中始终与我同在，他就像个提醒者，在我身边不住地冲我喊道：谁要是在精神道路上前进得太快，虽然可以得到精神体验的紧密环绕，不过，却会因为实相含量不足而远离生命的财富。

我从自己跟歌德作品的关系中，可以相当直观地观察到，“因果是怎样影响人的生命的。”命运由两个事实形态组成，它们在人的生命中同生共长，合二为一。其中一个源于灵魂的渴望，由内而外流出，另一个则从外界向人靠近。我自己的灵魂欲望向往着体验精神，宇宙的外在精神生命则把歌德这项工作带到我身边。这两股水流在我的意识中相会，我必须让它们达到和谐。在我第一个生命阶段的最后几年，我总在为自己辩白，时而面对我自己，时而面对歌德，两者交替进行。

我内心感到负有使命，我也在我的博士论文中对自己提了出来，那就是：促成“人的意识与自我的和解”。因为我看到，人只有看到自身的真正实相之后，才有可能理解外界的真正实相是什么。

外界真正实相与灵魂深处真正实相的会合，必须借助意识的认知，在勤勉的精神内在活动中才能实现。那样，假如人在行动中能感受到自由，则对于处在意愿和行动中的意识来说，精神内在活动始终都存在。

自由作为真实的东西存在于无拘无束的意识中，但在认识面前却变成了一道谜题，这恰恰是由于，人并没有从一开始就生成真实的自我存在，也就是真正的自我意识，而是必须等到他的意识与自身实现和解之后。构成人的最高价值的自由，需要经过相应的准备才能被理解。

我的《自由哲学》乃是基于对人的意识与自我达成和解的体验。在意愿中，自由得到施展。在感觉中，自由被体验到。在思考中，自由被认识到。只不过，为了实现这些，生命绝对不能迷失在思想中。

写作《自由哲学》期间，我始终担心的是，在阐述我的思想时，会让内心体验完全清醒地进入这些思想当中。这固然会让思想带上内观的神秘特征，但却会把这种内观等同于对外界的感官观察。走近这样一种内心体验就会感到，自然认识与精神认识之间不再有对立了。人们会明白，后者只是前者的变态延续。

由于这样的看法，后来我在我的《自由哲学》扉页放上了这句箴言："以自然科学方法进行灵魂观察的结果。"因为，若是忠实地把自然科学方法留在精神领域，它就会引导人们去认识这个领域。

这段时期对我来说具有重要意义，我深入涉猎了歌德的童话《绿蛇与美丽的百合花》，这篇童话是他《德国移民谈话录》的结尾部分。有许多人解释过这篇"神秘童话"。我根本不看重对内容的解释。我想以诗歌艺术的形式径直收录内容。把理性的解释喷洒在想象力的成果之上，向来是我反感的做法。

我看到，歌德的这篇诗作是怎样从他跟席勒的精神交往中生成的。当席勒写作《审美教育书简》时，他度过了他精神发展的哲学时代。"人的意识的自我和解"是最让他倾心的一项灵魂使命。席勒看到，人的灵魂一方面完全投入了理性活动。他觉得，在纯理性当中起主导作用的灵魂并不依附身体感官。不过他感到，在这种超感觉活动方式中，却有着某种让人不满的东西。当灵魂沉浸到"逻辑的必然"当中时，它是"在精神里的"，不过，它在这种沉浸状态下既不自由，也缺乏内在精神上的活跃。它是沉浸到了一个抽象的精神影像中，但却没有在精神生命与精神存在中活动并起到支配作用。另一方面，席勒注意到，人的灵魂在相反的活动里，完全投入到肉体—感官感觉和本能冲动当中了。这时候，精神影像在灵魂中发挥的作用消失了。不过，灵魂遵循着并不构成灵魂本质的自然法则。

席勒得出看法，在这两种活动中，人都不是"真正的人"。不过，人却可以由此做到借助自然和不经人的帮助便能呈现的理性精神幻影所不可能做到的事。他可以把理性带进感官活动。他可以把感性提升到较高的意识领域，以便感性能像精神那样发挥作用。这样，他就达到了一种介于逻辑束缚和自然约束之间的中间心境。席勒认为，当人生活在艺术中时，人就处于这样一种心境之下。从审美角度来理解世界时，也需要体会感性，不过，要从感性之中发现精神。审美感活在精神的影子里，但却会在创造或享受之时赋予精神以感性形态，这样，精神就失去了其影子存在。

早在几年前，席勒这一番对“真正的人”的努力领会就已进入我的心灵。现在，当歌德的“神秘童话”本身对我来说成了个谜团时，席勒的说法就重新浮现在我面前了。我看到，歌德是怎样吸纳了席勒对于“真正的人”的阐述。有个问题的鲜活程度对歌德来说，一点儿不比对他的朋友来说要小，那就是：影子般的精神是怎样在灵魂中找到了感官—躯体，肉身中的自然产物又是怎样升华成精神的？

两位朋友的书信来往以及人们所知道的他们的其他精神交往都证明，席勒的答案对歌德来说过于抽象，在哲学上过于片面了。歌德展示了一幅幅优美的画面，一条河把两个世界分隔开来，磷火在探寻从一个世界到另一个世界的道路，那条蛇不得不献身，以便建起一座桥连通两个世界，“美丽的百合花”长在河的彼岸，只对精神产生作用，只有活在“此岸”的人才能感觉到它。还有许多别的画面。面对席勒的哲学答案，歌德提供的是一种童话般诗情画意的看法。他的感受是：若是借助哲学概念，迎着席勒所认为的灵魂之谜向前，人就是在寻找自己的真正本质，人就会变得贫乏。歌德想要在灵魂体验的财富中接近这个谜。

歌德的童话画面驳斥了那些寻求灵魂精神体验的人常常抛到歌德面前的想象。人们发现，这篇童话里的三个国王跟《克利斯蒂安·罗森克洛伊茨的化学婚礼》中的人物有些相似，其他形象也是认识之路从前画面内容的再现。在歌德这里，这些画面只以优美、高雅而艺术的幻想形式呈现，而在从前，它们却带有更多的非艺术特征。

在这篇童话里，歌德把想象式创作带到了极限，从这里开始，想象创作转向了深层的灵魂进程，也就是对真实精神世界的认识体验。我猜想，若是潜心研读这篇诗作，便可以看见歌德性情的最深处。

对我来说重要的不是为歌德作品做注解，而是我在研究这篇童话时，获得了通往灵魂体验的激励。这种激励在我接下来的灵魂生命中持续发挥作用，直至影响到我后来创作的神秘剧[①]的形象塑造。不过，对于我靠歌德得到的工作来说，借助这篇童话得不到太多收益。因为在我看来，歌德在撰写这篇诗作时，仿佛是在一种近乎无意识的灵魂活动的内在力量驱使下，在宇宙观方面完成了自我超越。于是，一个真正的难题出现了。我只能按照开始时的风格继续为屈什纳《德意志民族文学》中的歌德作品添加注释，可是，这样做却不能满足我自己。我对自己说，歌德在写这篇童话的时候，仿佛是站在精神世界的边界之外来观望它的。他随后关于自然进程还写过些什么，又是人们没能观察到的，因此，人们也就不能从这个角度出发来解读他。

尽管潜心研究童话并未给我的编辑工作带来裨益，然而，我却从中获得了充分的灵魂激励。从童话引申出来的灵魂含义，成了我的一个重要的冥想素材，我曾再三地回顾它。通过这项活动，我为自己准备好了步入后来魏玛的工作所需要的心境。

13 旅居布达佩斯和特兰西瓦尼亚；回忆施佩希特一家

就在这个时期，我在外部生活上社交广泛。我跟老朋友们频繁相聚。尽管我很少有机会说起我在此处提到的事情，但是我跟朋友们之间的精神与心灵纽带却是紧密的。我不得不时常回想起那些时而没完没了的谈话，记得当时，那是在维也纳米夏埃尔广场边一家有名的咖啡馆进行的。时下正值世界大战之后的时期，古老的维也纳一片断壁残垣，这使得我尤其怀念那个时候。其实这副破败景象在当时肯定已经存在了，但却没人愿意承

① 《落成典礼（秘密仪式）的入口——一个罗森克洛伊茨式的神秘仪式》，柏林，1910年。《灵魂的考验——〈落成典礼的入口〉尾声的舞台情景》，柏林，1911年。《守门人——舞台情景中的灵魂进程》，柏林，1912年。《灵魂觉醒——舞台情景中的灵魂与精神进程》，柏林，1913年。合集为《四部神秘剧》，全集卷14。

认。任何一个人都依照各自特别的民族和文化倾向怀着各异的疗伤的念头。如果说崛起潮流中形成的理想是庄严崇高的，那么，衰落时期生成的意欲阻止衰落的理想，就其悲剧性而言一点也不逊色。对当时最优秀的维也纳人和奥地利人来说，这些悲壮的理想主导着他们的情怀。

每当表达我投身于歌德时代而情不自禁形成的信念时，我常常激起这些理想主义者的不快。我说道，在歌德时代，西方文化发展达到了一个顶峰。在那以后，顶峰没能保持住。自然科学时代及其对人类生命和民众生活造成的后果意味着一种衰落。要想再次取得进步，需要从精神方面形成一种全新的特点。若是不掉转回来，就再不能沿着迄今为止精神领域走过的道路继续走下去了。歌德是一座高峰，但这高峰上不是开始，而是结束。他吸取了在他之前的发展成果，这种发展在他身上得到了完满的展现，但若是不回归精神体验的初始来源，也就是比这一发展过程中所包含的来源原始得多的来源，发展将难以为继。就是在这种心境下，我写下了我的歌德阐述文章的最后一部分。

在这种心境下，我第一次了解到尼采的著作。《善恶的彼岸》是我读的第一本他的书。我也立即被这种观察方式吸引住了，却又产生了反感。我跟尼采难以相处。我喜欢他的风格，喜欢他的冷静。不过，我却一点不喜欢尼采谈论最深层问题的那种方式，他在借助灵魂进行精神体验时，并不有意识地潜入灵魂深处。我只能记起一点，他所说的许多事都无限接近我本人的精神体验。因此，他的奋斗让我感到亲近，我觉得，我必须把这种亲近表达出来。在我看来，尼采似乎是当年那个时代最具悲剧性的人物之一。我相信，这种悲剧性必定出现在自然科学时代的精神状态下，从格局深沉的人类灵魂中生成。怀着这样的感受，我度过了我在维也纳的最后几年。

在我人生的第一个阶段结束之前，我还去过布达佩斯和特兰西瓦尼亚。前文提到的那位来自特兰西瓦尼亚的朋友，在这些年一直以少有的忠诚跟我保持联系，他让我结识了他的许多在维也纳逗留的同乡。于是，除了另一个十分广泛的社交圈子以外，我还有这么一个跟特兰西瓦尼亚人交往的圈子。在这些人当中，有布赖滕斯坦先生和太太，他们当时跟我交好，并一直无比诚挚地保持着这种关系。很久以来，他们在维也纳的人智学协会享有主导地位。跟特兰西瓦尼亚人的人际联系促使我去了一次布达佩斯。匈牙利的首都有着跟维也纳迥然不同的特色，给我留下了深刻的印象。从维也纳出发，一路朝着那里前行，旅途因为优美旖旎的自然风光、热情洋溢的风土人情、活泼激越的音乐而熠熠生辉。从铁路列车的车窗往外眺望，便会形成这样的印象，自然本身透露出特别的诗意，人们却对这富于诗意的自然司空见惯，根本不当回事，但却仿佛会伴着某种通常发自内心深处的灵魂乐曲翩翩起舞。走进布达佩斯，就如同看见了一个世界，对于这个世界，欧洲其他民族的成员虽然会带着无比的好感来观察，但却从未完全看懂过。底层是幽暗莫测的，表面上却流光溢彩。当我站在弗朗茨·迪克的纪念碑前，这种本质特点仿佛一古脑儿地涌到我的眼前。他缔造的那个匈牙利国从 1867 到 1918 年期间存在于世，他的头脑里存有一种坚强不屈的意志，雷厉风行，不事狡诈，但却肆无忌惮，任意妄为。我感到，对于每一个真正的匈牙利人来说，我时常听见的那句选举口号具有怎样的主观真实性啊。它是这样说的：“匈牙利以外没有生命。就算有，那也不是这样的生命。”

孩童时期，我曾在匈牙利的西部边界见识过，德国人对这种坚强不屈的意志是什么感觉。如今，我在匈牙利中部了解到，这种意志是怎样把匈牙利人带进了一种人性封闭状态，这种状态带着某种程度的天真幼稚，装扮在对他们来说自然而然的华丽外表之下。他们更在意把这种华丽展示给大自然那隐蔽的目光看，而不展示给人们那睁开的眼睛看。

这次前往的半年之后，特兰西瓦尼亚的朋友们敦促我到赫尔曼城做一个演讲。时值圣诞时节，我乘车驶过辽阔的平原，阿拉德县位于平原的中部。当我的目光掠过平原时，勒瑙那充满渴望的诗句在我心里响起。平原上，一切都是那么宽广，目光所至一望无际。我不得不在匈牙利和特兰西瓦尼亚之间的一个边境小镇过夜。夜半时分，我坐在旅店的餐室里。除了我以外，只有另一桌人在玩牌。各个民族在这地方共同居住，匈牙利和特兰西瓦尼亚当时能找到的所有民族这里都有。人们玩得热火朝天，半个小时当中一直高声喧哗，这热情迸发得无拘无束，仿佛桌子上方升起了灵魂的云雾，云雾看上去好似魔鬼们在搏斗，把人们完全吞噬掉了。就热情而言，不同的民族表现得有多么迥异啊！

圣诞节那一天，我前往赫尔曼城。我被带到特兰西瓦尼亚的撒克逊人当中。他们生活在罗马尼亚人和匈牙利人中间。一种高贵的民族文化正在衰落，这是他们不愿意看到的，他们想要力挽狂澜。德意志民族特性朝着东部绵延不绝，仿佛是在追忆它数百年前的生命，捍卫对其根源的忠诚。然而，这忠诚在这种灵魂状态下却呈现一种世间所罕见的特点，生命中到处洋溢着后天形成的快乐。我度过了美好的几天，置身于新教教会的德意志族神职人员中间，来到德意志学校的教师中间，来到特兰西瓦尼亚的其他德族人中间。跟这些人在一起，我心里倍感温暖，他们在操心民族文化和维护它的过程中，形成了一种心灵文化，这种文化的表达方式也是直指心灵的。

当我跟老朋友和新结交的朋友们裹着厚厚的毛皮大衣，乘着雪橇吱吱嘎嘎驶过冰冷的雪地，向南部朝着喀尔巴阡山脉（号称特兰西瓦尼亚的阿尔卑斯山）进发时，我心中始终洋溢着温暖。从远方驶过来时，那是一面黑黝黝的、树木茂密的峭壁。到了那里，却是荒芜崎岖、时常透着阴森气息的山间景致了。

就我在那里的所有体验来说，中心点是我那位多年的朋友。他总是能想出新鲜事物，说我可以借助它们清楚地了解特兰西瓦尼亚的萨克森族群特性。眼下，他仍是在维也纳住一段，在赫尔曼城住一段。当时，他在赫尔曼城创办了一份周报，主旨是维护特兰西瓦尼亚的萨克森民族文化。这项事业的诞生完全是出于理想主义，丝毫没有实践经验，不过，所有具备萨克森民族特性的人差不多全都参与了进来。没过几个星期，它就停刊了。

诸如此类的旅行经历是命运对我的惠赐，通过它们，我可以培养自己看待外界的眼光，这对我来说并非易事。相比而言，我对待精神元素倒是抱有一定的把握。

怀着忧伤的记忆，我回到了维也纳。没过多久，有一本书来到了我手上，当时三教九流的人都在传颂它所含有的“精神财富”，此书就是《教育者伦伯朗》。当时所到之处，都听见人们在谈论这本书，说一种全新的精神涌现了。恰恰通过这个现象，我才认识到，我的心灵状态在当时的精神生活中显得多么孤独。

对于这本得到所有人最高褒奖的书，我的感觉是：仿佛有人在几个月的时间里，天天晚上坐在一家上好的旅店的桌边，倾听那些杰出人士在聚餐会友时借着“富有思想性”的名人名句在讲些什么，然后用格言警句的形式记录下来。经过这种旷日持久的“准备工作”，他可以把写了名人名言的纸条扔进一个容器里，使劲摇晃弄乱，然后再取出来。取出来以后，他就把纸条一张张拼接起来，于是一本书就诞生了。当然，这样的批评未免夸张。不过，是我的人生观促使我对被当时的“时代精神”奉为最高成就的东西采取了抵制态度。我觉得，《教育者伦伯朗》这本书完全是浮于表面、故作高深，跟真正深层的人之灵魂扯不上半点关系。我痛心地感到，我同时代的人恰恰把这么一本书当成了一种深刻人性的流露，而我却不得不认为，有这样的思想汩汩流淌在浅薄的精神水域，一切深刻的人性都会被逐出灵魂。

十四岁的时候，我就不得不开始私人教课了。十五年间，命运让我坚守这项活动，直到我在魏玛开始度过我的第二个生命阶段。这期间，许多人在儿童和少年时代的心灵成长都跟我自己的发展息息相关。我可以从中观察，男性和女性的生命长成有多么的不同。因为除了给男孩和小伙子们教课，我也接到过给好多小姑娘教课的活儿。是的，我接管过那个生病男孩的教育，有一段时间，他的母亲也成了我的学生，跟我学几何。还有一段时间，我给这位太太和她的姐姐上美学课。

有好多年，我把这个男孩家当成了住家，从这里出发，再到别的人家去从事教育和授课工作。由于跟男孩母亲形成了友好亲切的关系，我对这家人的苦与乐完全感同身受。在我看来，这位太太拥有一颗特别美好的心灵。她把全部身心用在操心她的四个男孩的命运发展上。从她身上，可以直接看出伟大的母爱。在教育问题上跟她合作，是生活中一个美好的内容。对于音乐艺术，她是既有天资，又有爱好。孩子们小的时候，她有时会亲自负责他们的音乐练习。她会善解人意地跟我聊起各式各样的人生问题，并怀着深深的兴趣来探讨一切。对于我的学术和其他工作，她都给予无比的关注。那时候，对于我身边发生的一切，我都无比渴望跟她倾谈。每当我说起我的精神体验，她都会用一种独特的方式倾听。她的理性让她对这些事抱有好感，但这理性仍保持着些许克制。然而，她的心灵却接纳了一切。对于人的本质，她在一定程度上持有自然主义的观点。对于道德上的心灵状态，她完全是根据体质的健康或病态来考虑的。我想说的是，她本能地从医学角度来看人，这同样具有自然主义的特征。在这方面跟她聊天，是让人极有兴致的事。作为一个女人，她对待所有外部活动的态度是，凡是落到她头上的事，她都会带着无比强烈的责任心来操持，但对于大多数情况，她从内心并不会当成是她分内的。她觉得，她的命运从许多方面来说是件累人的差事。不过，她对生活并无所求。只要不涉及她的儿子们，生活变成什么样，她都会接受。面对儿子们，她却体验到内心最强烈的情感和情绪。

一个女人的心灵生活，她对儿子们无比美好的付出，跟一大群亲戚朋友共同度过的家庭生活，对于所有这一切，我都参与了体验。然而，生活并不是一帆风顺的。这家人是犹太人。他们在观点上完全不受任何教派和种族的局限。不过，那位让我很有好感的男主人，却对非犹太人谈论犹太人的一切言论心存某种敏感。导致这种情况的，是当时如火如荼的排犹主义。

那时候，我亲身参与了德国人在奥地利展开的捍卫自己民族生存的斗争。我受到引导，研究起了犹太民族的历史和社会地位。随着哈梅林的《赫蒙库勒斯》发表，这项研究变得尤为密集起来。这位卓越的德国诗人因为这部作品，被大部分新闻界的人当成了排犹分子，也被德意志族的排犹分子宣布为是他们的一分子。我对这一切不为所动。不过，我写了一篇文章来评论《赫蒙库勒斯》，在文中，我自认为十分客观地表达了对犹太民族的态度。我住在他家并与之交好的那个男人，则认为这是一种特殊性质的排犹主义。他对我的友好情谊一点儿没有因此受损，不过，他或许会深感痛苦。当他读到这篇文章时，他站在我对面，心潮起伏，备受煎熬，对我说道："您关于犹太人所写的东西，绝对不能从友好意义上来解释。不过，我内心挥之不去的并不是这个，而是，您靠着跟我们和我们朋友的亲密关系，只有在我们这儿才能得到经验，是这经验促使您这么写的。"这个人误会了。我完全是通过博览精神与历史领域才得出了评判。我的评判中丝毫没有掺入个人的东西。可他不这么看。对于我的解释，他这样评论道："不，从这篇文章来看，这个给我的孩子们上课的人不是'犹太人的朋友'。"他的看法难以改变。他压根儿没想过，我跟他们家的关系该变一变了。他把这关系当成了必不可少的。我更不把这件事当成改变的理由。因为我把教育他的儿子们视为命运赋予的一项使命。然而，我们两人都别无选择，只能任由这种关系掺入一丝悲情的意味。

更何况，我的许多朋友参加了当时的民族斗争，在对犹太人的看法上都表现出些许的排犹主义色彩。我待在一个犹太人家庭里，他们对我的这种身份并无好感。同时，那家的男主人看见我跟这些人士保持着友好往来，只会觉得，他对我那篇文章的看法得到了证实。

我进入了这家人的社交关系。《金十字》的作曲家伊格纳兹·布吕尔就是其中的一员。他是个感觉灵敏的人，我对他异乎寻常地喜欢。伊格纳兹·布吕尔显得有点儿超凡脱俗，沉浸在自我当中。他的兴趣并不仅仅在音乐领域，而是投向精神生活的许多方面。作为命运的一个宠儿，他只需要尽情享受这些兴趣就行了，家庭背景使他根本用不着操心日常生活，他在一定的富裕状态下创作。就这样，他对生活并不熟悉，而只是熟悉音乐。他的音乐作品有多么可贵或多么无价值，在这里用不着讨论。不过，要是能在街上遇见这个人，跟他攀谈，也许就能看见他从他的音乐世界醒了过来，那一定将是无比美妙而又充满刺激的。他也习惯于不往右边的扣眼里扣马甲的纽扣。他的眼神流露出些许感性，他的步履不是很有力，但却让人难忘。跟他在一起可以谈论许多事，他有着敏锐的理解力。不过你会看到，谈话内容在他那儿会立即溜进音乐的国度。

在我居住的那户人家，我还认识了那位出类拔萃的医生——布洛伊尔博士，他跟弗洛伊德博士共同催生了精神分析学。不过，他只参与了这门观察方法的初创，对于后来弗洛伊德创立它的过程存在不同的看法。对我来说，布洛伊尔博士是个富有魅力的人。他在医生职业上的从业方式令我钦佩。在其他领域，他也是个兴趣广博的人。他谈起莎士比亚来，能让人有心驰神往的感觉。有趣的是，竟能听见他用他那种绝对医学式的思维方法来谈论易卜生，乃至谈论托尔斯泰的《克莱采奏鸣曲》。当他跟我在上文所述的那位女性朋友、我教的孩子们的母亲谈论这些事情时，我常常饶有兴致地在旁聆听。精神分析学说那时候还没有诞生，不过，与这个方向相关的问题已经存在了。催眠现象让医学思维染上了一层特别的色彩。我那位女性朋友从青年时代起就跟布洛伊尔博士交好。我眼前有一个事实引发了我许多思考。从某个角度来说，这位太太的所思所想比这位身份显赫的医生更具医学性。有一次，布洛伊尔博士负责治疗一位吗啡瘾患者，这位太太跟我说了下面这番话："您想想看，布洛伊尔医生都干了些什么！他竟然让这位吗啡瘾患者用名誉保证他再也不吸食吗啡了。他竟相信这样能达到目的。当病人没能说话算话的时候，他发怒了。他竟然说，他不能给说话不算话的人治病。你会相信吗，一个这么卓越的医生竟会这么天真幼稚。怎么能指望靠一句保证来治愈如此深深植入本性的病症呢？"——这位太太不需要说得全部正确。医生的心理暗示疗法会在他的疗愈尝试中起到作用的。不过，不能否认的是，我这位女友说话时显得异常铿锵有力，借助这种力量，她用引人瞩目的方式表达出一种精神，那种流行于维也纳医学流派的精神。当时正值这个流派的兴盛时期。

这位太太具有她独特的重要性，她是我生命里一个重要的人物。如今她已经去世很久了。有许多事情让我难以从维也纳离去，其中也包括我不得不跟她分开。

回顾我第一个生命阶段的内容，当我像个外人似的尝试总结它的特点时，一个感受在我心中油然而生：在命运的引领下，我在三十岁的年纪，看到自己并未受到某种外部“职业”的束缚。我走进歌德与席勒档案馆，也不是为了某种社会地位，而是作为一个自由工作者来编辑歌德著作版本，那是档案馆受大公夫人索菲的委托而出版的。档案馆馆长嘱咐在歌德年鉴第十二卷印上一篇报告，报告中写道：“自 1890 年秋天起，鲁道夫 · 斯坦纳跻身于常务工作人员之列。他分得了整个‘形态学’领域（骨学部分除外），这个领域预计将占据‘第二部’的五到六卷，手稿遗产中一批极度重要的资料都归入其中。”

1890—1897/ 魏玛

14　在歌德－席勒档案馆工作

我又面临着一项任务，需要的时间不确定。它并非来自某个外部缘由，而是源于我的世界观和人生观的内在发展。由此引发的情况是，在罗斯托克，我用我那篇关于“人的意识尝试与自我实现和解”的论文，参加了博士学位口试。外在的实际情况导致我不能在维也纳进行考试。我正式就读的是实用中学，而不是文科中学，文科中学的知识是我自己学习的，间或还要上私人补习课。这就排除了在奥地利考取博士学位的可能。我一向潜心研究哲学，但我经过的正式教育历程使得我绝无可能位居哲学专业大学生行列。

如今，在我第一个生命阶段的最后，有一本哲学著作落到了我的手里，让我备受吸引，它就是海因利希·封·斯坦所著的《柏拉图主义七书》，他当时在罗斯托克教哲学。这个情况导致我把我的论文呈给了这位可爱的老哲学家。他的书使得我对他十分崇拜，我只在考试的时候见过他。

海因利希·封·斯坦这个人仍然在我眼前栩栩如生，简直就像是我跟他一同经历了许多事。《柏拉图主义七书》体现了一种鲜明的哲学个性。在这本书里，作为思想内容的哲学没有被当成能够独自立足的东西。一般说来，柏拉图被视为一位探索这样一种独立存在的哲学的哲学家。他在这条路上所找到的，被海因利希·封·斯坦细致描述了出来。在这部著作的第一章，作者完全进入了柏拉图的世界观。不过，随后斯坦却转而谈起基督启示的降临，并进入人类的发展过程。他把这种精神生命的真正降临放到了比借助纯粹哲学来获取思想内容更高的地位。

从柏拉图到基督，像是正在实现某种追求，由此可以表明，斯坦的阐述中究竟有些什么。然后，他进一步追踪的是，柏拉图主义对基督教的世界观发展继续起到了什么作用。

斯坦认为，基督启示从外部赋予了人类的世界观追求以内容。我对此不能苟同。我的体会是，当人的智慧在精神活跃的意识中与它自身和解时，它就能拥有启示，并能在人的观念—体验存在中获得启示。不过，我仍能感到，书中有某些东西吸引了我。位于观念活动背后的真正精神活动，构成了全面的历史—哲学阐述的推动力，尽管不是以与我相符的形式。柏拉图，观念世界的伟大奠基者，这是期望通过基督激励来获得完满的观念世界。描述这一点正是斯坦著作的意义所在。尽管我跟斯坦存在对立，但对我来说，这本书却比所有那些只靠着概念和感官经验来编写内容的哲学家都要亲近得多。

我发觉，斯坦也没有意识到，柏拉图的观念世界也可以追溯到精神世界的一次古老启示上。这次（基督以前的）启示曾在奥托·维尔曼的《唯心主义史》中得到平易近人的阐述，但在斯坦的观点中却没有出现。他并未把柏拉图主义视作原始启示的残留观念，在后来的基督教中，这种残留观念又借助更高级的形象重获失去了的精神内涵。斯坦把柏拉图的观念视作一种自我编造的、后来借助基督而获得生命力的观念。

毕竟，这本书是怀着对哲学的热情写成的，它的作者怀有深深的宗教虔诚，在哲学中寻求宗教生活的表达方式。从这部三卷本著作的每一面，都能看出位于这背后的那个人。当我读过这本书之后，尤其是反复读过其中阐述柏拉图主义和基督教关系的内容之后，跟作者见面就成了我的一次重要经历。

这是个举止镇定自若的人，已届高龄，和善的眼神使他看起来亲切而平易，但却颇具洞察力，能透视学生们的成长历程。说起话来，每一句都在语调中传达出哲学家的思索。当我在考试前夕拜访斯坦时，他就是这样站到了我面前。他对我说："你的博士论文不符合大家的要求。看得出来，你没有按照教授的指导来写。不过，它的内容却让我很乐于接受。"此时的我强烈希望，在口试的时候能被问到跟《柏拉图主义七书》有关的问题。然而，却没有一个问题与此相关。所有问题都是针对康德哲学的。

海因利希·封·斯坦的形象一直深深印在我的心里。我觉得，如果能跟这个人重逢，将会是件无边的乐事。命运却再没有让我跟他聚到一起。我的博士学位考试成了我最珍视的回忆之一，因为斯坦其人留下的印象致使其余相关的一切都黯然失色了。

来到魏玛时，我的心情被此前跟柏拉图主义的深入交集感染了。我认为，这种心情十分有助于我胜任在歌德与席勒档案馆的工作。柏拉图是怎样活在观念世界的？歌德呢？当我往返于通往档案馆的路上，这个想法引起了我的思考。当我坐到歌德遗留的文章前，它仍占据着我的思绪。

提出这个问题的背景是，1891 年初，我用这样的话表达了我对歌德的自然认识的印象："对于许多人来说，不可想象的是，有些绝对需要主观条件才能显现的东西，却具有某种客观的意义和本质。这后一种情况说的正是'原始植物'。它乃是所有植物都客观包含着的根本性的东西，当它要获得存在并得以显现时，人的精神就必须自由地构建它。"（参见《歌德年鉴》第 12 卷《通过歌德档案馆出版物论我们对歌德自然科学著作的看法心得》一文）或者还有这样的话：正确认识歌德的思想方法"也能够让人判断，借助某个特定时代曾经出现或即将出现的任何一种感性—真实的生物体形式来识别原始植物或原始动物，是否符合歌德的观点。对此，只能斩钉截铁地回答一个'否'字。'原始植物'包含在每一种植物中，能够凭借精神的创造力从植物世界获取，不过，任何个别的、个体的形式都不得被说成是典型性的。"

如今，我走进歌德与席勒档案馆，成为一名工作人员。正是在这里，十九世纪末的语文学接收了歌德的遗产。在档案馆的高层，担任馆长的是伯恩哈德·苏凡。我想说的是，从我的魏玛生活阶段的第一天起，我就跟他结下了个人交情。我常常去他的家。

档案馆第一任馆长是埃利希·施密茨。伯恩哈德·苏凡能够成为埃利希·施密茨的后任，是多亏了他跟赫尔曼·格林的友情。

大公夫人索菲是从歌德的最后一位后人瓦尔特·封·歌德那里，继承了歌德的遗产。她创办了档案馆，以便遗产能以适当方式进入精神生活。按照常理，她去求助于那些据她猜测能够知道歌德文献往昔经历的人士。

首先是封·勒佩尔先生。像是命中注定的，他成了歌德知情者与受托管理歌德遗产的魏玛宫廷之间的中间人。他担任过普鲁士内务部的高官职务，因此跟普鲁士王后也就是魏玛大公的姐姐走得很近。同时，他还是当时最有名的歌德著作版本——汉普尔版的最重要参与者。

勒佩尔是个特别的人，集长袖善舞和特立独行于一身，可爱得很。他是作为爱好者而不是作为专家融入“歌德研究”的。可是，他却在这个领域赢得了盛誉。他对歌德的评判以美妙的方式收进了他那一版《浮士德》，绝对算是独树一帜。他所表达的，正是他从歌德本人那里学到的。既然他要针对谁最擅长管理歌德遗产提出建议，他就只能想到他作为歌德知情者、在自己研究歌德过程中接近过的那些人。

勒佩尔首先想到的是赫尔曼·格林。赫尔曼·格林是作为艺术史学者走近歌德的。他以这个身份在柏林大学举办过关于歌德的讲座，并把讲座结集成书予以出版。不过，他同时还自视为歌德的精神后人。他成长于其中的德意志精神生活圈子，始终保持着鲜活的歌德传统，某种程度上还能记起跟歌德本人有过联系。赫尔曼·格林的太太是吉塞拉·封·阿尼姆，她是贝蒂纳的女儿，是《歌德与一个孩子的通信来往》一书的作者。

赫尔曼·格林评价歌德是个富有艺术灵感的人。他是艺术史学者，可也是艺术欣赏者，因而所持的艺术态度染上了个人色彩，这使得他的博学只能达到情况允许的程度。

由于对歌德的共同兴趣，赫尔曼·格林自然跟勒佩尔交好。我想，他们两人会很好地相互理解。在我的想象中，当他们谈起歌德时，首要的是人情上对这位天才的好感，而学术观点倒显得次要了。

这种从学术上看待歌德的方式，体现在了威廉·谢勒尔身上。他是柏林大学的教授，教的是德国文学史。上述两位都承认，他才是正经的歌德行家。勒佩尔以孩童般的纯真无邪承认了这一点，赫尔曼·格林内心却带着一丝抗拒。因为他觉得，谢勒尔身上的那种语文学观察方式实在让人没有好感。

歌德遗产管理的真正领导会从这三人当中产生。然而，这职务却径直溜到了谢勒尔的手里。勒佩尔或许没有想到，自己会更多地作为顾问，从外部参与到这项任务中，他可是在普鲁士王室任职，拥有扎实的社会关系呢。赫尔曼·格林也同样没想到。他在精神生活领域颇有地位，只愿意就这项工作发表观点和指导方针，对于细节上的营造，他是无能为力的。

对于威廉·谢勒尔来说，情况就完全不同了。在他看来，歌德是德国文学史上一个重要的篇章。在歌德档案馆，这个篇章会呈现出新的来源，其意义不可估量。歌德档案馆的工作必定会被系统归入一般文学史工作的范畴。出一版歌德著作的计划应运而生了，要从语文学的正确角度来打造这一版。谢勒尔接管了思想方面的监督任务，档案馆的领导工作则交给了他的学生，当时在维也纳担任教授、教德国现代文学史的埃利希·施密特。

这样，歌德档案馆的工作就很有特点了。不过，在歌德档案馆以及通过歌德档案馆所发生的其他一切，也是独具特色的。所有一切都带有当时的语文学思想方法与工作方法的特征。

在威廉·谢勒尔那里，语文学领域的文学史努力效仿当时的自然科学方法。人们吸收了流行的自然科学观念，想要效仿它们来打造语文学领域的文学史观念。诗人从什么地方移植借鉴，怎样把借鉴来的东西改造成自己的，这都成了精神生活发展史的基本问题。从这个角度来看，诗人的个性消失不见了，关于怎样贯穿个性而形成“题材”“主题”的观点出现了。这种观察方式在埃利希·施密特论莱辛的专题巨著中达到了顶峰。在这部巨著里，最重要的不是莱辛这个人，而是对米娜·封·巴恩海姆、纳坦主题等细致入微的观察。

歌德档案馆建成后不久，谢勒尔就去世了。他门下弟子众多。埃利希·施密特从歌德档案馆被召到柏林履职去了。随后，赫尔曼·格林成功做到，不让谢勒尔众多弟子中的任何一个担任档案馆馆长，而是让伯恩哈德·苏凡来担任。

从身份来说，苏凡此前是柏林的文科中学教师。他同时从事过赫尔德著作的出版。由此，他似乎注定也会担任歌德档案馆的领导。

埃利希·施密特仍然保有一定影响力，因此，谢勒尔的精神在歌德档案馆继续发挥着作用。不过，与此同时，赫尔曼·格林的观念在歌德档案馆体现得更为突出，即便不体现在工作方法上，也会体现在人际交往上。

当我来到魏玛跟伯恩哈德·苏凡结下亲密关系的时候，他是一个性情不定的人。他曾经历两任太太离世，两人是姐妹。他跟两个儿子一起在魏玛生活，总是为逝去的人忧伤不已，毫无生活乐趣可言。他唯一的安慰就是，大公夫人索菲——他衷心崇敬的女主人对他甚是友善。这种崇敬中一点没有卑躬屈膝的意味，苏凡所喜欢和仰慕的完全是大公夫人这个人。

苏凡喜欢赫尔曼·格林，并对他十分忠诚。以前在柏林的时候，他被格林家当成家庭成员一样看待，怀着满足汲取着这个家里的精神氛围。不过，他身上却有某种东西，使得他跟生活格格不入。跟他在一起，可以谈论最高级的精神事务，然而，谈话中很容易掺进什么闷闷不乐的东西，是源于他的感觉的。这种闷闷不乐主导着他自己的心灵，然后，他就会借助干巴巴的幽默感来掩盖这种感受。就这样，别人跟他总也热络不起来。他可以非常可爱的一下子领会伟大，却又会毫无过渡地落入琐碎平庸。他对我总是抱以善意。对于我心中对精神怀有的兴趣，他没有共鸣，有时候也会以他那种乏味幽默感的角度来看待。不过，对于我在歌德档案馆的工作方向以及我的个人生活，他却无比感兴趣。

我不能否认，苏凡在档案馆领导职位上以及在主持歌德出版工作上的所作所为，有时候实在让我感到不快。我对此从不讳言。然而，当我回顾我跟他一同度过的年月，占据上风的却是，我对这个难以捉摸的人的命运和个性怀有深切的同情。他承受生活的折磨，也承受自我的煎熬。我看到，他带着他性格中那些好的方面和他的各种能力，某种程度上日益沉浸到那种从他心灵中升起的毫无根据而又空洞的冥思苦想当中。歌德与席勒档案馆搬进伊尔姆建成的新大楼时，苏凡在大楼启用仪式上说道，他觉得自己就好比一个远古时代的牺牲者，为了寻求事业赐福而被砌进了神圣楼宇大门的墙里。他也渐渐把自己整个幻化成了一个为了事业而牺牲的人，尽管他觉得并未完全与事业融为一体。他觉得，自己就像是个从事歌德工作的苦力，没能从这任务中体会到乐趣，而别人却有可能对此踌躇满志。当我离开魏玛后再遇见他时，我发觉，他始终处在这种情绪中。后来，在阴郁的意识下，他自杀身亡了。

我进入歌德与席勒档案馆的时候，除了伯恩哈德・苏凡，在这里效力的还有尤利乌斯・瓦勒。他被任命是在埃利希・施密特之前。早在我第一次在魏玛居住期间，瓦勒就跟我彼此走得很近。我们之间结下了真挚的友情。瓦勒从事的是歌德日记的编辑。担任档案保管员的是爱德华・封・德尔・赫伦，他负责编辑歌德的信件。

德国大部分日耳曼学学者都投入到歌德著作中。语文学教授与编制外讲师持续不断地来来往往。在他们或长或短的到访期间，除了档案馆工作时间以外，大家还会跟他们相聚多时，完全可以进入他们这些人的兴趣圈子。

除了这些真正的歌德版本工作人员，来到档案馆拜访的，还有许多对丰富的德国诗人手稿藏品感兴趣的人士，因为档案馆逐渐成了大量诗人遗物的收藏场所。别的感兴趣者也来了，他们跟手稿没什么关系，只想在现有图书馆的档案室里研究一番。也有许多访客只想看看档案馆的珍藏而已。

当勒佩尔露面时，在档案馆工作的所有人都会高兴。他一边亲切而又讨人喜欢地品评着，一边走进来。他摆好他的工作资料，坐下，一工作就是好几个小时，带着别人身上难得一见的专注。不管他周围发生了什么事，他看都不看一眼。若是让我找出一个可敬可爱的人，那我就选封·勒佩尔先生。他的歌德研究是可敬的，他对每个人说的每一句话都是可爱的。尤其可敬的是，他仿佛差不多时时刻刻只想着，怎样让世人真正理解歌德，这使得他的整个灵魂生命独具特色。有一次，剧场上演《浮士德》，我坐在他的身边。我开始聊起了表演，聊起了演员什么的。他根本没听见我说什么，可他却回答说："对，这个演员时常有些跟歌德风格不完全相符的语句和措辞。"在我看来，勒佩尔更为可爱的地方是他的"心不在焉"。幕间休息时，我想出了点谈资，计算起了时间长度，这时候勒佩尔说道："一小时等于一百分钟，一分钟等于一百秒……"我望着他，说道："阁下，六十吧。"他掏出他的表，查看一下，开心地笑了，一边数着一边说："没错，没错，六十分钟，六十秒。"类似的"心不在焉"的证明，我在他身上体验过好多次。不过，即便对于勒佩尔独特心灵状态的这些体现，我也并不会嘲笑，因为对于这个人不矫揉造作、不多愁善感、我想说既文雅又严谨同时还显得优美的个性来说，它们仿佛是一种必要的增补。他说话时，语句汩汩涌出，毫无声调起伏。然而，从这种不事渲染的语言中，却能听出强有力的思想表述。

每当赫尔曼·格林出现时，先进的思想就进入了档案馆。我还在维也纳的时候，就读了他论述歌德的著作。从那一刻起，我对他的精神特质就怀着深深的好感。第一次有幸在档案馆见到他，我便读了他迄今为止出版的几乎所有作品。通过苏凡，我很快就走近他，跟他熟悉起来。有一回，苏凡不在魏玛的时候，他来到档案馆，请我到他的旅店吃了一顿午餐。我单独跟他在一起。当我谈起认识宇宙人生的方法时，他显然产生了共鸣。他变得健谈起来，跟我聊起了他心中抱有的一个关于《德国幻想史》的想法。我当时产生的印象是，他是想写这么一部作品。当时我们没有谈那么远。不过，他畅快淋漓地跟我探讨道，历史发展的洪流浩浩荡荡，推动力在于创造性的大众幻想。据他的观点，这种幻想会呈现出超感觉天才的活跃而高效的性格特征。在这顿午餐过程中，我头脑里被赫尔曼·格林的叙述填得满满当当。我相信自己知道，超感觉的精神性是怎样通过人发挥作用的。我面前的这个人，他的灵魂目光抵达了创造性的精神，但却不想去认识和领会这种精神的自有生命，而是想停留在那个把精神体会成幻想的区域。

赫尔曼·格林有一种特殊的才能，对思想史上或大或小的时代一览无余，还能用准确、风趣而简练的风格把浏览到的描述出来。当他描述每个人物时，当他描述米切尔·安吉洛、拉斐尔、歌德、荷马时，他的描述仿佛总是以这种博闻强记为背景的。我不断读到他的文章，在文中，他用他那令人信服的概括力阐述了希腊罗马文化的特点和中世纪的特征。他整个人呈现出的是浑然一体的风格。当他在口头谈话中创造些美妙的语句时，我不禁想象，这就像是有一篇成文摆在他的面前。我在认识他以后，每当我读起他的文章，我都会误以为听见他在说话。在口头谈话时，他也绝不放过任何草率之处。不过，他感到，必须驻足在对人的艺术展现和书面描述上，而不是终日四处游荡。在日常生活中，赫尔曼·格林也不像别人那样到处闲逛。对他来说，过一种风格化的生活是自然而然的事。

每当赫尔曼·格林在档案馆出现时，人们会觉得，这个遗物储存场所仿佛通过神秘的精神线索跟歌德连在了一起。而当埃利希·施密特来的时候，就不是这样了。他跟存储在档案里的文献取得沟通，靠的是观念，而不是历史—语文学的方法。我跟埃利希·施密特绝对不可能结下个人关系。于是，我显得相当漠不关心，任由大家对这个人的崇拜在我身边肆意滋长。在谢勒尔之类语文学家的圈子里，所有人都对他十分崇拜。

卡尔·亚历山大大公出现在档案馆时，总能引来喜爱的目光。此人举止高雅，内心却对歌德相关的一切感到欢欣鼓舞。由于他的年纪、他跟德国精神生活领域许多重要人士的长期联系，以及他那讨人喜欢的亲切和蔼，他给人留下了美好的印象。得知他是档案馆歌德项目的庇护人，一种欣慰感油然而生。

大公夫人索菲，档案馆的所有者，只有在特殊的庆典场合才能在这里见到。每当她有什么要传达的，她就把苏凡叫到她那儿。参与工作的来访者都会被带到她面前，一一介绍给她。不过，她对档案馆的关照是非比寻常的。当时，她亲自筹备了修建一幢国有大楼所需用的一切，待修好后，会把诗人遗产隆重安顿在里面。

世袭大公卡尔・奥古斯特也时常来到档案馆。他还没等进入政府就去世了。他对这里的一切都感兴趣，但都不够深入。不过，他喜欢跟我们这些工作人员闲聊。他把对精神生活领域的事务产生兴趣更多地看作是尽义务。世袭大公夫人保莉妮的兴趣可就热烈了。我可以跟她进行一些关于歌德、诗歌之类内容的谈话。在交往方面，档案馆处在科学艺术界和魏玛宫廷社会之间。它通过这两边形成了自己特有的社交特色。大门还没在某个教书匠的身后关上，就又朝着某位在宫廷常来常往的王侯级别人士敞开了。对于档案馆进行的活动，来自各个社会阶层的许多人都有份参与。根本说来，这是一种朝气蓬勃、在许多方面鼓舞人心的生活。

跟档案馆直接毗邻的是魏玛图书馆。里面主事的高级图书馆员有着童稚般的性情和无限的博学，他就是莱因霍德・科勒。档案馆的工作人员经常到那里办事，因为他们在档案馆工作需要文学辅助材料，在图书馆可以找到重要的补充。莱因霍德・科勒在神话、童话和传说方面的创作令人称道，作品之丰富堪称独一无二。他在语言学领域的知识颇为广博，令人无比赞叹。他谦虚得让人感动，给人帮起忙来实心实意。他从来不准别人自己进入图书馆藏书室，到书籍的栖息地去取工作需要的书。有一次，我去那儿讨要一本歌德在研究植物学时用过的书，想要查阅。莱因霍德・科勒就去取那本旧书，大概几十年也没人用过它，放在顶部的某个地方。过了很久，他也没有返回。有人去查看他在哪里。原来，他爬上梯子去拿书，竟从梯子上摔了下来，大腿骨发生骨折。可爱而高尚的人再也没能摆脱意外事故的后果而获得康复。长久卧病之后，这个德高望重的人去世了。我心里备受折磨，痛苦地想到，他的事故原是在给我拿书的时候发生的。

15　会晤海克尔、特赖奇克和莱斯特纳

在魏玛的生活阶段开始后不久，我做了两次演讲。对我来说，它们是跟一些重要回忆联系在一起的。一次是在魏玛举行的，题目是《幻想是文化的创造者》，那是在跟赫尔曼·格林就幻想发展史进行那次特色谈话之前。演讲前，我在心里汇总了一下，我从我的精神经验出发，对于真实精神世界无意间涌进人的幻想，都可以讲些什么。在我看来，从物质上说，幻想中的东西是被人的感官体验激发出来的。真实幻想形态中的真正创造性在我看来就是存在于人之外的精神世界的反光。我想要阐明，幻想是一扇大门，精神世界的本质创造性地穿过它，通过人而间接影响文化的发展。

由于我针对此次演讲为我的观念设置了上述目标，因此，跟赫尔曼·格林的争论给我留下了深刻印象。他根本不想去研究幻想的超感—精神源泉。他对人心灵中出现的幻想照实接受，并从它发展的角度来观察它。

我先是阐述了幻想的一种形式，梦的存在。我表明：外在感官感受是通过梦中被压抑的意识存在而获得的，这跟清醒状态下不一样，是在象征性的画面变化中获得的；在象征化过程中怎样体验内在的生理过程；体验不是在清醒的回忆中升起，而是在意识中，那样子就像是灵魂深处的体验内容在强力运作。

在梦里，意识被压制了，它沉入到实实在在的感官—身体中，关注精神在感觉中的作用，这作用隐藏在感官感觉中，但对处于半睡眠状态的意识来说，它只像是一道来自浅层感觉的闪光。

灵魂在幻想中相对于习惯意识状态所提升的高度，跟它在梦中沉入习惯意识状态的深度一样多。隐藏在感觉中的精神不会显现，而是会对人产生作用。人无法捕捉到精神的固有状态，他会通过从感官世界吸取的某种心灵内容，无意之中把精神直观形象化。意识不会推进到精神世界的体验

那里，但它会通过从精神世界提取素材、进而形成画面来获得体验。由此，幻想的真正创造就成了精神世界的产物，而幻想创造本身并没有进入人的意识。

我希望通过这次演讲，展示了一条精神世界本质参与生命发展的路径。

于是，我努力寻找手段，描述精神世界体验并以某种方式把它跟习惯意识所熟悉的内容联系起来的手段。我的观点是，精神是必须谈论的，但是必须尊重人们在这个科学时代已经习惯了的表达方式。

另一场演讲我是在维也纳举办的。邀请我的是“科学俱乐部”。主题是，在保持对精神的真正认识的前提下，还有什么可能性从一元论来看待世界。我阐述道，人通过感官从外部来领会物质方面的实相，通过精神感受“从内部”来领会精神方面的实相，那么，体验到的一切都呈现为统一的世界，在其中，感性反映精神，精神通过感性得到创造性的体现。

那个时候，海克尔已经通过他的演讲《一元论是宗教与科学之间的纽带》阐述了他的一元论世界观。海克尔得知我人在魏玛，就给我寄了一份他的演讲印刷品。对于海克尔对我表现出的关注，我的回报是给他寄了印有我维也纳演讲的杂志。读了这篇演讲稿的人肯定会看到，我当时对海克尔提出的一元论表现得有多么抵制，我提示人们注意，对这种一元论可以这么解释，在一元论看来，人们向内所看到的就是精神世界了。

不过，我当时审视海克尔特色的一元论，还存在另外一种必要性。在我看来，它是自然科学时代的一个现象。哲学家们觉得，海克尔是哲学领域的半瓶醋，他认为实相无非是生物形态，他对此采用的是达尔文观念，借助的是他自己想出的方式，他还冒失地解释说：在塑造世界观时，别的什么都不能用，只能动用一个素有达尔文主义学养的自然观察者的想象。自然研究者认为海克尔是个耽于空想的人，只会从自然科学观察中得出武断的结论。

我的工作迫使我不得不阐述，在一个世纪以前的耶拿，在与宇宙和人、自然和精神有关的深层思想方面，是怎样的状态占据了主导。在此过程中，我一想到海克尔，那个时候这方面的思想状态就在我面前变得清晰了。我在工作当中，必须把歌德与他那个时代自然观的所有细微关系都放到我的心灵之眼的前面。歌德在耶拿获得了无比重要的激励，从而形成了他关于自然现象和自然本质的观念。一个世纪后，在同一个地方，海克尔现身了，他要求从自然认识的角度，针对世界观发表些掷地有声的说法。

此外，我在魏玛开始参加歌德学会的聚会时，有一次赫尔姆霍尔茨做了个演讲，题目是《歌德对未来自然科学观念的预见》。我从中得到点拨，认识到歌德幸运地得到一个灵感，对后来的自然科学观念产生了“预见”。① 不过，我也得到了提示，从歌德的色彩学可以看出他在这个领域的谬误。

每当想到海克尔，我心中都会记起歌德自己对那个世纪自然科学观发展的评判，那是个立足于自我拓展的世纪。当我聆听赫尔姆霍尔茨演讲时，与歌德相关的这个发展评判就浮现在我的心上。

当时的我别无选择，只能对自己说，如果从当时占据主导的思想状态来思考自然的本质，就会必然生成海克尔那样十足幼稚的哲学思想。那些反对他的人到处宣扬，他们想要停留在纯粹的感官感觉上，避免让这感觉通过思考得到进一步发展。

我不得不时常想起海克尔，但暂且不需要当面认识他。这时候，他的六十岁生日临近了。我被安排参加隆重的庆祝活动，当时是在耶拿举行的。庆典上的人情味吸引了我。用餐的时候，海克尔的儿子来到我身边。他在魏玛的绘画学校上学，我在那里认识了他。他对我说，他父亲希望能把我引荐一下。于是，这位儿子就这样做了。

就这样，我当面认识了海克尔。他是个有魅力的人。一双眼睛天真地注视着世界，那么温和，竟让人觉得，若是锐利的思想闯了进来，这目光

---

① 在《生物体的一般形态学》（柏林 1866）当中，有四页的篇幅论述了歌德。其中的原话说道：“我们在此对自然研究者歌德必须突出强调的最重要之处，以及在我们看来从未曾得到恰当评价的是，我们可以把他当成德国物种起源论的独立创始人而加以称颂。”《自然创造史》（柏林 1868 年版）当中第四次演讲的题目是：《歌德与奥肯之后的发展理论》。

肯定会破裂的。他只能承受感官印象，却承受不了揭示事物和进程的思想。海克尔身上的每一个举动都旨在认可感官的表达，而不是为了让内心的主导思想展现出来。我明白海克尔为何这么喜欢画画了。他完全沉浸在感官感觉中了。一旦他开始思考了，他就停止展示心灵活动，而宁愿用画笔来锁定所看见的。这是海克尔独有的性情。只要他展现这种性情，某种异常迷人的人性就会流露出来。

然而，在他心灵的一个角落，却翻腾着某种顽固的、跃跃欲试的特定思想内容。它来自完全不同的宇宙方向，是他的天性。这是尘世间某个前生的方向，带着狂热的意味，面向自然以外的别处，想要发泄一番。宗教政治生成于灵魂深层，利用自然观念来表现自己。

两种本性就这样针锋相对地存在于海克尔身上。一个天性温和、充满爱心的人，背后却像个幽灵似的，怀着尚未思考完善的、藩篱重重的观念，透射出狂热盲信的气息。当海克尔说话时，由于他的温和，这种狂热很难在话语中得到发泄，仿佛天性的温和使得话语中潜藏的魔鬼变得迟钝了。一个谜一般的人，若是见了他，只会喜欢上他。但当他下判断时，别人却常常陷入愤怒。我眼前的海克尔就是这样。当时是十九个世纪九十年代，他正为后来的激烈思想斗争做着准备，那场斗争发生在世纪之交，因为他的思想倾向而进行得汹涌澎湃。

来魏玛访问的人当中，还有海因利希·封·特赖奇克[①]。我之所以认识他，是因为苏凡有一次邀请他来家里吃午饭，也同时邀请了我。这个颇多争议的人给我留下了很深的印象。特赖奇克是全聋的。别人跟他的沟通方式，是他把小纸条递过来，别人把想要向他传达的内容写在上面。这就导致，聚会中只要有他在场，他这个人就成了中心点。别人写下了什么，他便就此高谈阔论起来，无法形成真正的对话。他对于别人来说的存在感，比别人对他来说要强烈得多。这已经浸透他的整个灵魂态度。他发表言论

① 1834—1896年，德国历史学家、政论家，普鲁士学派成员之一。——译者注

时，从没想过会迎来非议，这是别人在人群中表达想法时会遇到的。大家可以清楚看到，这种做派是怎样在他的自我意识中扎下根的。既然他听不见对于他思想的异议，他便强烈感到，他本人的想法是弥足珍贵的。

特赖奇克向我提出的第一个问题是，我是哪里人。我在小纸条上写道，我是奥地利人。特赖奇克回答道：奥地利人要么是很好的天才人士，要么是坏蛋。他这种说法不禁让人感到，失聪给他心灵造成的孤独感逼出了荒诞的悖论，他从中得到了内心的满足。来吃午餐的客人照例会在苏凡家待整个下午。特赖奇克在场的那次，大家也是这样。可以一睹他的个性释放了。这个宽肩膀的人在精神个性上也具有某种东西，让他在众人当中显得高大醒目。不能说特赖奇克是在给人上课，因为他所说的一切都带有个性特征。表达的热情和乐趣体现在每一句话里。尽管他只是在叙述，可语气却像是发号施令。他希望别人也能对他的话产生情感共鸣。他眼中闪烁着罕见的火花，伴随着他的宣讲。当时那次讲话谈到了毛奇的世界观，是从毛奇的生平回忆中传达出来的。在对毛奇世界观的理解上，特赖奇克抵制那种毫无个性的、让人联想起数学思维的方式。他根本别无选择，只能借助强烈的个人好恶口吻来评判事物。像特赖奇克这样整个沉浸在个性当中的人，给别人留下印象的方式只能是，让这种个性跟他们所表达的事件交织在一起，显著而深入地交织在一起。特赖奇克正是这么做的。当他谈论历史时，他谈得仿佛一切就发生在当下，他本人带着全部喜怒哀乐参与其中。大家听着他的讲述，难以忘怀他那无限强大的个性，却对他所讲的内容摸不着头脑。

另一位来到魏玛的访客跟我结下了友情，走得很近，他就是路德维希·莱斯特纳，一个文质彬彬的、无比美妙地活在精神当中的、内心和善的人。他当时是科塔出版社的文学顾问，并以这个身份在歌德档案馆工作。几乎所有的空闲时光，我都跟他一起度过。他的主要著作《斯芬克斯之谜》当时已经出版面世了。那是一个神话故事。他用自己的方式讲述了这段神话。我们的聊天多是在这本重要著作的主题领域游移。莱斯特纳反对所有童话式的、虚构的叙事方式，觉得它们或多或少拘泥于有意的象征化幻想。他认为，民众的神话自然观的根源是梦，也就是梦魇。梦魇向着梦中人压来，作为烦人的提问妖怪现身，又化作小精灵，化作女妖，化作折磨人的恶魔。在路德维希·莱斯特纳看来，这一群妖魔鬼怪都是起源于做梦的人。提问的斯芬克斯是那位纯朴的午间女人的另一个化身，那女人出现在正午睡在野外的人面前，提出问题让他来回答。路德维希·莱斯特纳探究梦境借助那些荒诞的、经过反复构思而富有意义的、烦人却又充满情趣的形象所营造的一切，为的是在童话和神话创作中再度展现它。每一次聊天时，我都感觉到，这人轻而易举就能找到一条道路，从在梦境中活动的创造性的潜意识，通往与真实精神世界相关的超意识。他怀着无比的友善，倾听我在这方面提出的争议，毫不反驳，但内心却不为所动。时代思想中的恐惧感也阻止他这么做，他害怕若是走近精神并以其作为根基，便会丧失“科学”根基。不过，路德维希·莱斯特纳跟艺术和诗歌保持着一种特殊的关系，他采取的方法是，把神话传达给真实的梦境体验，而非传达给进行抽象创造的幻想。在他的观点中，人的一切创造由此便获得了一种宇宙意义。他有着世间所罕见的内在平静和坚定心灵，又是个感觉细腻、诗情画意的人。他针对所有事物的言论都带有某种诗意。他根本不知道，还有什么概念是缺乏诗意的。我跟他在魏玛共同度过了美好的时光，后来，在一次前往斯图加特时，我又有幸住到他家。在他身边的，是他那位跟他的精神天性水乳交融的夫人。对她来说，路德维希·莱斯特纳其实等于她跟世界的一切联系。来过魏玛之后，他没过多久就去世了。夫人在最短的时间里就追随逝者而去，世上没了莱斯特纳，这世界对她来说就空了。一位可爱到罕见的、可爱之中又透着真诚的女士。当她以为会对他人造成干扰时，她就得体地告退。而当她需要给予他人关照时，她却从不缺席。她像母亲般地照料路德维希·莱斯特纳，毕竟他那高贵的智慧是处于十分虚弱的身体里。

我跟路德维希·莱斯特纳可以谈论德国哲学家，比如费希特、黑格尔、谢林等等。能跟我这么聊的人确实不多。他对这些哲学家身上的真实观念有着鲜活的感悟。有一回，我跟他说起我对自然科学宇宙观的片面性感到担忧，他说道："人们毫不了解人的心灵创造的意义。他们不知道，宇宙的内涵恰恰存在于这种创造中，就像存在于自然现象中一样。"

在文学艺术的另一面，路德维希·莱斯特纳并未丧失跟人的直接联系，他谦逊质朴，理解了这一点，在跟他结识后，很快就能感觉到他这个人的卓越了。官方的神话研究者跟他的观点是相左的，他们对他的观点不屑一顾。就这样，一个按照内在价值本应享有一流地位的人，却在精神生活中几乎得不到关注。神话学界本应从他的著作《斯芬克斯之谜》中获得全新的激励，然而，这本书几乎完全没有引起读者的反应。

路德维希·莱斯特纳当时为"科塔世界文学丛书"承担了叔本华全集和让·保罗选集的出版工作。他把这两项工作委托给了我。于是，我便把全面研究悲观主义哲学家叔本华和天才又怪诞的让·保罗纳入了我当时在魏玛的任务当中。我对这两项工作都怀着极深的兴趣，因为我喜欢潜心钻研那些跟我的观点形成反差的思想观点。路德维希·莱斯特纳让我担任叔本华和让·保罗著作的编辑，并不是出于外在的动机，完全起源于我们就这两个人展开的谈话。在某次谈话当中，他冒出个念头，要把这两项任务交给我。

当时，汉斯·奥尔登和格蕾特·奥尔登女士住在魏玛，他们身边聚集了一个社交圈，圈里的人想要活在"当下"，跟此前歌德档案馆和歌德学会把前生继续视为精神生活中心点的态度显得格格不入。我被吸收进了这个圈子。对于在那里的经历，我回忆起来总是十分感激。

在档案馆时，自己的观念必须严格符合"语文学方法"的共同体验。但当来到奥尔登的家，观念却必须是自由而灵动的，头脑里的所思所想都会引起别人的兴趣，新的思想方法必然会在人群中得到支持。不过，心灵深处也会对某些老的文化偏见感到痛楚，进而联想到未来的理想。

汉斯·奥尔登是《公务女士》等常演剧目的剧作者，他是以这个身份来认识世界的。在他当时的魏玛社交圈里，他活得无拘无束。他对这一时期精神生活中的最高兴趣点保持开放的态度。易卜生戏剧中的生活，尼采思想的回响，都会在他家里引发讨论，讨论个没完没了，却又总是激动人心。

加布里埃勒·罗伊特当时正在创作小说《来自好人家》，不久后，这作品就掀起了一阵旋风，为她在文学领域占有了一席之地。她出现在奥尔登的社交圈，总是让圈子充斥着各种严肃的问题，都是些在女性生活方面对人们产生影响的问题。

汉斯·奥尔登魅力十足，他会用他那略带讽刺的思想方法，制止某场恐要迷失在多愁善感中的谈话。不过，当别人陷入放荡不羁时，他本人也会多愁善感起来。人们想在这圈子里对所有的“人性”形成深入的“理解”，不过，要是这种或那种人性让人感到不满，大家也会毫不留情地批评。汉斯·奥尔登深信，对一个人来说，只有投身于文学艺术的伟大理想，才是有意义的。他的圈子里对这些理想聊得相当多。不过，为了在作品中实现他的理想，他会以强烈的蔑视态度对待世人。他认为，理想也许可以活在一个由精选人群构成的小圈子里。然而，他却是个“幼稚的人”，竟然相信可以把这些理想呈现给更大范围的观众。正是在当时，他凭借他创作的《聪明的凯特》，提出了一个用艺术实现其他趣味的方法。这出戏在魏玛取得了“令人瞩目的成功”。这便强化了他的观点，即给予观众他们想要的，而把更高趣味留在能够领会它们的小圈子里。

这种观点对格雷特·奥尔登女士的影响程度比对汉斯·奥尔登还要高得多。对于世界能从精神当中汲取什么，她的评价表明她是个完完全全的怀疑论者。她所写的东西中很显然灌注了她那愤世嫉俗的天性。

汉斯·奥尔登和格蕾特·奥尔登从这种心灵状态出发为他们的圈子提供，散发着一种审美化的宇宙感悟的气息。这气息固然可以接近严肃的内容，但也不拒绝借助小幽默来摆脱某些严肃。

16　与学者和艺术家为伍；歌德作品集

说起我生命中最美好的时光，我必须提到我跟加布里埃勒·罗伊特在一起的时候。我是通过这个圈子有幸走近她的。她胸怀人类的各种严肃重大的问题，在看待它们的时候，无论是内心还是感觉上，都带着某种特定的激进主义。在她看来，传统偏见和人本性中的原始要求在社会生活中处于彼此对立的状态，她便全心全意投入其中。她认为，处于这种传统偏见中的女性从外部受到了生活和教育的束缚，她们不得不悲伤地体验到某种来自心灵深处的东西想要作为“真相”进入生活中。平静而睿智地表达心中的激进主义，渗透着艺术感和深刻的塑造力，这是加布里埃勒·罗伊特的显著特长。她正在写她的《来自好人家》一书，有机会跟她聊天的话，你会感到不可思议地被她吸引着。回首往事，我看见自己跟她一起站在街角，在无比灼热刺眼的阳光底下聊了一个多小时，聊的是她正在思考的问题。即便是谈论别人会立即激动不已的事情，加布里埃勒·罗伊特的神情也是无比庄重，片刻也不会失去平静的态度。“冲天欢呼，忧伤死去”，这是她的情感领悟。不过，这只留在心里，没有化成话语。加布里埃勒·罗伊特会着重强调自己要说的内容，但她这样做的时候从来不靠语音，而只是用心灵说话。说话时让声音均匀地流淌出来，完全用心灵来控制发音，我相信，这种艺术已经成了她独有的风格。在我看来，她是在写作当中把这个特点全面融会成了她那十分迷人的风格。

在汉斯·奥尔登的圈子里，加布里埃勒·罗伊特是受人敬仰的，那种敬仰透着说不出的美好。奥尔登时常十分伤感地对我说：“这个女士很了不起。”他补充道，“要是我也能这么勇敢地下定决心，面对外界描绘出我心灵深处的一切活动，那该多好啊。”

这个圈子以它特别的方式参与了魏玛的歌德活动。他们用了一种讽刺的语气，把“过去”当成“当下”来评判，但绝不轻浮草率，反而时常流露出审美上的愤怒。参加过歌德集会之后，奥尔登终日待在打字机旁，把经历的情况写成报告。他宣称，报告里他将会以“现世生活享受者”的身份来评判那些歌德预言家。

没过多久，另一位“现世生活享受者”也发出了这种论调，他就是奥托·埃利希·哈特雷本。此人从不缺席歌德集会，不过，我开始没弄明白他是为何而来。

在歌德节的那些夜晚，这个由记者、戏剧界人士和作者构成的圈子，躲开“学有所成的名流要人”，汇聚在“成尼慈”旅馆。在这里，我认识了奥托·埃利希·哈特雷本。我一下子就弄懂了他为何会坐在这里。尽情享受聊天，任凭聊到哪里，这正是他所喜欢的环境。他会待上好久，根本无法离开。有一回，我跟他还有别人在一起聊了一晚。第二天早上，我们其他人都“按义务”来参加歌德集会，哈特雷本却没有来。这时我已经很喜欢他了，会为他操心。因此，集会一结束我就去他的旅馆房间探望他。他还在睡觉，我叫醒他并说歌德学会的全体成员大会已经结束了。可他却回答说，正如我看见的，对他来说，来魏玛参加歌德集会，又在开会的时候睡觉，是天经地义的事。他睡起觉来最误事了，因此别人才会来找他。我搞不懂，他为何想要以这种方式度过歌德节。

我以一种特别的方式走近了埃利希·哈特雷本。那是在上述的晚间聊天场合，有一次，大家聊起了叔本华，对这位哲学家已经说了许多或仰慕或反感的话。哈特雷本沉默了许久，然后，他语气激烈、发人深思地插话道：“人们会受到他的启示，可他绝不是个会生活的人。”他面带疑问地望着我，目光天真而无助。他是想让我说些什么，因为他听说我正在研究叔本华。于是我说道：“我只能把叔本华看成个头脑狭隘的天才。”哈特雷本目光闪烁，他激动起来了，喝光了杯中物，又叫了一杯新鲜的。在这一刻，他从内心接受了我，他跟我的友谊由此奠定。“头脑狭隘的天才！”这话他爱听。我完全可以用这话来形容另一个完全不同的人，这对他来说无关紧要。令他颇感兴趣的是，有人竟然会认为，天才也可以是头脑狭隘的。

这些歌德集会让我感觉挺吃力。因为来到魏玛的大多数人在这期间，都是本着兴趣参加这个或那个圈子，圈子里不是语文学家在高谈阔论或大摆宴席，就是染上了奥尔登或哈特雷本的色彩。我却要两个圈子都参加，我的兴趣驱使我两边都要去。这是可行的，因为一个是在白天聚会，另一个是在夜晚会合。不过，情况却不允许我仿效奥托·埃利希那种生活方式。在白天集会的时候，我可不能睡觉。我喜爱丰富多彩的生活，无论是中午待在档案馆的苏凡圈子里——苏凡不认识哈特雷本，因为这对他来说还不是时候，还是晚上跟哈特雷本和他的同道中人聚在一起，我都乐此不疲。

我在魏玛期间，有一系列人士的世界观展现在我的心灵面前。在当时的直接交往中，跟每一个能够谈论宇宙人生问题的人在一起，都会形成这样的情况。另外，还有许多对这类话题感兴趣的人从魏玛经过。

这个时期，我正处于这样的年龄：心灵渴望努力投入到外在的生活中，想要与生活实现紧密结合。外部世界的一个片段构成了我所体验的世界观。我不得不感到，我此前跟外界的相处说来根本少得可怜。当我离开了活跃的社交，恰恰那时候，我才一再意识到，迄今为止我所熟悉的世界仅仅是精神世界，是我在内心观察到的精神世界，我跟这个世界很容易取得联系。那时候，我的思想时常禁不住对我自己说，在我的整个青少年时代，经过感官走向外界的道路走得多么艰难啊。把外部数据留在记忆中，对我来说总是很吃力，而在科学领域，掌握它们却是必不可少的。每当我需要知道某个自然物体叫什么名称，在科学上归属哪个种类以及类似的情况时，我就只得一而再，再而三地望着它。请允许我这么说：感官世界对我来说就如同幻影，如同图画，它在画面中跟我的心灵擦肩而过；相对来说，与精神的结合却绝对带有真正的实相特征。

九十年代初期在魏玛的时候，我对这一切感受最深。当时，我正为我的《自由哲学》做收尾工作。只要感觉到了，我就把三十年人生岁月给予我的想法写下来。我通过外界得到的一切，仅仅具有启示的特点。

当我在活跃的魏玛社交中跟别人谈起世界观问题时，我尤其感觉到这一点。我只得同意他们，接受他们的思想方法和情感走向；而他们却根本不认可我内心所体验到的和仍在继续体验的。我十分努力地体会别人的所见和所想，然而，我却无法让我的内在精神实相涌进这个被体验到的世界。我不得不带着自己的本性，始终固守在我的内心。的确，仿佛有一道薄墙阻隔了我的世界与整个的外部世界。

我和自己的心灵同住在一个与外界隔绝的世界。不过，我若想跟外界打些交道，就始终有必要逾越这道阻隔。我的社交十分活跃，可是在每一个事例中，我都必须像走出一扇门似的走出我的世界，才能步入交往。这让我觉得，每当我要接触外界时，那情形就像是去做一次拜访。不过，这并不妨碍我怀着无比强烈的兴趣去关注我要拜访的对象。在拜访过程中，我甚至会有宾至如归的感觉。

跟人交往是什么情形，观察世界时就是什么情形。我喜欢去找苏凡，喜欢去找哈特雷本。苏凡从来不去找哈特雷本，哈特雷本也从来不找苏凡。他们谁也不赞同对方的思想观点。我一到苏凡那儿，一到哈特雷本那儿，就像回到自己家一样。然而，无论是苏凡还是哈特雷本，都做不到真正走近我。就算他们来到我的住所，他们的心还是待在自己那儿。我体会到，我的精神世界从来没有过访客。

我看到，各种不同的世界观展现在我的心灵之前，自然科学的、唯心论的，以及两者之间的许多过渡层次。我感到，我渴望去研究它们，要到它们当中活动。它们对我说，是位于我面前的现象，而不是我可以亲身进入的现实。

当生活向我直接推进时，我的心中浮现出海克尔和尼采等人的世界观，我感受到了它们的相对合理性。我不能凭着我的心灵状态来对待它们，不能说：这个是对的，那个是不对的。对于存在于它们内部的东西，我肯定会觉得陌生。不过，我并不觉得，其中一个会比另一个还要陌生，因为我只有在我所体验到的精神世界，才会有回家的感觉，而在任何其他世界，我的感觉会是“就像在家”。

当我这样描述时，看起来可能像是，我对一切都根本无动于衷。然而情况绝非这样。我对此完全是另外一种感受。我感到，我对他者充满了兴趣，因为我通过立即把自我带入评判和感觉中，并未使自己产生疏离感。

比如，我跟奥托·哈纳克进行过无数次的谈话。他就是《完成时期的歌德》一书的作者，多才而风趣，那时候多次来到魏玛，因为他正研究歌德的艺术习作。我喜欢他。后来，他陷入了令人震惊的生活悲剧。当我跟奥托·哈纳克聊天时，我可以整个变成他，我接受他的思想，从象征意义上，我可以进入他的思想，虽是去探访，但却“就像在家”。我压根没想过请他来我这儿做客。他只能与自己同住，他是如此全神贯注在他的思想里，以至跟他无关的一切都让他感到陌生。他哪怕聆听一下我的世界也好，对待他哪怕像对待康德所说的位于“意识彼岸”的“自在之物”也好。我从思想上感到，我有义务这样来对待他的世界：不能跟他保持康德式的关系，而是必须把意识带入其中。

我的这种生活并非毫无思想风险和困难。但凡抵制跟自己思想走向不相符的一切的人，并不会遭到相对合理方的纠缠，因为相对合理方对于不同世界观是包容的。对于面向某个特定方向的构想，他会毫无保留地感受到它的迷人之处。唯理智论的这种迷人之处在许多人身上都有。它轻易就能应付与自身不同的构想。不过，凡是拥有一个体验世界的人——精神世界肯定是这种世界——都会看到各种迥异“落脚点”的合理性。他必须永远在灵魂深处做出抗拒，以免被人过于强力地引向这一个或那一个落脚点。

若是能陶醉地爱上“外界的本质”，就等于已经察觉到它了。当然，还是得一再地返回内在的精神世界。不过，人们从中也学会了真正生活在精神之中。

不同的理智“落脚点”是相互抵制的，在这当中，精神体验同样具有“落脚点”。从每一个落脚点的角度来看，世界的样子都是不同的，就好像从不同侧面给一幢房子拍照一样。照片是不同的，房子却是同一座。若是绕着真实的房子走上一圈，就会得到一个整体印象。当人们真正置身于精神世界时，就会任由落脚点的“正确性”发挥作用了。人们会觉得，从某个“落脚点”拍摄的照片看起来是合理的。如果那样，人们就会去询问落脚点的合理性和重要性了。

就这样，我不得不走近尼采，也不得不走近海克尔。我感到，尼采是从十九世纪后半叶之时人的深层本性所拥向的那个落脚点来“拍摄”世界的。那时候，人的本性可以单靠时代的精神内容过活，本性里的意识并不想冲进精神体验，然而，潜意识中的意愿却想要借着异常强大的力量冲向精神。于是，尼采的形象在我心中浮现，在我看来，这个人并不关注精神，可是，他的精神却在无意识地对抗时代的非精神体验。

17 伦理学批判

这个时期，总部位于美国的“伦理文化学会”在德国成立了分会。[①] 对于伦理深化的努力只应表示同意，这在唯物论时代看来是理所当然的。不过，这一追求当时所基于的基本观点，却唤起了我心中无比强烈的疑虑。

这场运动的领导人说过：在知识生活、宗教情感与社会感受方面，人们眼下正处于许多彼此矛盾的世界观和人生观中。对于这些观念领域，人们没法做到精通。人们相互之间的道德情感若是被牵扯进这些矛盾重重的意见领域，那将是有害的。若是宗教情感或社会感受与众不同的人，或是在知识生活上南辕北辙的人，也按照这种方式在另类思维者和异见者面前塑造其道德行为，从而表现出各自的差异性，都不知道会导致什么情形呢。因此，必须寻求纯粹人类伦理的基本原则，这种基本原则应当独立于任何一种世界观，得到任何人的认可，无论其对不同存在领域的看法如何。

① 德国分会是由 W · 福斯特和格奥尔戈 · 封 · 吉齐基发起，于 1892 年在柏林创办的。

这场伦理运动给我留下了深刻印象。它触动了我最为看重的体验。我面前有一道深深的鸿沟，这是现代思维方法在自然事件与世界的道德精神内涵之间划出的鸿沟。

人们对自然形成了这样一种观点，想要抛开道德精神内涵来解释宇宙的诞生。人们想当然地以为，宇宙的原始状态是纯物质的。人们寻求能够逐渐从原始状态演变成生机勃勃、拥有灵魂、渗透了精神的当下状态的法则。我当时对自己说，人们若是始终秉持这样一种思想方法，那么就只能把精神道德想象成无非是自然活动的结果。那样的话，精神道德对于自然事实来说就会变得无关紧要，自然在发展过程中生成了道德，就像生成一件副产品似的，最终又因为对道德无动于衷而重新埋葬了它。

我眼前所看到的是：谨慎的思想者不会得出结论，宣称可以全盘接受自然事实似乎对他表述的内容，同时又想到，必须对精神道德在宇宙中的重要性置之不理。不过，这在我看来根本不重要。我并不看重人们所说的：从自然事件意义上说，必须按照对道德漠不关心的方式来思考，这样思考所得出的恰恰是假想；关于道德，谁都会有自己的想法。我对自己说：谁若是对自然怀有一星半点当时所流行的想法，他就不能把任何独立自在、自给自足的实相归为精神道德范畴。物理学、化学、生物学若是停留在仿佛所有人都不可触碰的状态，那些被人们当成实相的客观存在将会侵占所有的实相；道德精神就只能成为从实相中升起的泡沫。

我看到的是另一种实相。在这种实相中，道德精神跟自然是一体的。在我看来，认识活动的一个缺陷是，它不想推进到这种实相面前。按照我的精神体验，我只得对自己说：在自然事件和精神道德之外，有一种真正的实相，它会以道德方式展现出来，但是在道德行为中，它还会有能力转化成某个如同自然事件一样展开的事件。在我看来，自然事件相对于精神道德而言是无关紧要的，这只是因为，自然事件脱离了它与精神道德的原始结合，就像人的尸体脱离了与人之灵魂生命的结合一样。

我对此是十分肯定的，因为我不只这么想，还视之为精神事实的真相和宇宙本质的真相。在我看来，正是从那些标志性的“伦理学家”当中，产生了漠不关心看待这种观点的人；他们或多或少不经意地认为：追求宇宙体验等于无的放矢；我们要抢救伦理基本原则，对于它，根本用不着继续去研究，它是怎样植根于宇宙实相的。在我看来，那种不加掩饰地怀疑一切宇宙体验活动的态度，都是从时间现象来看问题的。我觉得，一个人若是这样宣称，就无意之间显得太轻率了：让我们把所有的宇宙体验抛到一边吧，这样我们就能重新在人们当中传播德行了。我曾经跟汉斯和格蕾特·奥尔登在魏玛的公园散过几次步，散步时，我对待这种轻率说法的态度很是激烈。我说道，谁若是将体验推进到人所能达到的最深远程度，他就会看到，道德实相就像自然现实一样，从宇宙事件中向他迎面扑来。在当时创刊不久的《未来》杂志上，我写了一篇犀利的文章，批评了我所形容的那种脱离了一切宇宙实相因而不可能有力量的伦理。文章引起了很不友好的反响。这是没办法的事情，因为“伦理学家”必然会以文化拯救者自居。

这件事对我来说无限重要。我想借助一个重点，来捍卫一种宇宙观的效用，这是一种奠定了伦理学基础，揭示了一切其他实相的宇宙观。因此，我必然要对抗那种毫无宇宙观可言的伦理学。

我从魏玛去了柏林，为的是寻找机会，在杂志上发表我的观点。

我拜访了我十分敬仰的赫尔曼·格林，受到了最为友好的款待。我对我的事充满了热情，然而，当我把这种热情带进他家并要感染他时，他的样子看起来挺奇怪。我跟他讲起我对那些“伦理学家”的看法，他心不在焉地听着。我想，我会让他对这件我如此看重的事产生兴趣的。可是，我根本做不到。当他听到“我想做点什么”的时候，他说道：“你就去找那些人吧，他们大多数人我都多多少少认识；他们都是很可爱的人。”我仿佛被浇了一头冷水。我是如此尊重这个人，他却对我想做的事不屑一顾；他认为，我在这件事上“需要非常理性地思考”，只要去拜访一次“伦理学家”，我就会让自己相信，大家都是十分友善的人。

我看到，别人的兴趣也不比赫尔曼·格林要大。我当时的遭遇就是这样。在与我的精神体验相关的事情上，我只能十分孤独地自说自话了。我生活在精神世界，而我的熟人圈里却没人跟随我一道前往。我往返于另类的世界，在那里游历参观。不过，我喜欢这样的游历。我对赫尔曼·格林的尊重也丝毫未受到损害。然而，我却在艺术领域上了一堂很好的课，心甘情愿地认识到，人家根本不准备理解我本人心灵中承载的内容。

当时在魏玛，我的社会交往是如此广泛，然而我的“孤独”竟至于此。不过，我这不是在怪罪别人，说他们的态度导致我陷入孤独。我在许多人身上看到，有一种深入到存在的根源去体验宇宙的渴望在无意识地支配着他们。我感到，一种只顾眼前最近的东西因而显得很有把握的思想方法，是怎样压迫着人们的心灵。“自然就是整个世界”，这种思想方法就是这样。对于这种思想方法，人们认为，必须相信它是正确的才行；人们把感受到的一切强塞进心灵中，尽管可能觉得它并不正确。在我当时的精神环境中，许多情况就是这样呈现的。那时候，我的《自由哲学》即将成形，它的基本内容已经在我内心酝酿了许久。

《自由哲学》印出来后，我立即把它寄给爱德华·封·哈特曼。他怀着极大兴趣通读了一遍，不久我就收到了他那本样书，书中从头到尾尽是他加的详细备至的边注。另外，他还写信给我说，这本书的书名应该叫：认识论中的现象论与道德个人主义。他完全误解了观念来源和我的目标。他想的是康德式的感性世界，尽管他对它也有所修改。他认为，这个世界就是本性通过感觉对灵魂的作用。按照他的观点，本性永远不能进入被灵魂用意识围成的体验场，它应当留在意识之外。只有借助逻辑结论，才能对此形成假想。因此，感官世界并非一个客观存在，而是主观现象，只存在于灵魂中。只要灵魂用意识把它围绕起来，它就存在于灵魂中。

我试图在我的书中阐明，并非在感官世界背后有一个未知的东西，而是在感官世界里面有精神世界。对于人的观念世界，我试图表明，它存在于这个精神世界中。感官世界的本性在人的意识面前是隐藏起来的，只要灵魂仅仅通过感官来感知，它就一直隐藏着。若是除了感官感觉以外还能体会到观念，那么，意识将会体验到感官世界的客观实质。认识并非是本性的一个写照，而是灵魂在本性中的存活。在意识内部，尚无本性可言的感官世界发展形成了本性。因此，只要意识还没有搞定感官世界，感官世界就仅仅是现象（表现）。

就真相而言，感官世界就是精神世界；灵魂通过将意识延伸到灵魂以外，与这个被认识到的精神世界共同存在。认识过程的目标是有意识地体验精神世界，在精神世界的景象面前，一切都化成了精神。

我用真实不虚的精神世界与现象论分庭抗礼。爱德华·封·哈特曼认为，我想要止步于现象内，放弃根据现象推断出任何一种客观实相。在他看来，情况是这样的：我用我的思想方法判定，人的认识根本不能抵达实相，而只能在表象世界游移，这个表象世界仅仅（作为现象）存在于心灵的想象中。

面对我通过扩展意识来寻求精神的做法，一个针锋相对的观点是，“精神”暂时只活在人的想象中，在想象之外也只能被“想到”。根本说来，这是我推出我的《自由哲学》的那个时代的理解。根据这种理解，精神体验已经收缩为人的想象力的体验。从这种理解出发，不可能找到通往真实精神世界的道路。

我想要表明，客观的精神是怎样在主观的体验中展现出来，并成了真实的意识内容。爱德华·封·哈特曼反驳我说，若是这样阐述，就等于泥足深陷在感官表象里，根本谈不上什么客观现实。

可想而知，爱德华·封·哈特曼肯定会用怀疑眼光来看待我的“道德个人主义”。

我的《自由哲学》中对此是怎样论证的？我看到，在人的灵魂体验的中心点，灵魂与精神世界完美地共存着。我试图这样来描述那情形：一个造成了许多困扰的假定困难化成了虚无。我认为，灵魂——或者说“自我”——为了去认识，必须跟认识对象区分开来，不准跟它混为一体。然而，只有当灵魂某种程度上像钟摆一样，往返于与精神本性合一和自我内省之间时，这种区分才是可能的。那样的话，灵魂会“无意识地”潜入客观的精神，却又在内省过程中把完善的本性带进意识。

人类自己的个性若是能潜入宇宙的精神实相，在这个实相中也就能体验到道德激励的世界。道德便拥有了人的个性精神世界所启示的内涵，扩展到精神领域的意识便可以体验到这种启示内容了。激励人们做出符合道德举动的，是精神世界对体验这个精神世界的灵魂的启示。这种体验是在人自己的个性当中进行的。道德行动中的人若是能体会到与精神世界的往来沟通，他便体验到了他的“自由”。这是因为，精神世界并非必然在灵魂中发挥作用，若想让它发挥作用，自由中的人就必须展开能够促使他体会到精神的活动。

我的《自由哲学》的一个目标在于，阐明感官世界其实本质上就是精神，以灵魂为本质的人通过真正认识感官世界，在精神领域不停地活动。第二个目标是，将道德世界阐述成一个在灵魂所体验的精神世界中显示其存在的世界，以便处在自由中的人能够接近它。于是，对于人的道德本质，要到它与精神世界伦理冲动的极为独特的融合当中去寻找。我感到，《自由哲学》的第一部分和第二部分是真正融为一体的，就像是一个精神有机体似的。爱德华·封·哈特曼一定会认为，作为“认识论中的现象论与道德个人主义”，这两部分的衔接显得随意了。

本书观念所呈现的形态是由我当时的心灵状态所决定的。我在直接观察中体验了精神世界，由此，自然作为精神展现在我面前：我想创立一门以精神为出发点的自然科学。在人的灵魂的体验式自我认识中，道德世界作为十分独特的灵魂体验，浮现在灵魂当中。

我为本书观念选择的形态来源于精神体验。本书旨在阐述人智学，重点是自然，是人在自然中所处的状况以及人独具特色的道德本性。

在第一个生命阶段，我在命运安排下，获得了对自然科学领域存在之谜的体验。通过这种体验，这个生命阶段在把观念付诸形态方面对我提出了要求。我认为，通过《自由哲学》，这种要求某种程度上被我优先满足了，并被公之于众，后面的道路就只是努力为精神世界本身打造一个观念形态了。

人在感官观察中从外界获得的知识，被我描述为人的灵魂在人智学方面的深层精神体验。我那时候之所以还没有使用“人智学”这个表述，是因为我内心总是渴望体验，对于术语简直一点也不看重。我所面临的是，要创立观念，能够借助人的灵魂来阐述精神世界自身体验的观念。

我一门心思想要创立观念，这成了我从三十岁到四十岁期间的主要内容。那个时期，我在命运的安排下，大多被迫投身于外部的谋生活动中，这与我的内在生命不甚相符，也不能使它得到表达。

18　在尼采档案馆做客；尼采资料汇编

这一时期，我进入了精神体验领域，这是尼采驻足的地方。

我首次了解尼采的作品是在 1889 年。在此之前，我连他写的一个字也没读过。对于我在《自由哲学》中所表达的观念内容，他的作品并未给予影响。我读着他写的东西，被他与生活的关系所赋予他的风格吸引了。我认为他的灵魂特质是，必须要带着既是遗传又是养成的注意力去聆听他那个时代的精神生活所生成的一切，但却总是觉得，这种精神生活与他不相干；肯定会有另一个世界，可以让他生活于其中；这个世界是如此干扰我的生活。这种感受使他成为当时极具思想杀伤力的批评家。然而，这个批评家却被自己发表的批评弄得生了病。他一旦被迫体验了生病，对于他的健康，就只能梦想一下了。他先是寻找可能性，想把他的健康梦想变成生活的内容；于是，他试图借助理查德·瓦格纳、叔本华以及现代“实证主义”展开梦想，就仿佛他想要这梦想变成他心灵中的现实。有一天他发现这只不过是做梦罢了，于是，他开始借助他的精神所拥有的力量，去寻找实相。实相一定存在于“某个地方”，他没有找到通往实相的道路，却发现了渴望，这些渴望成了他心中的实相。他继续做梦；然而，他心灵的巨大力量从梦想中创造了人内在的实相，这实相丝毫没有人的观念长久以来特有的沉重感，而是自由自在地飘荡在一种精神愉悦但却遭到可恶的“时代精神”染指的灵魂氛围中。

这就是我对尼采的感受。他那自由飘荡、轻松自在的观念令我着迷。我发现，这种状态在他心中引发的某些思想，与我本人在跟他毫不雷同的道路上所形成的想法是类似的。

于是，1895 年，我在《尼采——对抗时代的斗士》一书的前言中写道：“早在我于 1886 年出版的小册子《歌德宇宙观中的认识论》中，我就曾表达过与尼采一些著作相同的观念。”不过，特别吸引我的地方是，在阅读尼采时，不会莫名其妙地在他本人那儿遇见什么东西，企图要把读者变成他的“拥戴者”。人们可以怀着忘我的快乐去体会他的精神光芒，在这种体会过程中，会有一种自由自在的感觉。当人们以为，就像海克尔或斯宾塞所设定的前提一样，尼采的话语也是意在让人们听从时，人们会感到他开始大笑了。

为了说明我跟尼采的关系，我在上述的书中借用了他谈论他跟叔本华关系的话：“我是尼采的读者，像我这样的读者在读过他的第一页书以后，就确定无疑地知道，我们会去读全部的篇幅，聆听他说过的每一句话。我对他的信任一下子就有了……我能读懂他，就仿佛他是在为我写书。这话听起来未免狂妄和愚痴，但却能清楚表达我的意思。”

在我快要写这本书的时候，有一天，尼采的妹妹伊丽莎白·福斯特－尼采出现在歌德与席勒档案馆。她正着手创办一座尼采档案馆，想要了解歌德与席勒档案馆的创办过程。没过多久，尼采作品出版人弗里茨·科格尔也在魏玛露面，我跟他相识了。

后来，我跟伊丽莎白·福斯特－尼采女士发生了严重冲突。但在当时，她那灵活而可爱的思想却引起了我的深深好感。我在冲突中受到的伤害一言难尽，是一种错综复杂的情况导致了冲突。面对指控，我不得不奋起自卫。因为这事，我在位于瑙姆堡的尼采档案馆以及在魏玛度过的美好时光，在回忆中被蒙上了一层愁云惨雾，可是我知道，这一切都是必然的。不过，我对伊丽莎白·福斯特－尼采女士还是心存感激，我有幸多次去她家拜访，当我第一次去拜访时，她把我带进了弗利德里希·尼采的房间[①]。只见这个疯癫的人卧在躺椅上，额头漂亮极了，那是思想家和艺术家的额头。正是下午刚刚开始的时光，呆滞的目光依然透着空灵，周围的情形只能被摄入眼中，却再也不能通向灵魂了。我站在那儿，尼采对此一无所知。不过，从那被精神浸淫的面容上，仍然可以看出，心灵整个上午都在构筑思想，现在想要休息一会儿了。一阵深深的震撼向我的心灵袭来，它大概意味着，我的心灵转而理解了这位天才。只见他的目光投向我，但却没有落到我身上。目光的长期惰性呆滞状态引发了目光对自身的理解，于是，这目光任由眼睛的灵魂力量发挥出来，却不与之进行对接。

我发自内心地感到：尼采的灵魂仿佛在他的头顶游荡，散发出无限美妙的精神光芒；它自由地沉浸在精神世界中，这是它在疯癫之前渴望但却没能找到的精神世界。然而，灵魂仍然受到身体的束缚，只要这世界还等同于渴望，身体对于灵魂就只是听说而已。尼采的灵魂仍然存在，不过，它却只能维持身体的外在了。只要灵魂还在身体的内部，身体就会阻止灵魂散发出全部的光芒。

我以前拜读过尼采，写书的尼采；现在，我所看见的这个尼采，却把观念从遥远的精神领地送进了他的身体，这些观念尽管丧失了最初的光芒度，但仍然美妙地闪烁着。一颗灵魂从前世带来了华丽璀璨的金光，却无法让它在今生尽情绽放。尼采写的东西固然令我钦羡，可在这钦羡的背后，我现在却看到了一个光彩照人的形象。

---

① 第一次拜访尼采档案馆是在1894年初。不过，笔记本记录（笔记本321号）却显示，写到与病中尼采的这次会面是在1896年1月22日，也就是尼采图书馆的清理刚刚结束之后，这本生平道路当中的章节提到了这次清理工作。鲁道夫·斯坦纳也在这一章结尾处相应地写道：“这就是尼采在1896年呈现在我面前的灵魂状态。”斯坦纳在演讲中多次提到这次会面，并强调他只见过尼采一面。

对于我当时所看到的，我只能在思想中捕捉些片光零羽。这些片光零羽构成了我的《尼采——对抗时代的斗士》一书的内容。这本书虽然只停留在这样的片光零羽层面，但真正的事实却隐藏于其中，那就是，尼采的形象启发了我。

随后，福斯特－尼采女士邀请我来布置尼采图书室。于是，我有幸在位于瑙姆堡的尼采档案馆度过了好多个星期。这期间，我也跟弗里茨·科格尔十分交好。把尼采读过的书一一陈列在我的眼前，这真是一项美妙的任务。尼采的精神存活在这些书留给人的印象中。有一本作者为爱默生的书里布满了边注，处处带着无比忘我的钻研的痕迹。居约的著作也留下了同样的印迹。书里留下了他亲手写的那些激烈的批判性评论。从大量的边注可以看出，他观念正在萌芽当中。

当我在欧根·杜林的哲学著作里读到尼采写的边注时，我看到，尼采最后创作阶段的一个根本观念熠熠生辉。杜林虚构出的思想是，在某一刻可以把宇宙想象成基本粒子的组合。那样，宇宙事件就是所有可能存在的组合过程。每当组合穷尽了，它就回到开始，重复整个进程。若是这样来想象实相，那这个过程一定已经进行过无数次，在未来还会无数次地发生。由此可以得出宇宙同样状态永恒重复的观念。杜林批驳了这个想法，认为它是不可能的。尼采读到了这个，从中接收了一个印象，这印象在他的灵魂深处持续运作；后来，他便把它发挥成“同物的再来”，这与“超人”观念共同主导了他最后的创作阶段。

通过这样探究尼采读过的书，我深受触动，深受震撼。因为我看到，尼采的思想方式和他的同时代人是多么对立。杜林是个极端实证主义者，凡是并非出自绝对冷静客观的数学式陈规俗套的，他一概抵制。他认为“同物的永恒再来”这个想法是荒谬的，把它虚构出来只是为了阐明它的不可能。尼采肯定接纳了这个想法，就像对待一种源于自己灵魂深处的本能一样，并把它视作他对宇宙之谜的解答。

就这样，尼采跟当时向他涌来的许多思想与情感内容是全然对立的。

他接纳了朝他涌来的东西，并因此深受煎熬，在这煎熬中，在不可名状的灵魂痛苦中，他创造了自己的灵魂内容。这正是他创作的悲剧性。

当他记下最后一本著作的思想提纲时，这种悲剧性达到了高潮。最后一本著作是《权力意志》，或称《一切价值的重新评估》。尼采具有一种天赋，能从灵魂深处提取他的一切思想感受，将其提升为纯粹的精神形式。从灵魂体验的精神事件中创造宇宙景象，这符合他的走向。不过，他处在自然科学时代，那个时代的实证主义宇宙图景朝他涌流过来。其中只有纯粹物质的世界，没有精神。这幅图景中能让人想到精神的，就是旧的思想方法的残余，这也不再符合他的需要。尼采那无拘无束的真理意识是要淘汰一切的。于是，他把实证主义当成了十分极端的东西。物质世界背后有一个精神世界，这在他看来不啻谎言。他只能从自己的灵魂出发进行创造。对于一种真正的创造来说，只有把精神世界的内容放到观念中，创造才是有意义的，这种内容是他抵制的。自然科学领域的宇宙内容强烈触动了他的灵魂，于是，他想要沿着精神途径来创造这内容。他的灵魂在《查拉图斯特拉如是说》一书中翱翔，灵魂的航程既诗情画意，又狂热奔放。精神在美妙地飘荡，在这精神的奇迹中，又渴望着物质的真实含量。精神在绽放中散尽，因为它没有找到自我，而只体验到梦寐以求的物质返照，并把这当成它存在的假象。

那时候在魏玛，我本人的灵魂活在了对尼采精神风格的体验当中。这种精神风格在我本人的精神体验中占据了一席之地。我的这种精神体验是与尼采的奋斗、尼采的悲剧同在的。尼采那些被打造成实证主义的思想成果与此何干！

别人以为我是一个“尼采分子”，因为我对那些跟我本人思想走向相左的人，也总是钦慕不已。尼采身上的精神启示使我着迷，我相信，恰恰通过这种方式可以走近他，因为就思想内容来说，他不接近任何人；他认为，只有在对精神途径的共同体验中，他才能融入人群和时代。

有一段时间，我跟尼采作品出版人弗里茨·科格尔过往甚密。我们详细讨论了一些与尼采版本相关的事务。无论对于尼采档案馆，还是对于尼采版本，我从未公开表过态。当福斯特－尼采女士请求我做这样的表态时，这反而造成了跟弗里茨·科格尔的种种冲突。从此以后，冲突使我再也找不到跟尼采档案馆的相通之处了。

在我的魏玛生活中，我跟尼采档案馆的关系是一个令人鼓舞的插曲。最后，由于关系的破裂，这插曲给我造成了深深的痛苦。

在对尼采的广泛涉猎中，对我来说就剩下关注他这个人了。他的生平见证了十九世纪后半叶的自然科学时代，命运在与时代的碰撞中变得支离破碎。他在这个时代探寻，但从中却什么也没找到。越是体会他，我就越是坚定地认为，在自然科学成果中的一切探寻，都从中找不到根本的东西，因而必须穿过自然科学，到精神里面去寻找。

于是，自然科学问题便通过尼采的著作，以新的形态浮现在我的心上。歌德和尼采都合乎我的心意，歌德那锐意进取的现实意识直指自然的本质和进程。他想要留在自然中，他坚持细致观察动植物形状以及人的外形。不过，在带着灵魂游走在外形中的时候，他却处处走向精神。他发现了在物质中活动着的精神。他不想去体验那独立自在、自行活动的精神，没能形成“以精神为本”的自然认识。为了不丧失现实性，他面对纯粹的精神认识止步不前了。

尼采则以神话形式开始了精神体验。阿波罗和狄奥尼索斯是他体验到的精神形象。在他看来，人类精神史的发展进程就像是一种协作，或是像阿波罗和狄奥尼索斯之间的一场争斗。然而，他也就到了对这些精神人物展开神话想象的层面，并没有进而去体验真正的精神本质。从精神—神话出发，他冲进了自然。在尼采的心灵中，阿波罗意味着自然科学模式的物质，狄奥尼索斯的作用好比自然力。不过，阿波罗的美貌黯然失色了，狄奥尼索斯的俗世情怀也由于自然法则而丧失了活力。

歌德在自然现实中发现了精神，尼采在他所做的自然梦中丢掉了精神——神话。

我是介于这对立的两者之间。在我所著的《尼采——对抗时代的斗士》中得到充分阐述的那些精神体验暂时没有继续。反而，我在魏玛的最后阶段，歌德重新主导了我的观察。我想要表明，在歌德以前，人类在宇宙观生活领域走过一条怎样的道路，以便展现歌德宇宙观在这个生活领域的超凡出群。我在 1897 年出版的《歌德的宇宙观》一书中做了这样的尝试。

我在书中阐释的是，歌德是怎样借助他目光所及的一切自然认识看见了精神的闪现；不过，我却完全没有触及歌德看待精神之为精神的态度。我想要阐明歌德一部分宇宙观的特征，即存在于“以精神为本”的自然观中的那部分。

尼采的“永恒的再来”和“超人”观念让我记挂很久了。其中所反映的是，一个人关于人性发展和人的本质必须要体验些什么，而这在十九世纪末的精神世界感悟中是秘而不宣的，因为当时是通过根深蒂固的自然观思想来感悟精神世界的。尼采对人性发展的看法是，某一瞬间所发生的，已经以完全相同的形态发生过无数次，未来还会无数次地发生。宇宙的原子构造使得当下时刻看起来像是这种最小实体的一个特定组合。这个实体必须跟另一个衔接，再跟下一个相结合。若是所有的组合都穷尽了，就只能重现最初的组合了。一个人的生命及其所有细节早已无数次地存在过，它还会带着所有这些细节，无数次地归来。

尼采的潜意识隐约体会到了人的“尘世生命循环”。这循环引领人的生命穿越人性发展进程，到达了这样的生命时期：在这个时期，精神塑造之路上的命运主导并未让人展开同样体验的循环，而是使之以丰富多样的形态穿行在星系旅程中。尼采受到了自然观枷锁的束缚，自然观会对尘世生命循环怎么看，这看法在他的心灵中变幻不定。他就活在其中，他感到，他的人生是一场悲剧，充满了无比痛苦的经验，受到不幸的压抑。这样的人生还要经历无数次，却不能指望获得令人解脱的体验，这对于他的心灵来说，意味着在来生的继续发展中，还得再经历这么一场悲剧。

尼采觉得，对于正在体验某个尘世存在中的人来说，在他的内部，还会呈现另一个他——一个“超人”，只能从整个肉体生命的片段发展而来。自然主义的发展观念使得人不会把这个“超人”看作位于感官—身体内部的精神主导，而是看作通过纯粹自然发展方式取得的升华。就像人是从动物发展而来一样，“超人”是从人发展而来的。自然观剥夺了尼采在“自然人”身上看见“精神人”的可能性，用一种较高层次的自然人迷惑了他。

尼采在这方面所体验到的，在1896年夏天的时候，活灵活现地浮现我的心上。当时，弗里茨·科格尔把他那本尼采关于“永恒的再来”的箴言汇编交给我，让我审阅。我把我当时关于尼采观念起源的看法，于1900年写在了《文学杂志》的一篇文章里。这篇文章的个别语句记录了我在1896年的时候对于尼采和自然科学的体验。在此，我想复述一下我那时候的思想，但要摆脱那时候沾染的口诛笔伐做派。

毫无疑问，尼采是按照随心所欲的顺序写下了这些箴言……今天，我仍然坚持我当时的明确信念：尼采是在阅读欧根·杜林的著作《作为严格科学宇宙观和生命形态的哲学教程》（莱比锡1875年版）时，在这本书影响下形成了他的观念。在这部作品的第84页，这种思想表达得十分明显；只不过，书中是极力反对这种思想，尼采则在捍卫它。这本书在尼采图书馆可以找到。页边的大量笔迹表明，尼采孜孜不倦地读过它……杜林说道：“一切有意识生命的深层逻辑基础都从最严谨的话语意义上要求，形象应当是取之不尽，用之不竭的。源源不断地推出新的形式，这种无穷无尽本身是可行的吗？单是物质元件和力量元素的数量，就会排除组合形式无穷积聚的可能性，更何况，空间和时间的恒久媒介也不能担保变体是无限的。从可以计数的东西中，也只能生成可以穷尽的组合数量。不过，从本质上毫无异议根本不可能被设计成可数物的东西中，却一定会产生无限丰富多样的状态和关系。我们认定宇宙形态命运所具有的这种无限性，跟任何变化都是相容的，就算近似始终不渝的状态或完全自我均衡的状态出现了间歇期，也是可以的，但却不允许所有的变化归于停止。谁若想要培养出与最初状态相符的存在观念，就应当记起，时间的发展只有一个唯一的现实方向，因果关系同样遵循着这个方向。混淆区别要比坚守差异更容易，因此，不必费力就能越过鸿沟，借助开始类推一下，想象出结尾。然而，我们要防止这种流于表面的草率做法；因为宇宙的过往存在并不是在夜晚两种状态之间发生的无关紧要插曲，而是我们得出结论和认识的唯一可靠而明确的根据……”杜林还发现，状态的永恒重复对于生命来说并不是激励。他说道：“不言而喻，生命激励原理跟同一形态的永恒再来不是一回事……”

尼采在自然观的驱使下，被推向了一个结论。杜林通过数学观察，发现了可怕的生命形象，却是畏惧这个结论的。

我在文章中继续写道：

……我们假定前提条件是，物质元件和力量元素所形成的组合是可以计数的，那么，我们就会得出尼采的“同物再来”观念。我们在箴言203（科格尔版本的卷十二，在霍尔讷弗的著作《尼采的永恒再来学说》中是箴言22）当中所看到的，无非是在捍卫一种与杜林观点相反的观念：“宇宙力量的范围已经确定，不是无穷无尽的。我们要防止概念上的偏离！因此，这种力量的状况、变化、结合和发展尽管异乎寻常地宏大，且在实践当中难以估量，但它无论如何都是确定的，不是无穷无尽的。这就是说，这种力量永远是一样的，永远是活动的。截止到此时此刻，已经走过了一个无穷期，也就是说，所有可能的发展都必然已经出现过。因此，此刻的发展必然是一个再现，那些生成它的，由它生成的，莫不如此进进退退，来了又走！万物都已经出现过无数次，一切力量的总体形势一再回归……”尼采对这种思想的感受恰恰跟杜林对它的感受相反。对于尼采来说，这种思想就是最高形式的生命肯定。箴言43（这是指霍尔讷弗的版本，在科格尔的版本中是箴言234）这样写道：“未来的历史：这种思想将日益胜出——凡是不信奉它的人，必将从本质上消失殆尽！——只有认为其存在能够永恒再现的人，才能够幸存下来；在这些人当中，却有可能形成一种令幻想家们难以企及的状态！”可以证明，尼采许多思想的诞生方式都跟永恒再现思想的诞生一样。针对任何一个现有观念，尼采都会形成一个相反观念。最后，这种倾向引领他写出了他的代表作《一切价值的重新评估》。

我在当时认识到，尼采虽然怀着向往精神世界的特定想法，却仍是自然观的囚徒。因此，我坚决抵制从神话角度来阐释他的思想。我赞同彼得·加斯特的意见，他在他那个版本的尼采作品中写道：“纯粹从机械角度来理解的可穷尽学说，就是重复，宇宙分子结合的重复。”——尼采相信，必须从自然观基础上提炼出高级思想。正因如此，他只得在他那个年代倍受煎熬。

一个展望精神的人面对十九世纪末的自然观，就是承受着这样的痛苦。这就是尼采在 1986 年呈现在我面前的灵魂状态。

19　认识问题——认识的界限；在艺术家中间

我内心暗自怀着我的宇宙观，与此同时，我的思想一方面转向歌德，另一方面转向尼采，这样的我在那时有多么孤独，从我跟一些人士的关系上也能感觉到。我觉得是在跟这些人友好交往，可他们却强力抵制我的精神生活。

我跟年少时期结交的那位朋友在观念上分道扬镳了，我不得不对他说：“要是你对生命本质的看法是对的，那我宁愿把我脚踩的这块木板当成是个人。”他仍然用友爱和忠诚对待我，他从维也纳写来的温暖信件总是让我一再想起那个地方，它对我来说是那么可爱，具体说来是由于我曾有幸生活在那儿的人际关系当中。

然而，当这位朋友在他的信里聊起我的精神生活时，一道鸿沟就出现了。

他时常写信给我，说我疏远了最初的那种人性，我让“我的灵魂冲动”趋于理性化了。他觉得，我的情感生活转而变成了纯粹的思想生活；他感到，这意味着我身上散发出一种冷漠。他对我什么忙也帮不上，当然我也反对他帮忙。我甚至不得不注意到，他的温煦友情一时降温了，因为他无法摆脱这样一个念头：我在人性上肯定会变得冷漠，因为我把心灵生活消耗在思想领域了。

然而，我不但没有因为思想生活而变得冷漠，反而必须带着全部人性投入到这种生活中，这样才能借助人性来领会思想领域的精神实相。对此，他并不愿意给予理解。

他没有看到，纯粹的人性依然存在，尽管它升华到了精神领域；他没有看到，人可以在思想领域怎样生活；他误以为，人在其中只能进行思考，从而必然会迷失在这个抽象而冷漠的领域。

就这样，他把我当成了一个“理性主义者”。我感到，这是对我的精神道路历程的极大误解。对于一切背离现实、陷入抽象的想法，我在内心深处都是反对的。我所怀有的灵魂状态只想把思想带出感性世界，带到它即将变得抽象的阶段就算足矣。我对自己说，在这一刻，他一定会理解精神的。我的朋友看到了，我是怎样带着思想迈步走出物质世界的；不过，他却没有注意到，我又是怎样在同一瞬间走进了精神。因此，每当我谈起真正的精神时，这一切对他来说都是毫无实质的；他从我的话里只听见了抽象思想的网织。

我原本表达的是我认为极富意义的内容，但我的朋友却认为我是“言之无物”。对于这个事实，我深感遗憾。——在许多人面前，我的境遇都是这样。

对于冲我扑面而来的生活，我也必须按照我的自然认识观点来看待。我所认可的研究自然的正确方法只能是，运用思想来洞察当前状态下的感官现象；但我却不能认同，通过思想在感官体验领域以外形成假说，这些假说试图指明感官以外的实相，但其实却只构筑了抽象思想的网织。在思想针对感官现象相当直观的自我展示做出了充分论断的那一刻，我不想开始构建假说，而是想开始体验精神，经历精神。精神存在于感官世界中，从真实意义上说，它并非存在于感官体验的背后。

对于我在当时，也就是九十年代中期时候内心所怀有的强烈体验，我后来在《文学杂志》1900 年第 16 期的一篇文章中这样总结道："通过对我们认识活动的科学剖析，可以得出……这样一个信念，即我们向自然提出的问题，乃是我们与世界的独特关系所导致的后果。我们是有局限性的个体，因此只能逐渐地认识世界。观察到的每一样东西都是一个谜，或者，换而言之，对于我们的认识来说都是一个问题。不过，我们对细节了解得越多，世界在我们面前就越是清晰。一个感觉可以解释另一个。世界向我们提出了问题，这些问题莫不可以用世界提供给我们的手段来回答。据此，对于一元论来说，原则上不存在认识界限。某个时期可能会有这事那事解释不清，因为我们在时间或空间上还没有能力去发现正在活动着的事物。然而，就算今天发现不了，明天也会发现的。由此造成的界限只不过是偶然的，随着经验和思想的进步就会不复存在。在这种情况下，假说的形成正当其时。绝对不能针对我们原则上的认识不能企及的东西来提出假说。原子论的假说完全没有根据，即便它不单单被当成理智概括的辅助手段，而是被视作对于处在感觉特质之外的真正本质的一种见解。假说只能是对事实构成的一个猜测。出于偶然的原因，我们无法获取事实情况，但它在本质上却属于我们这个世界。"

我当时表明了对假说形成的这种看法，我想把"认识的界限"描述成不合理的，而把自然科学的界限形容成必然的。当时，我只针对自然科学这么做了。不过，这种观念形态总归为我开辟了道路，因为人们大凡借助自然认识手段遇到了必然的"界限"，就会借助精神认识手段继续前进。

在魏玛，我通过艺术元素体验到了灵魂的惬意和内心深处的满足。这艺术元素既是由艺术学校带进城的，也是由戏剧以及与之相连的音乐带进城的。

从艺术学校的绘画老师和学生身上可以看出，他们当时正在走出旧的传统，努力对自然和生命形成新的直接体验和再现。在这些绘画者当中，有许多人看来是真正意义上的“求索者”。怎样把绘画者调色板上或色彩罐里的颜料涂到画面上，好让艺术家作品跟活在作品中的和呈现在人们眼前的自然形成一种适当的关系，对这个问题的探讨进行得非常热烈，时而充满喜人的想象力，时而也拘泥于教条，形式丰富多样，异彩纷呈。通过对这个问题的艺术体验，大量的画作诞生了。魏玛的画家们不断举办艺术展览，展示这些作品。

我当时的艺术感觉还不如我跟认识体验的关系那么深厚。不过，我也通过跟魏玛艺术家们的热络交往，寻求从精神角度来领会艺术。

回顾往事，记忆中的心灵感受相当混乱不堪。现代画家想要通过直接观察来捕捉和呈现光线与天空的氛围，跟“老派”画家展开了比拼。后者是从传统当中“得知”，各个方面应该怎样处理。要在倾听自然的过程中保持“真实”，这从许多方面来说，都是一种鼓舞人心的、源自最为原始的灵魂力量的追求。

不过，在我的心里，有一位年轻画家的生平却显得不那么混乱，而是无比清晰。他那种展示自我的艺术方式，跟我本人朝着艺术想象方面的发展是内在契合的。这位艺术家当时正值青春年少、血气方刚，有一段时间跟我走得非常近。虽然生活又让他离我远去，但我却时常忆起与他共同度过的时光。

这个年轻人的心灵生活完全是光线与色彩。别人用观念来表达的东西，他就通过“光线中的色彩”来表现。他的理智起到了作用，他通过理智将生活中的种种事物和进程联系起来，就像各种色彩相互交融一样，但却不同于普通人统合他们对世界形成的纯粹想法所采取的方式。

有一次，这位年轻艺术家去参加一场婚礼庆典，我也受到了邀请，按惯例要发表祝词。牧师在他的祝词内容中阐释了新郎新娘姓名的重要含义。我也有义务发表讲话，因为我跟新娘家很友好，时常往来。我谈起了作为访客在这个家里可以获得的那些陶醉体验，试图以此来完成祝词任务。我之所以讲话，是因为人们希望我讲。大家期望我发表一段应景的祝酒词。我对我的这个角色兴趣索然。——我讲完后，年轻画家站起身。他也跟这家人交游很久了。其实，人家并不指望他讲什么，知道他对于祝词该怎么说毫无概念。他开始讲了："在那红光闪耀的山顶，阳光慈爱地倾泻。云彩在山的上空、在阳光里呼吸；那红彤彤的面颊迎着阳光，汇成精神与色彩的彩虹，护送光线射向大地。花园又宽又阔，上方一片金光闪闪，浸润着花朵，唤醒它们的生命……"他滔滔不绝，讲了很久，他一下子忘却了身边的婚礼喧哗，"用精神"开始画画了。我记不起他是怎么止住了这番诗情画意的演说。我相信，一定是有人扯了扯他的丝绒外套，这个人该是非常喜欢他，但也同样愿意让客人们能够安静地享用婚礼上的烤肉。

年轻画家名叫奥托·弗勒利希。他多次来我的住所座谈，我们一起散步，一道出游。在我身边的时候，奥托·弗勒利希总是"用精神"画画。跟他在一起，你会忘了，这世界除了光线与色彩，还有什么别的内容。

这就是我对这位年轻朋友的感觉。我知道，面对他的心灵，我该怎样把要跟他说的话裹上一层色彩的外衣，这样他才能听懂我的意思。

年轻的画家也真正做到了，通过挥动画笔和涂抹色彩，让他的画作能够高度反映出他那生动而旺盛的色彩想象力。当他画树干时，画布上画出的八成不是树干的线条图形，而是光线与色彩的自我呈现，假如树干给它们存活机会的话。

我用我的方式寻找光与彩的精神内含。在它们身上，我一定会看到色彩本质的秘密。我身边的奥托·弗勒利希是这样一个人，对于我为了领会色彩世界而在人的灵魂中到处寻觅的东西，他都从个性出发当成本能的体验存在了内心。

让我欣慰的是，恰恰通过我自己的追寻，能够带给这位年轻朋友某些启示。下文所述的就是这样一个启示。我本人高度体会到了尼采在查拉图斯特拉如是说一章中展示的"丑陋不堪的人"的那种强烈色彩意味。这个以诗体描绘出的“死亡之谷”，在我看来包含着色彩生命的诸多秘密。

我向奥托·弗勒利希建议：查拉图斯特拉的形象和丑陋不堪的人的形象是尼采用诗体描绘的，如今，他可以用绘画方式把它们创作出来。他这么做了，奇妙的作品果真完成了。在查拉图斯特拉的人物形象上，色彩运用得浓烈而鲜明，寓意丰富。这个形象还没得到完全的呈现，因为在弗勒利希这里，色彩本身尚不能尽情展现在查拉图斯特拉的创作中。不过，在丑陋不堪的人的山谷中，色彩在“绿蛇”身上就闪耀得更为灵动了。在画面的这一部分，弗勒利希整个显得活跃起来了。现在该说“丑陋不堪的人”了。这里本该用上线条，用上特色画法的。弗勒利希却没能做到。他还不知道，秘密恰恰存在于色彩中，应该怎样通过色彩本身的自发行动，让精神在图画中复活。于是，“丑陋不堪的人”便再现了魏玛画家们所说的那种“鼓包”模式。每当画家们想要形容丑陋时，他们就会使用这个说法。我不知道这是否真是一个男人常用的名字，但我知道，“鼓包”之丑陋已经再不是世俗常见的那种丑陋了，而是带上了某种超凡脱俗的意味。然而，如此不加考虑地把这个丑陋的“鼓包”放进画面，充当仿效样板，而在画面中，查拉图斯特拉的心灵透过面容和衣装得到鲜明地呈现，色彩的真正本质在与绿蛇们的交汇中幻化出光芒，这样一来，弗勒利希的画作弄得一塌糊涂。于是，这幅画当然就不能成为我所希望的奥托·弗勒利希作品了。

尽管我从我的本质特点来说肯定是合群的，但我在魏玛却从未感到，会有某种更为深切的冲动促使我，置身于艺术界以及与之共度晚间时光的一切相关人士当中。

那里是艺术家协会的房子，散发着浪漫气息，由旧铁匠铺改造而成，对面是剧院。幽暗的彩色灯光下，绘画学院的师生们济济一堂，也有演员和音乐家在座。谁要是寻求与人交往，肯定会迫切地在晚上到那里去。我没有感到这种迫切性，因为我并不试图交际。但当情势给我带来了交际的时候，我也会怀着感激之心接受。

就这样，我在另外的社交场合认识了个别艺术家，但可不是什么“艺术界”。

能在那个时期的魏玛认识个别艺术家，这已经是生命的收益了。宫廷的传统，卡尔·亚历山大大公那异常亲切的个性，赋予了这座城市以一种艺术态度，这种态度几乎把那个时代开展的所有艺术活动，都跟魏玛扯上了某种关系。

这里首先在戏剧方面拥有久远的良好传统。最有地位的演员们都十分抵制让自然主义的品味流行起来。凡是在现代派得以彰显，企图淘汰某些虽已过时但却与良好传统密不可分的东西的地方，这种现代性都跟勃拉姆斯在舞台上、保罗·施伦特在新闻评论界所宣扬的“现代观念”风马牛不相及。在“魏玛现代派”当中，首当其冲就是那位绝对艺术范儿的、高贵而热情似火的火神保罗·威克了。看到这些人在魏玛迈出艺术生涯的最初步伐，这给我留下了不可磨灭的印象，成了生活中的另一所学校。保罗·威克想把一座剧院的地皮弄到手，剧院却从它的传统出发，惹恼了这位说一不二的艺术家。我有幸在保罗·威克家度过了激动人心的时光。他跟我的朋友尤利乌斯·瓦勒交情很深，因此，我也跟他结下了亲近关系。聆听威克的高谈阔论常常令人陶醉。每当他完成了一出新上演剧目的排练，他必会把他的感受近乎全盘托出。进而，又会看到他扮演他曾热烈谈论过的角色。通过在风格上的崇高追求，也凭借那激动人心的美好热情，这角色总是能带给人难得的享受。

当时在魏玛，理查德·施特劳斯开始起步了。他担任管弦乐队第二指挥，仅次于拉森。理查德·施特劳斯的首批作品在魏玛得以上演。此人在音乐追求上的表现就好比是魏玛精神生活本身的一部作品。兴趣盎然而又全心全意地吸纳，所吸纳的东西在吸纳过程中又变成了令人争议的艺术问题，这情形只能出现在当时的魏玛。在那承载着传统的庄严静谧的氛围中，理查德·施特劳斯的交响曲《查拉图斯特拉如是说》横空出世，甚至他那部《欧伦施皮格尔有趣的恶作剧》的音乐也闯进了这里。一切都从传统、庄严、安逸中苏醒。幸好，苏醒的方式引发的是令人欣喜的赞同和无关痛痒的抵制——就这样，艺术家得以跟自己的作品结下了无比美妙的关系。

我们坐了那么多个小时，观看理查德·施特劳斯的歌剧《贡特拉姆》的首演。担任主角的是那位可爱、人又出众的海因利希·策勒，他几乎是在清唱。

是的，就是那个深受欢迎的人，海因利希·策勒，他也必须选择魏玛，才能成为他所成为的人。他有着无比美妙而强大的歌者天赋。为了展示自己，他需要一个能够满怀耐心地接纳他的环境，好让天才逐渐获得磨炼和成长。就这样，海因利希·策勒的发展可算是人类历来最为美好的发展历程之一。另外，策勒是一个如此可爱的人，若能跟他待在一起，那一定算得上最令人向往的时光了。

由于这个原因，尽管我不常想起晚上去艺术家协会，但当海因利希·策勒遇见我，说我应该同去时，我每次都乐于听从这个要求。

魏玛的情况也有它的阴暗面。有太多的时候，那种传统的、喜欢安逸的倾向会以一种阴郁的方式阻碍艺术家前行。海因利希·策勒在魏玛以外的地区不太知名。起初适合他展翅翱翔的环境，后来却束缚了他的羽翼。我亲爱的朋友奥托·弗勒利希的境遇大致也是如此。他跟策勒一样，需要魏玛的艺术土壤，但却让这里压抑的精神氛围过多干扰了自己在艺术上的轻松惬意。

随着易卜生和其他现代派人士的精神进驻，人们可以感受到这种“艺术上的轻松惬意”。人们对此亦步亦趋。演员们在奋斗，为了找到风格而奋斗，比如给“娜拉”找到一种风格。在此应当注意的是，这样一种追求只能发生在这地方。因为在这里，在繁衍旧的舞台传统过程中会发现，源于这类诗人之手的作品令人难以诠释：他们不像席勒那样从舞台出发，而是像易卜生那样，是从生活出发的。

人们从戏剧观众“艺术上的轻松惬意”考虑，也参与了现代派的展示活动。当然，要找到一条中间道路，一边是身为“古典魏玛”居民这个事实赋予人们的义务，还有一边是促使魏玛发展壮大的因素，也就是永远对新事物怀着理解。

我愉快地回想起瓦格纳歌剧的上演，这事是我在魏玛时参与过的。剧院经理封·布伦萨特对剧院款项这方面表现得善解人意又全力以赴。海因利希·策勒的声音得到了最出色的发挥。歌唱家阿格涅丝·施塔文哈根女士是个重量级人物，她是钢琴家伯恩哈德·施塔文哈根的夫人，伯恩哈德也担任过一段时间的乐队指挥。音乐节的一再举行使得那个时代具有代表性的艺术家还有他们的作品纷纷前来魏玛。比如，人们看到，马勒曾在一次音乐节上担任乐队指挥，他的事业刚刚开始。只见他挥舞着指挥棒，并非在动作的流程中推进音乐，而是把音乐当成对某种隐藏在超感觉中的东西的体验，在动作之间意味深长地强调着它。那是难以磨灭的印象。

说起魏玛的那些事，有一些东西如今看似完全离我远去，到达了灵魂层面，但事实上却与我的生活息息相关。因为我对那些事件和情况的体验是，它们以极其强烈的方式侵袭了我。后来，每当遇见我在魏玛参与见证了其起步阶段的人士或其作品，我都会怀着感激忆起这段魏玛时期。通过这个时期，有那么多的东西得到了人们的理解，因为曾经有那么多的人前往那里，在那里突破了萌芽状态得到成长。恰是在那个时候，我在魏玛体验到了艺术追求，致使我对它们大都形成了自己的判断，常常跟别人的判断很不一致。不过除此之外，别人的所有感受都让我产生兴趣，程度不亚于我对自己感受的兴趣。也是在那时候，一种深及灵魂的双重生命在我的内心形成了。

那是一种在命运安排下，由生活本身带来的恰如其分的灵魂训练，为的是超越非此即彼的抽象理性判断。这种判断把灵魂与超感觉世界分隔开了。在这个超感觉世界，导致非此即彼的原因并非是本质和各种事件过程。面对超感觉，必须保持全面性。必须做到，不仅要从理论上学习，还要习惯于将学习所得吸纳到灵魂生命的最深层活动中，从极其丰富多元的视角来观察一切。诸如唯物论、唯实论、唯心论、唯灵论这些立场，尽管被那些喜好抽象的人士在物质世界打造成包罗万象的理论，以便略微指示万事万物自身，然而，超感觉世界的认识者却对此全无兴趣。他知道，唯物论无非是从物质现象呈现的视角来看待世界罢了。

这方面的一个实际训练，是让人置身于一种存在状态，在这状态下，将某个在他的波长以外跃动的生命在内心拉近，拉得就像自己的判断和感觉一样近。在魏玛，我在跟许多人的关系上就是这样做的。我认为，随着世纪的结束，那里的情形也不复以往了。以前，歌德和席勒的精神高于一切。那位年高的可爱大公迈着高贵的步子，穿行在魏玛和他的地盘上，他在孩童时期是见过歌德的。他对他的贵族名号真的是感觉相当强烈，不过，他却处处表明，通过“歌德为魏玛创作的作品”，他觉得自己又第二次被册封为贵族了。

或许是因为歌德的精神从魏玛的四面八方发挥着强大作用，才使得我在某一方面对那里所发生情形的共同体验，发展成为了关于恰当展示超感觉世界的一种实际灵魂训练。

20　魏玛的朋友圈

在歌德与席勒档案馆档案保管员爱德华·封·德海伦家里，我受到了极为美好的款待。他跟档案馆的其他工作人员一样，有独特的专长。他凭借异常成功的处女作《歌德对拉瓦特观相术片段的兴趣》，在专业语文学家当中享有盛誉。对于封·德海伦这部作品的成就，每一位同行都认为可得“满分”。只有作者本人不这么看，他把这部作品视为一项方法论方面的成就，认为人们可以学习它的原理，而他，却想要全方位地追求具有精神内涵的灵魂深处满足感。

没有访客的时候，我们就坐在档案馆旧的雇员室，档案馆仍然还在城堡里。有三个人在座：负责编辑歌德信函的封·德海伦，负责日记的尤利乌斯·瓦勒，以及负责自然科学著作的我。不过，恰恰是出于爱德华·封·德海伦的精神需求，工作的间隙，大家会就公共生活中包括精神等领域在内的形形色色领域展开谈话。在此过程中，当然肯定会涉及与歌德相关的那些兴趣点。从歌德日记的记录内容里，从歌德那些显示出高超见解和广阔视野的信件里，可以得出能把人引向深层存在和辽阔生命的观点。

爱德华·封·德海伦有着十分可爱的性情，他进一步深化了我们在档案馆那激动人心的交往中结下的关系，把我带进了他家人的圈子。爱德华·封·德海伦一家人同时还跟我所说的以奥尔登、加布里埃勒等人为首的圈子有来往，由此，交际面就得到了美妙的扩展。

在我的回忆里，我对封·德海伦那位亲切友好的太太总是记得特别真切。她是一个绝对艺术型的人，若是生活中不出现其他的义务，她可以在艺术上有一番美好的作为。据我所知，在命运的驱使下，这位太太的艺术家本性只是昙花一现。不过，别人关于艺术有幸跟她谈到的每句话，都能得到愉快地回应。她的基调是隐忍的，评判起来小心翼翼，但纯粹就性情来说十分惹人喜爱。每当我谈话结束离开后，她的那些与其说是讲出来不如说是吟出来的话语，都会在我的心中久久萦绕，挥之不去。

封·德海伦太太的父亲也十分可爱。他是一位中将，曾以少将身份参加过七十年代的战争。他的次女也很是讨人喜欢。每当置身于这些人的圈子里，德意志精神中最美好的那些侧面便活跃起来。这精神充满了宗教、文艺、通俗科学的脉动，长久以来就是德国人真正的精神本质所在，渗透到社会活动的所有领域。

有一段时间，在爱德华·封·德海伦的兴趣引领下，我走近了那个时代的政治生活。对语文学的不满情绪把封·德海伦抛进了魏玛那生机勃勃的政治生活中。对他来说，这仿佛又开辟了一片生活前景。出于对他这个人的友好情谊，我虽然没有用行动投身于政治，却也对公共生活中的各种运动产生了兴趣。

今天生活中的那些要么看起来不成体统、要么由于极度变态而引发了荒谬社会形态的东西，有许多在当时正在萌芽。工人阶级满怀着希望，他们从善于辞令、刚毅果敢的领袖们那里获得了一个印象，认为人类必将迎来一个社会变革的新时代。较为谨慎的人士和极端分子在工人阶级中各显其能。情况表明，社会生活的底层仿佛已经沸腾，于是，看到这些人就更让人印象深刻了。上层的状况是，保守主义正在盛行，思想矫揉造作的宫廷仍然强悍有力、无孔不入地把持着人们的一切，要想有所作为殊非易事。在这样的氛围下，一个自以为是的反动政党破土而出，另外，人们所说的国家自由主义也在生根发芽。

对于爱德华·封·德海伦的欲求只能这样解释：要在这种情势下闯出门道，或许还可以冲破乱局，担当一个卓有成效的领袖角色。别人可以共同体验，他在这方面都经历了什么。在他的朋友圈里，他会说起他编写的小册子的所有详细内容。在当时，人们对唯物主义历史观、阶级斗争、剩余价值这些概念的感受完全不同于现在。对于它们，大家肯定是跟爱德华·封·德海伦一样感兴趣。大家别无选择，只能随同前往参加大量的集会活动，他会在活动中登台演讲。他认为马克思主义的纲领都是由理论构成的，想要提出另外一个纲领与之打对台，这个纲领应当从推动社会进步的良好意愿出发，在各个政党的所有工人朋友当中发展壮大。他考虑，要重新振兴中间党派，为其党纲注入活力，以此来消除社会问题。

事情毫无成效。我只能说，若不是参与了海伦的这一追求，我就不会如此强烈地体验到，那一时期的政治生活中都发生了什么。

这种政治生活还从另一个方向朝我袭来，只不过力度远没有那么强烈了。的确，这一次，当政治上的东西向我靠近时，我产生了相当大的对抗情绪，而在封·德海伦那儿却不曾这样过。当时在魏玛生活着一位信奉自由思想的政治家，他是欧根·利希特的拥戴者，也秉持利希特的立场从事政治活动，他就是海因利希·弗朗克尔博士。我跟这人相识，但只是交往了很短的时间，因为一次误会而断了交。不过，我通常乐于回忆跟他的交往。此人异常可爱，而且可爱的方式与众不同，他有着果敢坚毅的政治家意志，认为必须用良好的意愿和理性的观点激励民众，在公共生活中踏上正确的进步道路。他在生活中遭遇了一连串的失望。遗憾的是，我本人也不得不让他失望了一次。我们结交的那段时间，他正编写一本小册子，考虑要大规模地广泛发行传播。他是想以此来抵制大工业和庄园主结盟的后果，当时在德国，这种结盟正在酝酿，他认为，这到以后必然会造成灾难性的结果。他的小册子名叫《皇帝，强硬起来》。他觉得，他能够说服皇帝身边的人相信，他所认为的损害将会出现。——但他却没取得丝毫成果。他看到，从他属于并效力的政党那里无法获得力量，也就无法为他打算采取的行动提供基础。

有一天，他心血来潮地想到，要把我几年前在维也纳曾经短暂编辑过的《德意志周刊》恢复起来。他是想以此来创立一种思潮，可以引领他走出当时的"自由思想"，投入到一种更多地奉行民族自由思想的活动中。他以为，我在这方面可以跟他一块做点什么。这是不可能的，单拿恢复《德意志周刊》来说，我就无能为力。我把这个情况告诉了他，告诉的方式导致了误解，没过多久就破坏了友情。

不过，这段友情却也带来了另外的收获。这人有一个十分可爱的太太和一个甚是讨喜的小姨子。他也把我领进了他家，他家人又把我带进了另外一户人家。在那里，事情就好比是我在维也纳遇到的那段命中注定奇妙关系的翻版。在维也纳的时候，我跟一家人亲密来往着，那位一家之长始终没有露面，但在精神和心灵上却跟我离得很近，在他去世后，我为他致了悼词，就像对待最好的朋友那样。这个人的全部精神通过他的家人，十分真切地呈现在我的心上。

如今，我经由那位自由思想政治家的引领，进入了这户人家，跟一家之长形成了与上述近乎完全相同的关系。这家的家长不久前去世了，遗孀对逝者满怀着尊敬和追思。我搬出了此前在魏玛的住所，租住到了这家人那里。我住的是逝者的图书室。他是个对许多流派思想都抱有兴趣的人，跟维也纳的那个人一样，反感跟别人接触，跟那人一样活在他自己的"精神世界”，也跟那人一样，被外界当成一个“怪人”。

我对这个人的感觉恰似对那个人，在现实生活中无缘相见，他仿佛“从生活的幕后”穿过了我的命运。在维也纳，那位熟悉的“陌生人”全家与我之间结下了美好的纽带。在魏玛，这第二位姑且算是“熟人”及其家人与我之间结下的纽带更是意味深长。

当我不得不说起这两位“陌生的熟人”时，我知道，我所说的会被大多数人当成不着边际的妄想。因为事情要说的是，当这两人走进死亡的入口之后，我是怎么在他们所处的宇宙区域，有幸靠近了他们的灵魂。

任何人都可以把有关这个领域的说法剔出他的兴趣范围，这是他的固有权利。然而，要是把这些说法描述成痴心妄想，那就另当别论了。若是有人这么认为，我就必须申明，我曾经一再到数学或机械分析学这些讲究精确的知识分支那里，去寻找那种能够宣扬些许精神的心灵状态的根源。当我说出下面这番话时，有人若是漫不经心地轻下断言，就显得既没有见识，又不负责任，根本不值得谴责。

我当时心灵中所怀有的精神体验力，使得我能够在这两人离开尘世之后，与他们的灵魂保持密切的联系。他们的灵魂特点与别的逝者不同。他们在离开尘世后，起先经历的一段生命就内容而言与尘世生命密切相关，慢慢的，渐渐的，这生命才类似于人在纯精神世界所拥有的生命了。在纯精神世界，人过着他的生活，直到开始下一次的尘世生命。

这两个“陌生的熟人”对唯物论时代的思想了解得十分透彻。他们从概念上领会了自然科学的思想方法。第二位，也就是魏玛带给我的那位，甚至跟比尔洛特以及诸如此类的自然科学思想家十分相熟。相反，这两人在尘世生活期间，大概是与以精神为本的世界观相隔甚远的。无论任何的此类观点朝他们迎面而来，他们八成都是抗拒的，因为按照那个时代习惯思维的特点，他们会认为，“自然科学思想”看来必定是实事求是的成果。

不过，这种与时代唯物论的联系完全局限于这两人的观念世界之内。他们并不遵照唯物论思想所导致的生活习惯行事，而这些生活习惯在其他所有人身上都是占据主导的。他们成了“世上的怪人”，以返璞归真的方式生活着，迥异于当时常见的状态，也有别于从他们的财力来说应有的状态。就这样，不管与唯物论意愿数值的密切联系能够给他们的精神个性带来什么，他们都不会把它带进精神世界。他们会带进精神世界的，只是唯物论思想数值植入他们精神个性的东西。当然，对于灵魂来说，这绝大部分是在潜意识里进行的。我可以看到，这些唯物论思想数值并未把死去的人与神的世界和精神的世界隔离开来，只有通过唯物论意愿数值，隔离才能产生。无论我在维也纳接近的那个灵魂，还是我在魏玛从精神上结识的那个灵魂，在去世后都成为了光彩华丽的精神形态，他们的灵魂内容里充溢着精神本性的形象，世界的基础就是这些精神本性。他们在最近一次的尘世生命中，熟悉了那些能让他们对物质进行细致思考的观念，这只会帮助他们在去世后也能与这世界形成一种评判关系。但他们若是不熟悉相应的观念，这就是不可能的了。

这两个灵魂的本质已经进入了我的命运之路，通过他们，自然科学思想方法的意义便直接从精神世界脱颖而出，在我面前昭然若揭了。我认识到，这种思想方法本身并不一定要脱离以精神为本的体验。就这两个人来说，这种情况之所以会在他们的尘世生命中发生，是因为他们当时没有机会将自然科学思想提升到精神体验开始的区域。当他们去世后，他们便以无比圆满的方式做到了这一点。我看到，人在尘世生命期间，若是能获得内在的勇气和力量，也是能够实现这种提升的。我也看到，人的本质通过参与体验精神世界的丰富意义，就一定会发展形成自然科学的思想方法。从前的思想方式可以把人的灵魂与超感觉世界的精神连通起来；人若是关注自我认识的话，那种思想方式就能促使人知道，他是神的世界和精神世界的一个映相或一个环节。不过，那思想方式并不能让他感觉到，他是一个独立的、自成一体的精神实体。因此，必须在领会观念世界方面取得进步。这观念世界不是靠精神本身激起的，而是靠物质激发的。它或许是精神性的，但却不是源于精神。

对人来说，这样一个观念世界不会从人死亡以后、新生以前所处的那个精神世界催生出来，而只能从尘世生命中得到引发，因为它只能与物质形式的存在共处。

人通过与自然科学的思想方式相结合，为他的整体生命也包括去世以后的精神生命收获了什么，我从这两个人的灵魂那里可以体验到。不过，我也从其他一些在尘世生命中领会了纯自然科学思想方法的意愿后果的人那儿看到，他们与精神世界是疏离的。可以说，他们所达到的那种整体生命借助了自然科学的思想方法，与不依靠这种思想方法相比，依靠它是不太能够诠释生命中的人性的。

这两个灵魂成了“世上的怪人”，因为他们不想在尘世生命中失去他们的人性；他们全面吸收了自然科学的思想方法，因为他们想要达到人性的精神阶段，若是不依靠这种思想方法，就不可能达到。

若是这两个灵魂作为有形的人在尘世生命期间来到我面前，我或许不会对他们产生这些感悟。他们的本质在精神世界对我呈现出来，通过他们，许多其他的东西也会得到展示。为了在精神世界里体会这两人的个性，我需要用细致入微的灵魂眼光去观察他们的灵魂。若是有形世界的体验掩盖了或至少损害了纯粹的精神体验，他们的灵魂就很容易消失不见。

这两个灵魂以独特方式出现在我的尘世生命中。早在那个时候，我就已经从他们的出现认识到我的认识道路早已命中注定。

然而，在与精神世界灵魂的这种关系上，任何招魂术倾向却都不在我的考虑之内。对我来说，主导着我与精神世界关系的向来都不是别的，而只是真正的精神形式的体验，我后来在我的人智学著作中公开谈到了它。顺便说一下，无论是维也纳那一家的所有成员，还是魏玛的这一家人，都过于健康了，很难用通灵的方式跟逝者沟通。

每当说起这一点，我总是会对用这种方式寻找人的灵魂产生兴趣，正如招魂术所展示的。当前的招魂术是灵魂通往精神的歧途，灵魂也想用外在的近似实验的方式来寻求精神，因为它根本再也感觉不到真实、真正、地道的精神方式了。恰恰是那些完全从客观角度对招魂术产生兴趣、自己并不想借此探索什么的人，才能够识别有关招魂术欲求和歧途的正确观念。——我本人的研究就任何形式来说，走的都与不同于招魂术的道路。——也只有在魏玛，才有可能跟招魂术士们进行有趣的交往，因为在艺术家群体中，这种形式的精神探索活动盛行了一段时间。

我却通过跟这两个灵魂（魏玛的那位名叫欧尼克）沟通，为我的《自由哲学》带来了裨益。这本书力求达到的是：首先，它是八十年代我的哲学思想途径的成果；其次，它也是我对精神世界进行具体而普遍的观察的成果；第三，参与体验那两个灵魂的精神历程使我获益匪浅。我见证了他们的升华，这都多亏了自然科学的世界观。不过，我从他们身上也看到，高贵的灵魂害怕沉浸到这种世界观的意志元素当中。对于这种世界观的伦理后果，这些灵魂感到不寒而栗。

在我的《自由哲学》中，我寻求一种力量，它源自伦理中立的自然科学观念世界，通往鼓励道德的世界。我试图阐明，人需要知道自己在本质上是自成一体的，是精神性的，因为他身处的观念不再是起源于精神，而是靠物质存在来激发的。在道德上，人也可以发挥自己本性中的直觉。由此，道德就在自由了的个性中，作为个体的伦理冲动而闪现，就像自然观的观念一样。

这两个灵魂没有达到这样的道德直觉。因此，他们才会（无意识地）在生活面前瑟瑟发抖，只有从尚未扩展的自然科学观念的角度，才有可能不让他们这样。

当时，我把“道德想象”说成是个体人的个性中的道德起源。毫无疑问，我不想由此指明，这个起源是不完全真实的东西。相反，我想突出表明，“想象”当中有一种能够帮助个体人在真实精神世界的所有领域实现突破的力量。不过，若是事关真实的精神体验时，各种精神性的认识力量，如想象、灵感、直觉，就必须登场了。对于以个体自居的人来说，第一缕精神启示之光是借助想象出现的，其方式恰恰是在歌德身上可以看到的，远离一切的虚幻离奇，成为精神实相的场景。

我住在魏玛那位“陌生的熟人”的家里，度过了在魏玛的绝大部分时间。房子的一部分为我所用。安娜·欧尼克女士以极大的奉献精神照料着我，供应我的所需。没过多久，我就跟她结下了深厚的友情。她十分看重的是，我能在繁重的教育孩子任务上从旁给她帮助。欧尼克去世后，她成了寡妇，四个女儿和一个儿子都丢给了她。

我只在有机会的时候才见到孩子们。不过机会常常有，因为我完全被当成了家里的一员。早饭和晚饭我都在家吃，午饭在外面吃。

找到了这么美好的家庭纽带，我感觉不再孤单，只有惬意。每当歌德学会召开大会时，都会有年轻的访客从柏林前来，他们跟我交往密切，愿意大家一起无拘无束待在一起，于是，他们就会到欧尼克家来找我。从他们的表现来看，我有十足的理由猜测，他们在这里感觉非常舒服。

奥托·埃利希·哈特雷本在魏玛的时候，也愿意到这里来。就是在这里，我们两人没用几天就编辑好了那本歌德精华录，由他付梓出版了。

我本人的大部头著作中，《自由哲学》和《尼采——对抗时代的斗士》就是在这里诞生的。

我觉得，有些魏玛本地的朋友也非常喜欢在我这儿，在欧尼克家驻足片刻，或是停留挺长时间。

我首先想到的是与我结下了真挚友爱的那个人，奥古斯特·弗雷森纽斯博士。自从某个时候以来，他成为了档案馆的固定工作人员，在此之前，他从事《德意志文学报》的出版。他的编辑部是人们公认的值得效仿的典范。对于当时以谢勒尔拥戴者为主导的语文学，我心里十分反感。奥古斯特·弗雷森纽斯就总用他那语文学家的做派来缓解我的情绪。他没有一刻讳言，他想做语文学家，而且只想做真正的语文学家。在他那里，语文学象征着对语言的喜爱，这种喜爱之情使得他整个人充满了活力。他认为，语言就是人类的启示，其中反映了宇宙的一切法则。要想真正看清语言的秘密，就需要了解存在的所有秘密。因此，语文学家根本别无选择，只应掌握广博的学识。若能恰当运用正确的语文学方法，就可以做到大道至简，深入浅出地有力阐明各个广阔而重要的生命领域。

当时，弗雷森纽斯借助一个例子来说明这一点，令我产生了强烈兴趣。我们就这件事谈了很多，随后，他把它发表在《歌德年鉴》的一篇短小却重要的随笔当中了。

在弗雷森纽斯得出这个发现之前，所有研究歌德《浮士德》注释的人士，全都误解了歌德在去世前五天对威廉·封·洪堡所做的一番表态。歌德是这么说的：七十多年了，《浮士德》的构想在我的青年时代，从一开始就是清楚的，相反，进一步的次序就显得不太详尽了。注释者们把这句“从一开始”理解为，歌德仿佛从一开始就对整个浮士德剧本拥有了一个观念或一个计划，然后再或多或少地往里添加细节。就连我亲爱的老师兼朋友卡尔·尤利乌斯·施洛尔也是这么认为的。

疑点在于：如果这是正确的，则对于《浮士德》这部作品，歌德在年轻时就构思好了主要脉络。那样就必须承认，歌德从心灵状态来说，有可能从一个普通的构想着手工作，在构想已经确定的情况下，著述工作可以持续六十年之久。但情况并非如此，弗雷森纽斯的发现以无可辩驳的方式表明了这一点。他阐述说，歌德从来没有按照那种方式使用过“从一开始”这个词，那都是注释者塞给他的。比如他说，他“从一开始”读了某本书，其余部分就没再读了。他只是从空间意义上使用了“从一开始”这个词。由此可以证明，所有的《浮士德》注释者都弄错了，歌德根本不曾说过“从一开始”就存在一个《浮士德》计划，而只说过，他年轻的时候就厘清了最初的几部分，对后面的部分会时不时地展开描述。

由此，通过恰当使用语文学的手段，歌德的整个心理就得到了重要的揭示。

当时令我感到惊异的只是，那些可能对歌德精神状态产生了极其深远影响的东西，随着《歌德年鉴》出版而被公布于众后，在本应对此最感兴趣的人那里其实没有留下什么印象。

不过，我跟奥古斯特·弗雷森纽斯并不只谈论语文学的事宜。当时引起时代变动的一切，无论是魏玛还是其他地方发生的，只要能引起我们的兴趣，就都成了我们漫长谈话的内容。我们常常在一起针对有些事进行辩论，有时还十分激烈。不过，一切总是在一片和谐中结束，因为我们在观点上是严谨的，也都信赖对方的真诚。于是，当我不得不回想起一个事实时，我不禁倍感心酸。那就是，我跟奥古斯特·弗雷森纽斯的友情也出现了裂痕，是由我跟尼采档案馆和福斯特－尼采女士关系上的误会所引发的。朋友们都不清楚究竟发生了什么事。我不能给出令他们满意的说法，因为其实什么也没发生。一切都是基于尼采档案馆里根深蒂固的误会和错觉。我所能说的，都包含在我后来在《文学杂志》发表的文章中了。我为这个误会深感惋惜，因为与奥古斯特·弗雷森纽斯的友情在我的内心是牢不可破的。

我时常回忆起的另一份友情，是我跟弗朗茨·菲迪南德·海特米勒结下的。他也同样进入了档案馆工作人员的圈子，时间比瓦勒、封·德海伦和我要晚一些。

海特米勒有一个细致入微的灵魂，很有艺术感悟力。他其实是通过艺术感觉来判断一切的。理性与他毫不相干，每当他在档案馆说话时，整个语调都散发着某种艺术气息。那时候，他已经出版了几部构思精巧的中篇小说，绝对是个不错的语文学家。当他以这个身份为档案馆效力时，他的工作当然不比其他任何人差。然而，他内心却始终对档案馆的工作怀有某种抵制，说白了就是反感工作的方式。有一段时间，由于他的存在，我们的心灵才十分鲜活地感受到，魏玛曾经是怎样一个思想上无比活跃、产生过极其高雅作品的地方，人们如今可以心满意足地探究这些过往的作品，字斟句酌、吟咏不止，尽情去诠释。海特米勒把他对此想说的话写成了中篇小说《沉没的维内塔》，发表在S·费舍尔的《新德意志评论》上。哦，在当时，要想猜出是谁把曾经思想繁荣的魏玛变成了“沉没的城市”，是要费一番力气的。

海特米勒跟他的母亲一同生活在魏玛，那是一位异常可爱的女士。她跟安娜·欧尼克太太交情很好，乐于在欧尼克家出入。于是，我乐得在我住的房子里也能常常见到海特米勒母子俩。

有一位朋友是我必须要追忆的。我在魏玛居住期间，他早早进入了我的圈子，跟我保持着亲密友情，一直到我离开，在我后来偶尔到访魏玛时依然如故。此人就是画家约瑟夫·罗莱切克。他是德裔波希米亚人，在艺术学校的招引下来到了魏玛。一个绝对讨人喜欢的人，跟他聊天，总是让人乐于敞开心扉。罗莱切克多愁善感，同时又有点玩世不恭；他一方面是悲观的，往往对生活不抱希望，另一方面又觉得，根本不值得费力去评判那些令人悲观的事物。每当他在场，人们就只得大谈特谈生活中的种种不合理之处；他会神情激动地谈起，跟受到命运优待的歌德相比，这世界对待贫穷的席勒是多么不公平，一说起来就没完没了。

尽管终日跟这些人你来我往，思想和情感交流总是那么活跃，尽管我跟他们彼此知心，但在魏玛这一时期，我却不适合直截了当谈起我对精神世界的体验。我认为，必须要看清，进入精神世界的正确道路首先通向对纯观念的体验。我以各种方式提出，正如人是怎样在有意识的体验中感受到色彩、声音、温度等特性的，他也可以用同样方式体验到不受外在感觉影响的、呈现出完整的自我生命的纯观念。真正的、鲜活的精神正是存在于这些观念中。我当时说过，人的其余一切精神体验，都必然起源于这种观念体验，在意识中得以萌生。

就这样，我暂且去观念体验中寻求精神体验，导致了我已经说过的那个误会。就连知己朋友也看不到观念中的生动实相，把我当成了一个理性主义者，或是一个唯理智论者。

在领会观念世界的生动实相方面，当时最具进取心的是一个时常到魏玛来的年轻人，他就是马克思·克里斯特利普。还是刚刚到魏玛的时候，我经常看见这个追求精神认知的人。他那时候已经准备要成为一名新教牧师，刚刚通过博士考试，正准备去日本就任一个外交使节职位。没过多久他就去了。

这个人可以说欢欣鼓舞地认识到，生活在纯粹观念中，就是生活在精神中。在纯观念世界，整个自然必定会呈现在认识面前。人们在一切物质上看到的都是假象（幻象），通过观念的揭示，一切物质存在都呈现为精神。——看到这个人完全彻底地理解了精神本质，我深感欣慰，这就等于领悟了观念中的精神存在。只不过，精神的存在方式是，那些具有感觉、创造能力的精神个性尚未挣脱一般观念形式的浩瀚精神存在，让关注的目光能够看见。关于这些精神个性，我还不能对马克思·克里斯特利普说得太多。这对于他那美妙的唯心论来说，未免过于苛求了。不过，关于真正的精神存在，是可以跟他谈谈的。我此前撰写的所有东西，他都潜心读过了，读得很透彻。我在九十年代之初有一个印象：马克思·克里斯特利普有天赋，能够借助观念的鲜活精神性闯入精神世界，我不得不认为，这条道路再合适不过了。至于他后来并没有完全遵从这一走向，而是选择了一个略有偏离的方向，就不必在这里谈论了。

21 友谊（诺伊弗、安佐格）；《歌德的宇宙观》一书问世，这是参与索菲版歌德全集工作的结晶

我在前文曾提到那位秉持自由思想的政治家，通过他，我结识了一家书店的店主。跟我在魏玛时期所经历的情形相比，书店曾经有过更好的时光。那还是在我认识的店主的父亲当家的时候。对我来说重要的是书店发行的一份报纸，上面刊登着有关当代精神生活的文章，还有关于诗歌、科学、艺术领域正在出现的各种现象的评论。这份报纸也走了下坡路，不再畅销了。但我却得到了机会，可以写许多东西，写写那时候我精神视野中的内容，要不就写写进入这个视野的东西。尽管我写出的大量文章和书评很少有人阅读，但我却觉得惬意，因为有一份报纸供我支配，可以印出我

所思所想的内容，这相当于一个激励。到后来我出版《文学杂志》的时候结出了硕果，由此，我便有义务努力介入同时代的精神生活，去参与思考，去感同身受。

就这样，魏玛成了我在后来生活中时常回想起的地方。我在维也纳被迫感受到的那种逼仄在这里变得开阔起来；精神和人性方面都获得了体验，其影响将在以后显现出来。

然而，最为重要的还是与相关人士的交往。

在后来的岁月里，每当魏玛以及我在那里的生活浮现在我的心头时，我的心灵目光总是投向那幢让我极其喜爱的房子。

我结识了演员诺伊弗，那时他还在魏玛剧院工作。我欣赏他身上那种认真严格的职业状态。在对舞台艺术的评判上，他绝不允许任何外行的说法蒙混过关。这是令人赞赏的，因为人们并不总能认识到，表演艺术必须满足现实艺术的前提条件，就好比音乐那样。

诺伊弗娶了钢琴家兼作曲家伯恩哈德·施塔文哈根的妹妹。我被带进了他的家。与此同时，我也被诺伊弗太太的父母家和伯恩哈德·施塔文哈根友好地接纳了。诺伊弗太太是一个把精神性的气息散播给她身边的一切的女人。在她家做客时，她那深深植根于灵魂领域的见解透射到她轻松随意说出的所有话语中，散发出美妙的光芒。她怡然自得而又温文尔雅地说着她要说的话。在诺伊弗家度过的每一刻，我都会感到，诺伊弗太太在所有的人生交往中追求着真理，这是难能可贵的。

我在那儿是受欢迎的，从各种各样的事件中都看得出来。

有一年圣诞节的晚上，诺伊弗先生来到我的住处，当时我不在，他就留下了一个要求：我无论如何都得去他家领取圣诞礼物。这可不容易，因为我在魏玛要参加的这类节庆活动越来越多。不过，我还是去了。我看见除了给孩子们的礼物以外，有一份特殊的圣诞礼物是给我的，摆放得很漂亮，其价值从它的历史就可见一斑。

记得有一天，我被带进了一间雕塑家工作室。有位雕塑家想给我展示一下他的作品。我对我所看到的基本上不太感兴趣，只有角落里一座被人遗忘的半身塑像引起了我的注意，那是黑格尔的一座半身像[①]。工作室坐落在魏玛一位德高望重的女士的宅邸，里面与雕塑相关的一切物品应有尽有。雕塑家们总是短期租下这屋子，屋子里堆积着租客们不想带走的一些东西。不过，也有些东西是很久以来就放在那儿的，没有人关注，比如那座黑格尔半身像。

我对这座半身像的兴趣一直在持续，我会时不时说起它，有一次在诺伊弗家也说起来了。我大概隐隐流露出，我想拥有这座半身像。

于是，下一个圣诞节的晚上，它就作为给我的礼物，出现在诺伊弗家里。——第二天中午，我应邀前来，诺伊弗就对我讲了他是怎么弄到这半身像的。

他先是去找工作室所属的那位女士。他对她说道，有人在她的工作室看见了那座半身像，要是能得到它，人家会觉得特别珍贵。女士说道，没错，这类东西已经在她家里放了很久，至于有没有一座“黑格尔”，她就一无所知了。不过，她显然十分乐意带诺伊弗过去，好让他查找一下。——到处都搜寻遍了，就连最隐蔽的角落也不放过，那座半身像却怎么也找不到。诺伊弗很是难过，因为他觉得，要是能用黑格尔半身像让我高兴一下，他将深感欣慰。——他跟那位女士一起已经站到门口了。这时候女仆走了过来，她恰好听见诺伊弗正在说：“哎，可惜，咱们没找到黑格尔半身像。”“黑格尔”，女仆插嘴说道，“是那座断了鼻尖的头像吗？它就放在佣人房里，在我的床底下。”——探索的最后一幕立即上演了。诺伊弗真的得到了半身像；到圣诞节的时候，刚好够时间把缺了的鼻尖给补上。

就这样，我得到了这座半身像，后来，它成了陪伴我前往许多地方的

① 这座黑格尔半身像直到今天仍然保留在鲁道夫·斯坦纳的遗物当中。它被复制在《文稿》中，位于 30 号，15 页。后来，这座半身像与费希特和谢林的半身像一道保存在柏林的“分会办公室”。1907 年圣灵降临节期间，神智学协会大会在慕尼黑举行，鲁道夫·斯坦纳授意将这三座半身像置于会议厅的演讲台前，见《神秘的印章与支柱图片》，全集卷 284，43 页。

不多物品之一。每当沉浸到黑格尔的思想世界时，我总是喜欢端详黑格尔的这座头像（是由维希曼在 1826 年创作的）。这情形确实经常出现。那面部的线条，那无比纯粹的思想和那最具人性的表达，造就了一个非常重要的生活伴侣。

诺伊弗一家就是这样的人。他们不厌其烦地想要用什么契合某人本性的东西给他带去欢喜。诺伊弗家陆续降生的孩子们有一位堪称模范的母亲。诺伊弗太太很少通过所作所为来施教，而更多是通过她的整个本性。令我高兴的是，我有幸当了其中一个儿子的教父。每次来到这个家做客，都会让我生出内心的满足。在后来的岁月里，我仍然有幸来这里拜访，此时我已离开了魏玛，但会时不时过来做演讲。遗憾的是，如今早已不复这般情形了。我没能再见到诺伊弗一家，在那些年里，苦难的命运降落到了他们头上。这一家人属于在世界大战中经受了最残酷折磨的那种人。

诺伊弗太太的父亲，老施塔文哈根，是个魅力十足的人。他以前大概在某个实用行业干过，不过后来退休了。现在，他完全生活在图书室的藏书内容中了，都是他亲手购置的。他沉浸在其中，那情形绝对让人倍感亲切。这位可爱的老先生身上，丝毫不带有沾沾自喜或认识上的高傲自负，反而每一句话都能让人感受到真正如饥似渴的求知欲。

当时在魏玛，人际交往确实给人带来了心灵的慰藉，这在其他地方是没有的。无论是长期在那里居住的人，还是时常前来拜访的人，在跟我的交往中都让我有这种感受。我从许多人身上感到，对他们来说，来到魏玛跟去其他地方不可同日而语。

我在丹麦诗人鲁道夫·施密特身上尤其感受到这一点。他起先是来上演他的戏剧《国王的变化》的。在他这次来访时，我就跟他相识了。后来，他在魏玛招待外地来访者的许多场合露面。这个玉树临风、头发如波浪般的男人时常置身于访客们当中。魏玛人的性情和做派对他的心灵有着某种吸引力。他是个特点极其鲜明的人，从哲学上说，他是拉斯穆斯·尼尔森的信徒。尼尔森发端于黑格尔，通过尼尔森，鲁道夫·施密特对德国的唯心主义哲学有了无比精妙的理解。如果说施密特的判断明显打上了积极烙印的话，那么，其消极特征也毫不逊色。比如，当他说到格奥尔戈·勃兰兑斯[①]时，他会变得辛辣犀利，极尽讽刺挖苦，直欲全盘否定。那情形略带艺术家的意味，像是有人揭开了一个完整而广阔的、浸透了厌恶的感觉区域。这种揭示给我留下的没有别的，无非是一个艺术家的印象。我读过格奥尔戈·勃兰兑斯的许多东西。令我特别感兴趣的是，他从一个宽泛的观察区域和知识领域出发，用颇有见地的方式描述了欧洲各民族的思想流派。——不过，鲁道夫·施密特所表达的，从主观上说是坦诚的，由于这位诗人的特点，又确实是有迷惑力的。——归根结底，我从心底喜欢鲁道夫·施密特；他来魏玛的那些日子，我过得挺愉快。听他说起他北欧的家乡，看到他从北欧的情感源头中生成的那些重要的才能，无不令我颇有兴致。同样妙趣横生的是跟他谈论歌德、席勒、拜伦。他的说法跟格奥尔戈·勃兰兑斯真是不一样。勃兰兑斯在做评判时，处处表现为一个国际人；在鲁道夫·施密特这里，却是一个丹麦人在谈天说地。不过，正因如此，他说起许多事情来，在许多方面才会比格奥尔戈·勃兰兑斯更显得有趣。

在魏玛的最后时期，我跟康拉德·安索盖和他的连襟封·克朗普顿走得很近。康拉德·安索盖后来以光彩夺目的方式展现了他的卓越艺术才华。在此，我只想谈谈九十年代时他跟我之间的美好友情，以及当时他在我面前的样子。

安索盖的太太与封·克朗普顿的太太是姐妹俩。这层关系使得我们的相处不是在封·克朗普顿家，就是在俄国宫廷酒店进行。

安索盖是一个精力充沛的艺术家，既当钢琴家，又当作曲家。我们在魏玛结识的那段时期，他为尼采和德默尔的诗作谱了曲。每当那些被吸引进安索盖和克朗普顿圈子的朋友们有幸听到一首新曲子，那场景总像在过节似的。

---

① 1842—1927 年，丹麦文学批评家、文学史家。——译者注

这个圈子里还有一位魏玛编辑，保罗·伯勒。他负责编辑出版《德国报》，这份报纸在官方的《魏玛报》之外，保持着更为独立的生存状态。其他一些魏玛的朋友也在这个圈子露面，比如弗雷森纽斯、海特米勒和弗里茨·科格尔，等等。圈子刚组成的时候，每当奥托·埃利希·哈特雷本在魏玛出现时，他也总会到场。

康拉德·安索盖是在李斯特的圈子里成长起来的。没错，我所说的无不切中事实，情况是这样的：他以李斯特的学生自居，在艺术上无比忠诚地追随这位大师。恰恰是通过康拉德·安索盖，人们才发自内心感受到，李斯特的生命得到了无比美妙的延续。在安索盖这里，凡是出自他手的音乐，无不是源于一种浑然天成、迥乎不同的人性源泉。这种人性或许是受到了李斯特的启迪，不过，它的魅力却在于独创性。我的这一番讲述完全是我当时的体验；至于我后来或是今天的看法如何，就不是这里该说的了。

通过李斯特，安索盖在早期一度与魏玛产生了交集。到了我在此所说的那个时期，他在心灵上已经摆脱了这种关联。安索盖与克朗普顿朋友圈的一个独特之处在于，这圈子与魏玛的关系完全不同于我迄今为止所描述的跟我亲近的绝大多数人。

那些人跟魏玛相处的方式就像我在上一节所描述的那样，这个圈子的兴趣却超越了魏玛。于是，出现了这样的情况，当我完成了在魏玛的工作，不得不想到要离开这座歌德之城时，我所要好的那些人竟然认为，在魏玛生活毫无特色可言。从某种意义上说，这些朋友的生活已经超脱了魏玛。

安索盖感到，魏玛成了束缚他艺术发展的枷锁，就大约跟我同一时间从魏玛搬到了柏林。保罗·伯勒尽管担任读者极多的《魏玛报》的编辑，却不按照当时的“魏玛精神”来写稿，反而从另外的视野出发，对这种精神进行某些严肃的批评。每当事关揭露机会主义和小肚鸡肠的现象时，他也总是会发声，他就是这样的人。由此导致，恰恰在上述圈子活动的那个时期，他丢掉了他的职位。

可想而知，封·克朗普顿是一个极其可爱的人。圈子里的人可以在他家度过无比美妙的时光。处在中心点的是封·克朗普顿太太，一个谈吐风趣、举止优雅的人，像阳光一般照耀着有幸来到她身边的人们。

可以说，整个圈子都笼罩在尼采这个符号之下。人们觉得尼采的人生观是最为有趣的那种，认为尼采所展示的灵魂状态在一定程度上象征着真实而自由的人性的绽放。从这两个方面来说，封·克朗普顿尤其算是九十年代尼采信徒的代表人物。在这个圈子里，我本人对尼采的态度没有改变。不过，每当大家想要知道尼采的情况时，都会前来问我，于是，他们会把他们自己对尼采的看法，投射到我同尼采的关系上。

不过必须要说，恰是这个圈子以充满理解的方式来看待尼采误以为他认识到的东西，这个圈子也努力以感同身受的方式去体验尼采人生理想的内涵。尽管这内涵是从某些其他方面出现的，在那里，“超人”和“超越善恶”并不总能催生令人无比欣喜的花朵。

这个圈子对我来说之所以重要，是因为其中弥漫着一种让人着迷的强大活力。另一方面我也看到，凡是我相信能够在圈子里展示的东西，都能得到最为殷切热情的理解。

在那些夜晚，安索盖的音乐成就散发着光彩，所有参加者饶有兴致地谈论着尼采，有关宇宙人生的深远而重大的问题构成了惬意的谈资，就这样消遣着时光。每当我怀着满足回顾往事，单凭这样的夜晚，我在魏玛的最后阶段就变得美妙起来了。

在这个圈子里，所有的体验本身都是源于一种直接而严谨的艺术感觉，并想要传达一种以现实人作为中心的宇宙观，因此，一旦浮现什么跟当时的魏玛背道而驰的东西，人们也不会产生不快的感觉。论调从根本上有别于我以前在奥尔登的圈子所体验到的。那个圈子会发出许多的冷嘲热讽，大家也会把魏玛看成“人性化的—过于人性化的”，就像看待曾经去过的其他地方一样。在安索盖和克朗普顿的圈子——我想说——人们在感觉上会更严肃一些：若是魏玛这样的地方都不太能完成它的规定任务的话，德国文化又该怎样继续发展呢？

在这种社交背景下，我的《歌德的宇宙观》一书问世了，算是对我在魏玛的工作进行了总结。前不久，当我操持这本书的再版事宜时，我不禁感到，当时在魏玛形成这本书的思路时，上述朋友圈的那种友好聚会的内在状态持续对此产生了影响。

这个圈子一再群情振奋地谈到“个性的本质”，并坚决对此表示认可。在我写这本书的时候，这些说法在我心灵中激荡不已，如果不是这样，这本书本应再多一些个性色彩的东西。在我的著作中，唯有对这本书，我要称之为“这一本”。我可以把我所有的书都称作最真实字面含义上的个人体验，但这本书的体验方式却与众不同，它的方式是，我自己的个性如此强烈地参与体验了周围人的个性本质。

当然，这只是关系到这本书的一般立场。这本针对自然领域进行揭示的《歌德的宇宙观》，阐述方式一如我在八十年代所写的歌德论文。只不过在个别地方，借助在歌德档案馆才能找到的手稿，我的观点得到了扩展、深化或巩固而已。

通过从事与歌德相关的所有工作，我不禁想到，要把他的“宇宙观”的内涵和方向呈现在世人面前。由此应该可以表明，歌德的研究与思想中那些综合性的东西和对事物的精神探索，是怎样演变成了各个特殊自然领域的一个个发现。我不打算让人们关注这些个别发现，而想要阐明，它们是以精神为本的自然观大树上开出的花朵。

我在阐述歌德的这部分思想与研究工作时，把这种自然观标注成歌德对宇宙看法的一部分。不过，在追求同一目标的时候，我也借助了整理两个歌德著作版本的文章这个手段，这两个版本都是我参与编辑的，一个是《屈什纳版德意志民族文学》，另一个是魏玛的索菲版本。这对我来说意味着，能够追寻歌德的全部影响，展示歌德作为植物学家、动物学家、地质学家、色彩理论学家都取得了哪些成就，阐明当前科学界应该怎样评价这种成就。我从来不会把这当成一项任务。——我也会觉得，趁着为这两个版本整理文章的机会，做些上述的事情，未免显得不太合适。

于是，我为魏玛版本编辑的歌德那一部分文章，就别无选择地成了一份关于歌德在研究自然过程中所展示的宇宙观的文献。这种宇宙观给植物学、地质学等领域带来了怎样的特殊启示，将会在其中得到呈现。比如有人认为，我本该换一种方式来整理地质学和矿物学方面的著作，以便让人能从内容当中看出“歌德与地质学的关系”。大家只需要读一读，我在《屈什纳版德意志民族文学》序言中针对歌德作品整理都说了些什么，就根本不会怀疑，我从来不曾屈从我的批评者所要求的观点。在魏玛，人家在把编辑工作交给我时，就知道这一点。因为在人家想到在魏玛把工作交给我之前，在屈什纳的版本中，我所认定的所有观点都已经公布于众了。人家是在完全了解情况的前提下，才把工作交给我的。我从来不否认，我在从事魏玛版本的时候，个别地方的处理方法可能会被“专业人士”视为错误。错了的可以更正，不过，不应该把这事说成是，这一版的定型并不是本着我的基本原则，而是取决于我的能与不能。某一方面的人士尤其不该这么说。他们承认，他们不理解我那些阐述歌德的观点。假如指的是这一处那一处的个别实际错误，那么，我可以指点那些批评我的相关人士去看看比这还要糟糕得多的情况，去看看我当中学生时所写的文章。通过这样表述我的履历，我或许让人注意到，我早在孩童时期就已经生活在精神世界中，它对我来说是理所当然的，反而在认识外部世界方面，我不管做什么，都必须很吃力才行。由此，我成了一个在这方面的所有领域都发育迟缓的人，其影响反映在我的歌德版本的细节中。

22　置身于对立中，与对立共存

到我的魏玛时期结束时，我已经度过了三十六年的人生岁月。早在一年前，我的灵魂就开始了一次深刻的转变。随着我离开魏玛，这一转变发展为一个影响深远的体验。它跟外在生活状况的变化毫不相干，尽管外部生活变化很大。精神世界中获得的体验体会，对我来说始终是自然而然的。对感官世界的认识领会才是我的最大难题。我仿佛既不能把灵魂体验深深注入感官，也不能把感官体验的全部内容与灵魂联系起来。

从第三十六个生命年头开始，这种情况就完全改变了。我对物质世界的事物、本质和过程的观察力朝精确而透彻的方向变化着。这种变化既表现在科学领域，也表现在外在生活中。我以前的情形是，那些以精神方式领悟到的重要科学联系可以轻而易举地归我的灵魂所有，而感官感觉也就是记忆形式的留存却会让我无比吃力。现在，一切都不同了。我内心对感官感觉唤起了一种前所未有的关注。细节对我来说变得重要了，我感到，感官世界有待去揭示只有它才能揭示的东西。我的一个理想是，单凭着感官世界要说些什么来认识它，而不必借助思维或内心浮现的另一种灵魂内容，把什么东西带进感官世界。

我发觉，在一个比别人晚得多的生命阶段，我的人生发生了根本改变。不过我也看到，这给灵魂生活带来了确定无疑的影响。我发现，人们早早从精神世界的灵魂活动转入了物质世界的体验，因此，他们既不能细致地领会精神世界，也不能纯粹地感悟物质世界。他们完全从本能出发，持续不断地混淆了事物对感官的诉说以及精神对灵魂的体验。精神在体验了灵魂后，又利用灵魂来“想象”事物。

在精确而透彻的感官观察过程中，我走进了一个全新的世界。摆脱灵魂中一切的主观，让自己客观地面对感性世界，从而揭示出精神体验无从说起的东西。

不过，这也反过来照亮了精神世界。因为当感性世界在感官认识中自我揭示其本质的时候，对于认识来说，对立的一极出现了，为的是对与感性毫不混淆的、特性十足的精神表示赏识。

这一点在灵魂活动中起到了特别重要的作用，因为它也表现在人际生活领域。我在观察方面的才能适合在纯粹的关注中十分客观地接纳一个人的经历。我谨小慎微地避免批评人们的所作所为，避免在我跟人们的关系中表明好恶：我想让人按照他本来的样子，径直给我留下印象。

不久我就发现，这样观察世界真的会把人领进精神世界。在观察物质世界的时候，人完全是以自我为出发点；正是通过这种方式，人在精神观察能力上才得到了提高，从而重新进入了精神世界。

就这样，精神世界与感性世界在针锋相对的状态下走进了我的心灵。不过，我不认为对这种对立必须要借助某种哲学思想，比如“一元论”加以调和。我更多地认为，全心全意地投入到这种对立中，跟“理解生命”具有同等重要性。一旦体验到对立被调和了，无生命的死亡就会占据主导。只要生命存在，不可调和的对立就会发挥作用；生命本身意味着持续不断地克服对立，但同时也在重新创造对立。

由于这一切，我的情感生活中涌出了一种忘我投入之情，不是倾情于思想理论上的理解，而是投身于对宇宙奥秘的体验当中。

为了在冥想中跟宇宙建立适当的关系，我发自内心地一再想道：这宇宙充满了奥秘，想认识并靠近它们。不过，认识大都会借助某种思想内容去揭开奥秘。我却必须对自己说，奥秘靠思想是揭不开的。思想可以把灵魂带上揭秘之路，但思想中并不包含揭秘方法。奥秘是在现实世界中产生的，答案同样要在现实中产生。有什么东西会浮现，不是本质就是进程；它会为其他东西提供答案。

我也对自己说：除了人以外的整个宇宙是一个谜，是真正的宇宙之谜；人本身就是谜底。

由此我想到：人每时每刻都有能力针对宇宙之谜说一点什么。不过，他说的话所提供的谜底含量，始终只能跟他自己对于人自身的认识一样多。

对现实当中某一进程的认识也是如此。问题在世界上产生；答案作为各种实相呈现出来；人的认识就是人参与到了精神世界与物质世界的本质和进程的自我倾诉当中。

这一切在我截止到这里所述时期付梓出版的著作中已经隐约可见了，在某些地方甚至表现得十分明显。单是在这个时期，无比强烈的灵魂体验就已经产生，它充斥在冥想的时光中。在这样的时光中，认知想要通过冥想来观望宇宙的本源。最重要的是，这种灵魂体验就其当时的强度来说，乃是产生于纯粹而透彻的感官观察中，那种态度是客观而忘我的。在观察过程中，一个新世界呈现在我面前；我必须从我迄今为止所获得的灵魂认识中，寻找相反的灵魂体验，以便与新的东西达成均衡。

只要我并不思考感性世界的整个本质，而是用感官去感受它，一个奥秘就会作为实相展现出来。它的答案存在于人本身。

我的整个灵魂都在为我后来所称的“以实相为本的认识”而欢欣鼓舞。我尤其清楚，拥有这种“以实相为本的认识”的人不会待在宇宙的某个角落，任由存在和发展在自己以外的地方进行。在我看来，认识这东西并不单单属于人，而也属于宇宙的存在和发展。就像一棵树如果不经历开花期，它的树根和树干就不完整一样，宇宙如果不能进一步活在认识的内容里，它的存在和发展就绝不是真实的留存。我着眼于这种观点，一遇到合适的机会就重复：人不是自行创造认识内容的生物体，他用他的灵魂提供了舞台，宇宙在这舞台上才算部分经历了其存在和发展。若是没有认识，宇宙就是不完整的。

在对宇宙实相的这种认识体验中，我找到越来越多的可能性，为人的认识本质提供保护，反驳那种仿佛把这种认识中的人当成宇宙映像的看法。从我的认识观念来看，人成了宇宙本身的共同创造者，而不会成为模仿者，去模仿某种可以脱离宇宙、但宇宙没了它并不会不圆满的东西。

不过，我对“神秘主义”的认识也由此变得越来越清晰了。人对宇宙事件的共同体验得以摆脱了模糊不定的神秘情感，进入了揭示观念的光区。感官世界单纯从其特性来看，起先是没有观念的，就像一棵树的树根和树干没有开花一样。不过，正如花朵并不意味着植物存在的黯然消失，而是植物存在的一次变形一样，与感官世界相联系的观念世界也等于是感官存在的一次变形，而不意味着某种模糊不定的东西神秘莫测地影响着人的灵魂世界。有形的事物和进程在阳光下看起来有多明亮，存在于人的灵魂中的认识从精神角度看起来就有多明亮。

就这方面来说，当时我内心存在一种十分清晰的灵魂体验。然而，当我转而为这种体验提供表现形式时，事情却变得异常艰难了。

在魏玛的最后阶段，我的著作《歌德的宇宙观》诞生了，我为《屈什纳版德意志民族文学》编辑的最后一卷的序言也问世了。我尤其关注我在序言中所编辑的歌德《散文中的箴言》都写了些什么，并把这跟《歌德的宇宙观》一书中的内容描述进行了比照。谁若是只从表面来看待事物，便在我这些几乎同时问世的阐述中不同的地方，构筑了不同的对立。不过，若是能看见表面以下的存在，看见那些想要通过表面形成的描述而揭示出来的生命体验、灵魂体验和精神深处体验，就从我当时的作品当中找不到对立了，而是会看到我在努力表达。我努力把我所描述的对认识的体验、对人与宇宙关系的体验、对谜团形成和解谜的体验，带进各种宇宙观概念当中。

大约三年半以后，当我写作《十九世纪的宇宙人生观》一书时，有些东西在我这里又得到了发展。我可以用我在此所描述的认识体验，卓有成效地阐述历史上曾经出现的每一种宇宙观。

谁若是因为文章的阐述表明灵魂活动在努力地认知，因为文章显示宇宙活动努力在人的灵魂舞台上进一步展现出来，就拒绝去读这些文章，在我看来，他的灵魂认知就不能潜入到真正的实相中。这是当时我内心刚刚确定的看法，而它在我的概念世界早已活跃了许久。

与我灵魂活动的根本转变相关的是内心经验，它的内容对我来说颇具意义。——我在灵魂体验中认识到了冥想的本质及其对于观察精神世界的重要性。从前，我也曾经有过冥想式的生活，不过，这样做的动力却源于，我在观念上认识到了冥想对于精神形式宇宙观的价值。此时，我内心产生了冥想的要求，它对我的灵魂活动来说成了一种必然存在。获得灵魂活动需要冥想，就像生物体在某个发展阶段需要肺部呼吸一样。

通过感性观察而获得的一般概念认识跟精神体验之间是什么关系，这对于这个生命阶段的我来说，已经从一种较为观念式的体验变成了一种整个人都参与其中的体验。吸收了真正精神的观念式体验，是我的《自由哲学》赖以诞生的要素。整个人所获得的体验则以一种比观念式体验要本质得多的方式包容了精神世界。当然，观念式体验相对于从概念上领会感性世界来说，已经是较高的阶段了。在观念式体验中，人们领会的不是感性世界，而是某种程度上直接与之毗邻的精神世界。

当时，在我到灵魂中寻求表达和体验这一切的过程中，有三种类型的认识浮现在我的内心。第一种类型是通过感性观察而获得的概念式认识。它被灵魂据为已有，然后按照现有记忆力的标准留在了内心深处。再现所获取的内容只有一个作用，就是使它得到很好的保存。第二种认识类型不是靠感性观察获得的，而是抛开了感官，在内心深处所体验到的。这种体验凭借其本质，保证了概念得以在精神实相中创立起来。概念当中包含着对精神实相的担保，这个经验的获得就经验的性质而言，对这一类型的认识来说是有把握的，就像感性认识能够肯定，面前呈现的不是幻象，而是物质的实相一样。

对于这种观念—精神的认识来说，若是像对待感性认识那样把它据为已有，已经再也不够了。获得它会导致把它留在记忆里，必须把获得的过程变成一个持续进行的过程。就像生物体若是只呼吸一段时间，呼吸的所得并不够接下来的生命进程使用一样，类似感性认识那样的获取方式，对于观念—精神式的认识来说也是不够的。对于这种认识来说，灵魂必须持续不断地与人凭借认识而置身于其中的世界展开活跃的互动。这可以通过冥想来进行，正如上文所示，冥想起源于观念式的认识，在沉思默想中体现出价值。早在我的灵魂发生根本转变之前（三十五岁的时候），我就已经在寻求这种互动了。

现在出现的是作为灵魂活动必需品的冥想。由此，第三种类型的认识便浮现在我的内心。它不仅导向精神世界的深处，而且也允许自己与精神世界亲密共处。我出于内心的需求，不得不把某一种特定的想象一再置于我的意识中心点。

就是这种想象：我若是带着我的灵魂，生活在对感性世界形成的想象中，那么，我在直接经验期间，只有在面对面用感官观察某个事物或过程时，才有能力谈论所体验到的实相。只要我在观察，感官就会确保我所观察到的乃是真相。

而当我通过观念—精神认识跟精神世界的本质或进程发生联系时，情况就不是这样了。这时候，在个别体验中，关于感知存续的直接经验就会浮现，且感知存续超过了体验持续的时间。比如，若是体会到"自我"是人固有本质的话，那么，人在观想当中会得知，这个"自我"既先于有形身体中的生命而存在，又后于它而存续。人们在"自我"当中所体验到的，直接揭示了这一点，正如玫瑰在直接感受中展现它的鲜红一样。

在这样一种出于内在精神必然需求而展开的冥想中，关于"内在的精神人"的意识逐渐形成。这个"内在的精神人"完全摆脱了有形生物体，存在于精神当中，能够感知并活动。在我的经验中，这个自成一体的精神人会在冥想的影响之下现身。由此，精神体验得到了根本深化。感性认识是通过生物体形成的，对此，这种认识所准许的自我观察可以提供充分的证明。不过，观念—精神认识也还有赖生物体。自我观察在这方面表明：在感官观察方面，单个的认识行动是与生物体联系在一起的。在观念—精神认识方面，单个行动则完全摆脱了有形的生物体。然而，这种认识之所以从根本上能够依靠人来展开，则是由于生命普遍存在于生物体之中。第三种认识的情形是这样的，只有当这种认识摆脱了有形的生物体，就仿佛生物体根本不存在似的，它才能够依靠精神人而形成。

这一切觉悟的产生都是受到了上述冥想活动的影响。有观点认为，通过这种冥想，人们会受制于一种自我暗示，其结果是精神认识应运而生。对此，我可以进行有效的反驳。因为那首当其冲的观念—精神认识已经让我确信了精神体验的真实性。说真的，这种首当其冲的认识不仅在冥想中维系着其存在，而且是在冥想中开始了存在。正如人们是怎样在深思熟虑的意识中精确地发现真相的，我已经把这种方式用在了自我暗示被人提起之前所流行的说法上。冥想所获得的只是体验，在体验之前，我就完全能够审视体验内容的真实性了。

与我灵魂根本转变相联系的这一切，都在有可能进行自我观察的结果中得到了体现。这种自我观察跟上述的一样，也对我具有实质性的意义。

我体会到，关于前生的想象怎样朝着某个特定方向隐去了，意愿又是怎样取而代之地出现了。为了做到这一点，当一切主观专断在认识中展现的时候，意愿必须呈现出来。想象减退多少，意愿就增进多少。意愿也会接管精神认识，在以前，精神认识几乎全是由想象来完成的。我已经认识到，将灵魂生活划分为思想、感觉和意愿，其意义是有限的。真相是，思想当中同时包含了感觉和意愿，只不过，思想主导着后两者。感觉当中存在思想和意愿，意愿中也同样有思想和感觉。我现在体会到，意愿更多是由思想接纳的，思想更多是由意愿接纳的。

如果说一方面冥想会促成精神认识，那么另一方面，自我观察成果所引发的影响就是，摆脱了生物体的精神人得到了内在的强化，其本质得以在精神世界牢牢立足，正如物质人在物质世界站稳脚跟一样。——人们会发觉，精神人在精神世界的立足会得到极度增进，如果物质生物体并不限制这种立足的话。与此相比，物质生物体在物质世界的巩固地位会随着死亡、随着腐朽而不复存在，如果精神人不再从它这方面维持这种地位的话。

认识论若是把人的本质限定在某个特定领域，把人的"彼岸"视作"本源"，把"万物的自我"当成人的知识所不能企及的东西，则任何形式的认识论都会与上述这种体验式认识不能相容。在我看来，任何的"不能企及"都只是"暂时的"，只有当人的内心没有形成与先前的陌生事物相亲相近、从而在体验式认识中与之共同成长起来的本质时，事情才会停留在不能企及的状态。我认为，谁若想正确看待人与宇宙的关系，就必须认可人具有熟悉任何一种存在的能力。谁若是不能形成这种认可，认识就无法赋予他真正属于这宇宙一部分的东西，他只能模仿宇宙的某一部分内容，而这对于宇宙来说是无关紧要的。然而，通过这种单纯的模仿式认识，人却无法为自己捕获任何一种本质，这本质能让作为充分意识个体的人从内心体验到，他置身于宇宙当中。

我想到，应当这样来谈论认识：不仅要认可精神，而且这种认可要达到人的见解所能达到的程度。在我看来，更为重要的是要记住，存在的“本源”位于人通过全部体验所能达到的地方，要从思想上承认，它是位于某个“彼岸”领地的某种不为人知的精神。

因此，我从直觉上抵制这样的思维方式：只把感官感受的实质（色彩、温度、声音等等）看作通过感觉从人的内心召唤出陌生的外部世界。而这个外部世界本身其实只能存在于假设和想象中。我的体验式认识认为，这些为这方面物理学和生理学思想打下了基础的理论观念是极其有害的。在我此处所述的生命时期，这种感受表现得无比强烈。物理学和生理学所称的“位于主观感受背后”的一切，都让我生出一种认识上的不快，如果我可以使用这种表达方式的话。

相反，我却从莱尔、达尔文、海克尔的思想方法中看到了某种尽管表现并不完美但却能够朝着健康方向发展的东西。

莱尔的基本原则是，由于地球诞生于史前时代，处在感官观察的范畴之外，因而，可以借助当前观察而形成的观念，来解释地球诞生过程中的种种现象。在我看来，这种基本原则就指示方向来说是成果丰硕的。我认为，正如海克尔的《人类起源和发展学》所全面阐述的那样，把动物界当作人的形体的起源，从而寻求理解人的物理构造，可谓为认识的进一步发展打下了一个良好的基础。

我对自己说：人若是设置一个认识界限，认为“万物的自我”都处在界限以外，那他就封锁了通往精神世界的入口；人若是宣称他与感官世界的关系是，一方起源于另一方的内部（比如当前认为的地球诞生过程之于地质学上的史前时期，动物形体形态之于人的形体形态），那么，他就会乐于也把这种关于本质和进程的解释扩展到精神领域。

关于我对这个领域的感受，我也可以说：“那时候，它作为体验刚刚在我这里巩固下来，而在我的概念世界里，它却已经活跃很久了。”

23　道德个人主义

随着上述的灵魂根本转变，我只得结束我的第二个重大生命阶段了。与此前相比，命运之路呈现出了另一种意义。无论是在维也纳时期还是魏玛时期，命运的外在标志都指向了与我的内在灵魂追求水乳交融的方向。在我的所有作品中，都体现出我那以精神为本的宇宙观的基本特点，同时，某种内在的必然性也要求，少点把观察扩展到真正的精神领域。我在维也纳任教的时候，所设定的目标都是来源于自己灵魂中的观点。在魏玛，对与歌德相关的工作产生影响的，仅仅是我认为与完成这样一项工作有关的事项。我从来不曾被迫吃力地把我的志向与来自外部的种种倾向协调一致。

正是在这样的生命进程中，才有可能用一种我十分清楚的方式来体验和阐述自由观念。我并不认为，就因为这种观念在我本人的生活中意义重大，我便对它进行了片面的体验。它符合某种客观现实，人在这种客观现实中所亲身经历的，并不能凭借认真而努力的认识改变这一现实，而只能让人或多或少地看清这一现实。

与这种对自由观念的体会相联系的，是我的世界观中遭到多方误解的“道德个人主义”。在我的第三个生命阶段开始时，它也从我那在精神上存活着的概念世界的一个要素，变成了能够理解整个人的一个要素。

无论是那个时代的物理学和生理学世界观——我因为其思想方法而对其持抵制态度，还是生物学世界观——尽管它并不完善，但我仍视之为通往精神式世界观的一个桥梁，这些都要求我，在世界的这两个领域，要把我自己的观念打造得越来越好。我必须回答这样一个问题：人的行为冲动能否从外部世界揭示出来？我发现：充斥人的灵魂深处意愿的神—精神力量并非是从外界进入人的内在的。无论是正确的物理学—生理学思想方法，还是生物学思想方法，仿佛都能让我得出这一看法。无法找到一条从外部促成意愿的自然之路。照此说来，任何神的、精神的、道德的冲动都无法通过这样一条外部道路，抵达对人具有支配作用的意愿自身冲动开始显现的灵魂地点。外部的自然力量只能裹挟人身上自然的东西。然而，事实上存在的并不是自由的意志表现，而是自然事件持续进入人、贯穿人的一个过程。人并未完全领会其本质，而是在表面的自然性上作为不自由的行动者裹足不前。

我一再对自己说，这根本无关于回答这样一个问题：人的意愿是不是自由的？而是关系到回答另一个问题：从不自由的自然意愿到自由的、也就是真正道德上的意愿，这条灵魂活动之路是怎样打通的？为了找到这个问题的答案，就必须要关注，神性—精神性的东西是怎样活在每一个人的灵魂当中的。灵魂是道德的起始点，也就是说，道德冲动必然活跃在灵魂的极具个性的本质中。

道德法则作为戒律而言，乃是来自人所置身的某个外部关联，尽管它最初起源于精神世界的领地。道德法则要想变成人内心的道德冲动，就不能通过让人的意愿遵从道德法则的办法，而只能通过，让人完全个体的方式体验到，其思想内容在本性上是精神的。自由存活在人的思想中；直通自由的不是意愿，而是让意愿获得力量的思想。

于是，我只得在我的《自由哲学》中，针对意愿的道德天性，十分着力地谈到了思想的自由。

这个观念也在冥想生活中得到了特别的强化。符合道德的宇宙秩序，作为在上层精神区域才能看到的作用秩序在尘世的一种切实体现，越来越清晰地呈现在我的面前。它的表现方式是，只有那些承认精神性的人，才能在其想象世界领会到它。

在我看来，恰恰在此处所述的生命阶段，所有这些观点跟一个经过努力才能获得的全面真相联系在了一起，这真相是，若是动用思想来进行“解释”，宇宙的本质和进程是得不到真正的解释的。反而，若是能够通过思想来观察这方面的各个进程，听任一个进程去解释另一个进程，一个谜团去解开另一个谜团，让人本身成为他感知到的外部世界的喉舌，宇宙的本质和进程才会得到真实的解释。

由此便体验到了想象当中的真相，即支配着宇宙及其作用的，是精神实质、智慧、话语。

我猜想，凭借这些观念可以清晰洞察唯物论的本质。我看到，这种思想方法的坏处并不在于唯物论者将其注意力放在某一客观实体的物质表象上，而在于他是怎么看待物质的。他望着物质，并未察觉他其实面对的是精神，只不过精神是以物质形式来表现罢了。他不知道，精神变形为物质，为的是得到作用方式，这只有通过这种变形才能做到。精神必须首先赋予自己以物质大脑的形态，才能以这种形态在想象世界展开活动，这种形态能够赋予尘世生命中的人以自由活动的自我意识。可以肯定的是：精神是在大脑中由物质升华而成的，不过在此之前，物质大脑是从精神中升腾产生的。

对于物理学和生理学的概念方法，我必须给予彻底驳斥，因为它们把臆造的而非体验到的物质当成了人所感知的精神性的外部激励因素，同时把物质臆想为，不可能一路追踪物质，直到它变成精神。这些概念方法宣称此种物质是真实不虚的，但它却从来都不是真实的。那些倾向唯物论的自然思想家的根本谬误在于，他们的物质观念是不成体统的。由此，他们阻断了通往精神存在的道路。一个物质的自然只会在灵魂中激发人对自然的体验，从而把宇宙“变成幻象”。由于这些观念如此强烈地进入了我的灵魂活动，于是四年后，我便在我的著作《十九世纪的宇宙人生观》的《宇宙幻象》一章中对它们进行了阐述（这部作品在后来出增补版时，换了书名叫《哲学之谜》）。

在生物学的概念类型中，用同样方法不可能陷入特征当中，那些特征会把想象内容完全排挤出人能够体验到的领域，取而代之的是给处在灵魂活动中的人留下一个幻象。人无法做出解释的是：在人之外有一个他无从经历的世界，这世界只有借助人的感官，才能给人留下印象，但它却一点也不像是个赋予印象者。当人压制了灵魂活动中更为重要的思想时，他还相信，若是宣称，主观的光感在客观上相当于以太的一种运动形式，那会是颇有意味的——这就是当时的看法；不过，谁若是也想这样来“解释”生活领域的感受，他就已经算是个极端偏激的人了。

我对自己说，任何情况下，这种观念构想都不会越过自然，渗透进关于宇宙道德秩序的观念当中。对于宇宙道德秩序的观念只能这样看待，它从一个令认识感到陌生的领域，坠入了人所在的物质世界。

这些问题浮现在了我的心灵上。我却不能认为，这对于我进入第三个生命阶段来说有多么重要。因为它们很久以来就出现在我面前了。——不过，对我来说重要的是，我的整个认识世界在其内容并无根本改变的情况下，在我的灵魂中，在比迄今为止高得多的程度上，获得了勃勃生机。在“精神实质”中，存活着人的灵魂；至于外部世界是怎样存在于这个精神实质中的，这已经是我的《歌德宇宙观中的认识论》（八十年代中期问世）一书中的基本问题了。对于我的著作《真相与科学》和《自由哲学》来说仍是如此。这种灵魂走向主宰着我打造的一切观念，我打造它们，为的是闯进灵魂底部，歌德曾经尝试从中揭示宇宙现象。

在这里所述的生命阶段，尤其让我忙碌的是，我不得不严肃驳斥的那些观念无比牢固地约束着那个年代的思想。人们完全生活在这样的灵魂走向中，以至无法以某种方式感受到相反走向的影响。在我所看清的真相与时代观点之间形成了对立，在世纪之交的那些年里，我对这一对立的感受整个构成了我的基本生活色调。

在这种精神生活所呈现的一切当中，主导着我的就是一个源于这种对立的印象。凡是这种精神生活所生成的，我也并非仿佛什么都抵制似的。不过，我恰恰对我能够欣赏的诸多好的东西感到深深的痛苦，因为我觉得自己看到，这些好东西本是精神生活的成长萌芽，却到处遭遇到破坏性的力量。

于是，我从方方面面体会到一个问题：怎样才能找到一条道路，以便用能够得到时代理解的表现形式，来表达内心的真实体验？

怀着这样的体会，仿佛不知怎的，攀登某个难以到达的山峰的必要性出现了。人们从各个完全不同的出发点做了尝试，但总是陷入这样的处境：付出了种种努力，到头来却尽是徒劳。

九十年代时，在美因河畔法兰克福，我有一次谈到了歌德的自然观。我在导语中说道：我只想说说歌德的生命观，因为以他关于光和色彩的观念来说，现代物理学不可能架起通往这些观念的桥梁。——不过对我来说，我只得从这种不可行之中，看到了时代精神走向的一个最重要征兆。

过了些时候，我跟一位物理学家进行了一次谈话。此人在业内拥有举足轻重的地位，而且也曾深入研究过歌德的自然观。谈到高潮时，他说道：歌德对色彩的看法让物理学根本无从入手。于是，我——沉默了。

就像当时许多人说的那样：我所看到的真相让时代思想“根本无从入手”。

1897—1907/ 柏林—慕尼黑

24 担任《文学杂志》编辑；会晤哈特雷本、希尔巴特、韦德金德

有个问题令我念念不忘：非得沉默不可吗？

随着我对灵魂活动的打造，我当时面临的是，必须赋予我的外在影响以一种全新的特色。跟以前一样，那些决定我外在命运的力量，仍然不能和源于我对精神世界体验的内在准则取得统一。

很久以来我就想到，要在杂志上探讨同时代人的精神冲动，我认为，应当把它传达给当时的公众。我可不想“沉默”，而要尽可能地多发声。

亲手创办一份杂志，是我当时没能想到的。无论是资金，还是办刊少不了的关系，我都完全不具备。

于是，我抓住来到我面前的机会，争取到了《文学杂志》的出版发行权。①

这是一份有年头的周刊，创刊于歌德去世那一年（1832 年）。它起初名叫《外国文学杂志》，刊登的是外国一切精神创作领域被编辑部认为有价值

---

① 《文学杂志》是由约瑟夫·雷曼 1832 年在柏林创办，在鲁道夫·斯坦纳接手之前，由奥托·诺伊曼－霍费尔负责发行，责任编辑是保罗·舍特勒。出版方是柏林的奥古斯特·道伊伯纳出版社。1897 年 7 月 10 日，鲁道夫·斯坦纳和奥托·埃利希·哈特雷本接管了发行工作。1898 年和 1899 年，莫里兹·齐里尔加入其中。责任编辑是鲁德·斯坦纳博士。由艾米尔·费尔伯在柏林发行，后来由西格弗里德·克伦巴赫在柏林发行。从 1900 年 3 月 17 日到 9 月 29 日，鲁道夫·斯坦纳是唯一的出版人。在后一个日期，《文学杂志》移交到了约翰内斯·高尔克和弗朗茨·菲利普斯手中。

的译文，以供德国精神生活汲取。后来，这本周刊演变成了《国内外文学杂志》。如今，它刊登整个精神生活领域的诗歌、特色文章和评论。在一定范围内，它可以很好地履行这一使命。那时候，德语地区有一批数量足够多的人士，想要每星期以简明扼要的方式把精神领域“进展”的情况推介到人们的心灵之前，于是，这份刊物的影响力由此形成。随后，到了八十和九十年代，在这种平和而纯粹的风格之下，当年轻一代的新的文学目标起步介入精神领域时，该杂志很快就卷进了这场运动中。它相当迅速地更换了编辑人员，从那些以各种不同方式置身这场新运动的人士那里，染上了当时的色彩。当我 1897 年掌管它的时候，它正亲近青年人的文学诉求，又并不加剧与这些诉求以外领域的对立。不过，不管怎么说，都再不能单靠内容来支撑资金了。于是，“自由文学协会”这个机构应运而生。这给订阅数量额外带来了些许裨益，若不然，订阅量就不再充足了。然而，尽管如此，我接手这本杂志时的情况是，把一切都算上，连靠不住的订户也算在内，才刚刚达到勉强维持的水平。我只有同时再承担一项看来适于扩大订户圈的工作，才能接管这份杂志。那就是在“自由文学协会”的工作了。我在安排杂志内容时，必须让协会享受到权利。“自由文学协会”需要的是对青年一代的作品有兴趣的人。该协会的总部位于柏林，青年文学家们在那里创办了它。不过，协会在德国许多城市设有分部。然而，没过多久便发现，有些分部的境况颇为简朴。如今，我有责任在这个协会发表演讲，以便也能亲自表明杂志对精神生活的推介，这是杂志理应做到的。

由此，我拥有了一个杂志的读者群，我必须顺应他们的需求。我是“自由文学协会”的成员，协会对成员怀有十分明确的期待，因为迄今为止它能得到十分明确的供奉。不管怎么说，它所期待的，并不是我从自己最深层本性出发想要向它提供的。“自由文学协会”的特色也取决于，它应当跟“文学协会”打对台，在那里主事的是施皮尔哈根这样的人。

由于我深入了精神世界，我便真正从内心深处参与到我所进入的环境中。我极为努力地投身于我的读者群和协会的成员群，以便从这些人的精神状态中找到一些模壳，让我可以往里灌输我想要给予的精神上的东西。

我不能说，我在开始发挥这种影响力时曾经沉湎于幻想，而这幻想对我来说逐渐归于破灭。然而，正是来自读者群和听众群的那种在我看来恰如其分的效应，却遭到了越来越大的反对。我在接手这份杂志之前，并不指望聚拢在杂志周边的人群具备严谨而深刻的思想特征。在这个人群里，只有极少数人的兴趣算得上深刻。在这极少数人身上，充当基础的也不是强大的精神力量，而更多的是一种想要尽情体会各种艺术形式和其他思想形式的普通意愿。

就这样，一个问题很快出现在我面前：面对我的内心，面对精神世界，我是否能够承担起责任，去影响这个人群？尽管进入我视线的许多人士令我十分喜爱，尽管我也觉得跟他们相处友好，然而，从我内心的体会来说，他们却属于会引发"必须要沉默吗？"这个问题的那类人。

不止如此。面对那些为数众多的迄今为止跟我友好而亲近的人，我从他们对我的态度中会感到，尽管他们从自己的灵魂活动来说，不太能够领会我的灵魂活动，但他们却认定，我在认识领域和某些生活环境中的所作所为，对他们来说是弥足珍贵的。在跟我共同经历了一些事之后，他们常常不假思索地站到我这一边，与我同在。

《文学杂志》此前的出版发行方却不这么认为。他们会说，那个斯坦纳尽管带有某些生活实践的特征，但却是个"唯心论者"。由于《文学杂志》的经销运营方式，是向它此前的持有人逐年支付款项，《文学杂志》如能继续存在，这位持有人可以享有实实在在的最大利益。因此，他从他的角度来说根本别无选择，只有给他自己和这项事业再提供一次担保，只有任凭我手下的一帮人去干，而不能指示他们在迄今为止《文学杂志》和"自由文学协会"周围集结的人群当中怎么运作。于是，这项交易确定的一个前提是，奥托·埃利希·哈特雷本出任发行合伙人，并享有签字权。

今天回顾这些事实，我并不想在组建我的出版编辑队伍时再出点别的什么事。正如我在前面篇章所述的，我是个待在精神世界的人，竟然被迫要完整地体验和了解物质世界的大小事情了。尤其是随着我在灵魂上取得根本转变，这对我来说成了一种不言而喻的必然。我清楚看到了命运的力量，在我看来，它是对我的精神体验的一种侵犯，简直让人无法忍受。我不仅看到了当时要跟奥托·埃利希·哈特雷本共事一段时期的事实，而且看到了“命运（因果）编织的事实”。

还好，这种情况并没有造成不可克服的困难。

奥托·埃利希·哈特雷本是一个彻头彻尾被美学主导的人。我觉得，他那臻于极致的美学世界观向外流露出来，渗透进他的举手投足，一切都是那么优雅，尽管他跟我共处之时的环境常常很成问题。由于他的这种灵魂状态，他需要经常待在意大利，一待就是好几个月。当他回来时，他从骨子里往外都透着那么点意大利的味道。——为此，我本人对他极为喜爱。

单是在我们的共同领地上合作，其实就不可能做到。他根本无意潜心投入杂志读者群或“自由文学协会”圈子的观念和兴趣领域，而是想在这两处地方推广他的美学感受带给他的意会言传。这对我来说仿佛是个陌生元素。他时常动用他的工作权利，但也经常过了很长时间也不动用一次。他也常常很久不现身，待在意大利。于是，杂志的内容会显得极不统一。——尽管拥有“成熟的美学世界观”，奥托·埃利希·哈特雷本却不能摆脱他内心的那个“大学生”。我这里指的是大学生身份中那些很成问题的侧面，而不是大学生时代传递给后来人生的美好的生存力量。

我跟他走到一起时，他又赢得了一群崇拜者，这是因为他创作的戏剧《婚姻教育》。这部作品完全不是从他运用得十分动人的优雅美学角度出发的，而恰恰是基于“恣意放纵”和“无拘无束”。这种自由放纵致使他的一切精神产品和有关杂志的决策并非来源于他的深层本性，而是出自某种肤浅草率。对于个人交往当中的哈特雷本，了解的人非常少。

在我不得不搬到柏林，在那里负责《文学杂志》的编辑出版工作以后，我自然就跟与奥托·埃利希·哈特雷本相关的圈子有了交往。是这个圈子带给我了解世事的必要机会，这跟周刊和“自由文学协会”是息息相关的。

这从一方面来说给我带来了极大的痛苦。因为我不能去拜访和亲近我从魏玛起就与之保持着美好关系的那些人了。要是能时常去看望爱德华·封·哈特曼，那我该会多么高兴啊。

所有这些都不能做。另一方面，我完全脱不开身了。这就像是一个我很看重的人，猛然间从我这儿拿走了什么我很想留住的东西。不过，我把这当成是命运（因果）的安排。从我在此对之做了人格化表述的灵魂深处来说，我完全能够让我的灵魂充满兴趣地投入到两个根本不同的人群中，一个是与魏玛相关的圈子，另一个是《文学杂志》周围的圈子。只不过，长远来说，任何圈子都压根儿不会喜欢我这么一个人，因为我所交往的人在灵魂和精神上分别属于彼此极端对立的宇宙领地。在这些交往当中，还免不了要没完没了地辩解，我为什么把我的影响力整个放在职务上，因为我为杂志考虑而不得不去做。

我从心灵当中越来越感觉到，我所描述的在维也纳、魏玛的那种待人处事方式，如今可是行不通了。文学家们济济一堂，文学家是从文学上认识彼此的。就连在最优秀的人身上，在性格特征最鲜明的人身上，这种文学的（也包括绘画的、雕塑的）意味都深深刻进了灵魂本质，致使纯粹的人性完全退到了次要位置。

每当坐在这些让我敬重的人士当中，我就会产生这种印象。对我本人来说，人性领域的灵魂背景留下的印象更为深刻。有一次，在莱比锡的“自由文学协会”，我做了一个演讲，又听了 O.J. 比尔鲍姆的一个讲座之后，跟一群人坐到了一起，其中就有弗兰克·魏德金[①]。这个人的形象实在是少见，我的目光仿佛被他缚住了。我此处所说的“形象”完全是物质意义上的。瞧那双手！仿佛是前生造就，在前生，只要是人可以做的事，这双手无所不能，任由人的精神涌流到手指上最为纤微的细枝末节。由于用的是力量，

---

① 表现主义戏剧先驱作家，被奉为德国表现主义戏剧始祖，其作品至今仍在德国和世界各地演出。——译者注

所以看上去或许显得粗壮；这双手散发的光芒吸引了无比的关注。还有那让人难忘的头脑——简直像是双手的意志创造出的一份特殊馈赠。借助目光和表情，他可以漫不经心地把什么东西丢向这世界，但也可以收回它，就像臂膀的动作要靠手的感觉一样。在这头脑中，有一种当下闻所未闻的精神在说话。这精神其实位于目前的人类活动以外。这只是说，它无法让人从内心意识到，它曾经属于怎样的过去世界。身为文学家——我现在说的只是我从他身上看到的，并非文学上的评判，弗兰克·魏德金却像是个化学家，他把现代化学的观点统统抛开，毫不留情、玩世不恭地操持着化学，还有炼丹术。每当弗兰克·魏德金的这副外表进入了我的灵魂体验，我就会对精神的作用形式获得颇多了解。这时候，绝不能用那种“想要观察别人的心理学家”的眼光来行事，而要用这样的眼光：通过命运对内在精神的安排，来揭示精神世界背后的纯粹人性。人不必去寻找命运的安排，它自会向人走来。

谁若是发觉，自己被某个“心理学家”盯上了，他肯定会恼火；不过，从纯粹的人际关系到那种“关注精神背景”的关系，这个过渡也是完全符合人性的，就像友情从肤浅发展到亲密一样。

在哈特雷本的柏林圈子里，保罗·希尔巴特就是一个特立独行的人。他写诗，在读者看来那些诗就像在随意堆砌语句，太荒诞可笑了，因此，人们会觉得情不自禁要摆脱这第一印象。随后，人们会发现，字里行间具有各种被忽略的含义，一种妙不可言的意味试图表达某个精神方面的内容，这内容同样是源自一种并无根基但也根本不想寻求根基的灵魂幻想。在保罗·希尔巴特的内心，有一种对幻想的狂热崇拜；不过，这种崇拜是以故作荒诞的形式来表现的。根据我的理解，他感到，精神丰富的人只得用荒诞的形式来阐述他所阐述的，因为其他形式会把一切拖进俗套。然而，这种感受也不会把荒诞发展成为完整的艺术形式，而是使之落入信心十足的、不自然而欠考虑的灵魂状态。这些荒诞形式所揭示的，一定是来源于内心幻想领域。在保罗·希尔巴特那里，给他兜底的是一种并不寻求精神明确性的灵魂状态。这位“幻想家”说过，深思熟虑的产物根本不适合精神区域。因此，为了表现精神，就千万不能耽于思虑。不过，希尔巴特也没有迈出从幻象到幻想的那一步。比如，他是本着一种陷入有趣却荒芜的幻象从而不能自拔的精神来写作的，在这种精神中，整个宇宙空间作为故事框架在发光，在闪烁，精神领地以漫画呈现，人类事件也同样表现得有分寸，簇拥在外围。《巴格达的著名女厨师塔卢布》当中就是这么写的。

要是认识了他本人，就不会这么看他了。一个呆板的人，在精神领域有所提升。魏德金那如此有趣的外表，在日常生活中却是俗不可耐的。若在刚认识他的时候跟他聊聊天，这种印象还会加重。他内心对市侩庸人可谓疾恶如仇，但举手投足却像个庸人，他的说话方式表明，这憎恨仿佛是源于，他把市侩圈子的太多东西吸收进了自己的表象，而且也感觉到这一点；不过同时又觉得，他对此无能为力。人们从他的灵魂深处读出一种认识：我想毁灭市侩，因为他们把我变成了市侩。

然而，若是从这种外在表象，进入保罗·希尔巴特那与此毫不相干的内在本性，一个优雅细致的、只是因为陷入荒诞幻象而在精神上尚不完满的精神人便会展现出来。这时候，人们就会通过他那“敏锐”的头脑、“金子般”的心灵，体会到他在精神世界的姿态和立场。人们肯定会说，若是那不完满的能够至少在一定程度上变得完满，这世界上该会出现一个多么坚强有力的、冲进精神世界去体验的人啊。同时人们看到，这种“对幻象的信奉”已经极其强烈，就算到了来生，获得完满也不在可能的范围之内。

在我看来，弗兰克·魏德金和保罗·希尔巴特是这样的人，他们在其整个本性中认识到人之尘世生命循环的事实，并赋予本性以各种极其重要的经历。今生今世，他们是个谜。我在他们身上看见了他们带进今生的东西。他们的整体个性获得了无限的丰富。不过，也可以把他们的不完满理解为前世的结果，因为前世生命在今生环境中得不到尽情施展。我还看到，这种不完满当中将会生成的东西，是需要拥有来世生命的。

这个圈子里，还有一些人出现在我的面前。我认识到，遇见他们对我来说是命运的安排（因果）。

对那位从头到脚都那么讨人喜欢的保罗·希尔巴特，我也没法跟他建立一种纯粹发乎人性的真诚关系。情况是这样的，在交往中，保罗·希尔巴特跟其他人一样，身上总是散发出文学家的味道。还好，我对他仍是满怀喜爱。不过，这种喜爱之情归根结底是取决于我对他那种高度怪异个性的关注和兴趣。

在这个圈子里，有一个人给人的感觉并不是文学家，而是完整意义上的人。他就是 W·哈兰。可是，他很少说话，总是坐在那儿，就像个安静的观察者。然而，他一旦说话了，就是要么极具远见卓识，要么很是诙谐风趣。他其实写了好多东西，但同样不是作为文学家写的，而是作为一个不得不说出自己灵魂感悟的人。那时候，他的《诗人交易所》刚刚出版，这是一部充满滑稽幽默的生平描述。每当我略微提前走进圈子聚会的地点，看见哈兰独自一人坐在那里，我总会感到欣喜。就这样，我们接近了彼此。我若是说，我在这个圈子里只看见文学家，没有看见一个“人”，我这话是把他排除在外的。我相信他能理解，我只能这么看待这个圈子。还没过多久，南辕北辙的生活道路就把我们相互分开了。

显然，杂志周遭的人群和“自由文学协会”聚拢的人群交错穿插在我的命运当中。不过，我却不曾以任何方式卷进他们的圈子。他们看见我在柏林，在他们的圈子里露面，得知我要为杂志主事，为“自由文学协会”效力，但却不理解，为什么我偏偏要做这个。当我盘桓在他们中间，面对他们的灵魂之眼走来走去时，我的样子对他们毫无吸引力，无法让他们对我深究一番。尽管我身上并不存在理论的痕迹，但对他们那种教条化的理论来说，我的精神影响看起来就像是理论上的东西。他们以“艺术家的天性”而自矜，对此是绝对不会感兴趣的。

不过，我通过直接观察，对一个艺术流派及其代表人物有所了解。他们在柏林的表现再不像八十年代末和九十年代初那么激进了。他们也再不像奥托·勃拉姆斯的戏剧改造那样，把完全的自然主义当成艺术的救星了。

他们并没有这样一种全面的艺术信念。他们更多是基于个人的意愿和天赋的汇聚，不过，这也整个缺少了对统一风格的追求。

我在这个圈子的处境令我在心灵上感到不快，这是因为，我觉得我知道自己为什么待在那里，而其他人却不知道。

25　在“自由文学协会”；柏林的戏剧生涯

跟《文学杂志》圈子存在关联的是一个自由“戏剧协会”。它不像“自由文学协会”那样，跟《文学杂志》保持着紧密隶属关系；不过，这儿的理事会里却是跟那个协会相同的一拨人。我一来到柏林，就立即也被选进了这一拨人当中。

这个协会的任务是，把那些由于具有与众不同的特点、由于背离了普遍口味取向和类似原因而暂时未被剧场上演的剧目搬上舞台演出。对于理事会来说，处理大量“被错看的”戏剧实验作品殊非易事。

演出活动的进行方式是，在每一个情况下，都要从在形形色色舞台上效过力的艺术家们当中，召集组成一个演员剧组。有了它，接下来，就可以在租来的或是某个管理部门免费出让的舞台上，进行上午场次的演出了。在协会面前，舞台艺术家们表现得非常甘于奉献，因为协会由于资金短缺，无力支付相应的报酬。不过，演员还有戏剧导演当时从内心对于演出这些不符合常规的作品并无异议。他们只是说，可不能在晚间场次、在普通观众面前演出，因为任何剧场都会因此蒙受经济损失的。让戏剧单纯为艺术服务，观众方面也没有成熟到这一步。

结果显示，这个戏剧协会的相关工作是跟我高度契合的。尤其是戏剧策划这部分。我与奥托·埃利希·哈特雷本一同参与排练。我们觉得，自己才是真正的导演。我们根据舞台来设计作品。恰恰这门艺术表明，若是不从鲜活的艺术感觉出发，不靠直觉来逐一捕捉整体的格调，则一切的理论化和教条化都于事无补。避免普遍规则是全力追求的目标。在这个领地有能力做到的一切，此刻都必须来源于，在形态和场景布置上必须形成确定无疑的风格感。我们那抛开一切理性考虑、在风格感主导之下的所作所为，让参与演出的所有艺术家都感到惬意。相比而言，若是换上一位从理性出发的导演，演员们就会感到内心自由受到了侵犯。

当时我在这个领地积累了经验，在后来的岁月里，我不禁一再回顾这些经验，心中颇感欣慰。

我们用这种方式上演的第一个剧目，是莫里斯·梅特林克①的《闯入者》。奥托·埃利希·哈特雷本完成了翻译工作。在当时那些唯美主义者看来，梅特林克这位剧作家能把介于重大生活事件之间的那些无形的东西搬上舞台，带到观众那期待领悟的灵魂面前。关于戏剧中一般所称的“过程”，关于对话的展开方式，梅特林克的做法是，让由此引发的预感起到象征性的作用。正是这种象征化，在当时吸引了一些人，他们对此前的自然主义是心存厌恶的。凡是渴求“精神”，但又不喜欢直接揭示“精神世界”表现形式的人，都会对这种象征主义感到欣喜，它采取的语言并非是自然主义的表达方式，而是面向精神，而且仅限于让精神以神秘而充满预感的、模糊不定的方式呈现。隐藏在象征暗示背后的东西说得越不清楚，有些人对此就越发心醉神迷。

对于这样的精神闪光，我的感觉并不愉快。然而，能够从事像《闯入者》这样一出戏的导演工作，却是富于诱惑的。用适当的舞台手段来阐释这类象征符号，恰恰需要导演按照上文所述的方向，发挥特别高水准的作用。

此外，还有一项任务落到了我头上，就是用一段简明扼要的讲话拉开演出的序幕。当时，人们把法国的做法沿用到德国的个别剧目上。当然，不是在普通的剧场，而是在“戏剧协会”方面的此类演出活动中。也并非

---

① 1862—1949，比利时剧作家、诗人、散文家，1911 年获得诺贝尔文学奖，象征派戏剧的代表作家。——译者注

在该协会的每次演出之前都这么做，而是在很少的情况下，在觉得有必要向观众介绍他们不熟悉的戏剧意图的时候。这篇简短舞台讲话的任务让我很是喜欢，因为它给了我机会，能够在讲话中营造那种从我本人的精神里散发出来的氛围。

对于当时的我来说，参与戏剧艺术生活绝对是件极其重要的事。因此，我亲自为杂志撰写戏剧评论。我也在这些评论中表达了我的特别观点，但却不太被人理解。我认为，没必要就某个剧目及其演出发表个别的评判。就当时司空见惯的那些评判来说，其实让观众自说自话地谈谈就行了。

大凡为戏剧演出写评论，都应当通过有声有色的艺术观念描述，在读者面前展现，戏剧背后都存在哪些想象与形象上的联系。就艺术形态的思想而言，应当让读者看到观念上的诠释，这是活在剧作家下意识当中的戏剧胚胎。在我看来，思想绝不仅仅是用来抽象而唯理智地表达现实的手段。我看到，在思想与形象当中，同样可以进行艺术活动，就跟利用色彩、线条、舞台手段一样。我这个撰写戏剧演出评论的人，应当拿出这样一个小型思想艺术作品。不过，在一部戏剧上演之时完成这么一个东西，对我来说却是艺术生命的一个必然要求。

一出戏是“好”是“坏”，还是“稀松平常”，从这样一个“思想艺术作品”的腔调和态度上，就可以一目了然。因为就算不做犀利的评判，在这里面也是藏不住看法的。什么是行不通的艺术架构，通过思想艺术模仿可以一览无余。就算艺术作品描述了思想，但如果它不是源于活在现实中的真实幻想，则思想也会证明是空洞的。

在《文学杂志》中，我想要与活的艺术之间实现这样一种生动的协作。由此，这本周刊或许会刊登原本不准刊登的东西，比如从理论上来谈论、评判艺术和精神生活的内容。它应当是精神生活领域的一个环节，艺术本身正是处在其中。

凡是通过思想艺术能够为剧本创作做到的，对于舞台艺术来说也是可行的。凡是导演艺术布置到舞台画面里的，都可以在思想的想象中得到呈现。通过这种方式，就可以看懂演员，任由他呈现内心的体验，不是从批评的角度，而是用“积极”阐释的态度去对待他。这样，身为“写作者”，就成了艺术领域时代生活的一个参与塑造者，而不是一个躲在角落里“让人害怕”“惹人怜悯”或是遭人轻蔑和厌恶的“评判者”。如果这能在所有艺术领域得到贯彻，那么，一本顺应现实生活的文学艺术杂志便呼之欲出了。

不过，人们总是通过这些情况获得同样的经验。若是试图到从事写作活动的人那里去说明这些情况，他们根本听不进去，因为这有悖他们的习惯思维，他们不想摆脱习惯思维。或者，他们听进去了，然后却说：没错，说得对；可是，我早就一直这么做的。他们根本分不清，我所希望的跟他们“早就一直这么做的”之间有什么区别。

对于能够孤独行走在精神之路的人，这一切用不着给他造成灵魂上的触动。然而，凡是从事人的精神方面研究的，在灵魂上却会被这些情况彻底打动，尤其是当内心取向牢不可破、深入骨髓，令人从根本上无法偏离的时候。

无论是对我在《文学杂志》上的描写，还是对我在演讲中的阐述，我当时在内心都感到不满意。只不过，谁要是今天读到这些东西，以为我想要维护唯物论，那他可就大错特错了。我从没有那么想过。

人们也可以从我写的文章和演讲片段里清楚看到这一点。只要把个别听着像是唯物论的地方跟我谈论精神和永恒的地方放到一块进行比较就行了。比如，在《一位维也纳诗人》一文中，我针对彼得·阿尔滕贝格说道：“对于那些埋头探究永恒宇宙和谐的人最感兴趣的，他仿佛一无所知……阿尔滕贝格眼中丝毫不曾闪烁永恒观念之光……”（刊登于 1897 年 7 月 17 日的《文学杂志》）至于“永恒的宇宙和谐”并非是指那种机械唯物论的和谐，这在一些言论中说得很清楚，比如那篇论及鲁道夫·海顿哈恩的文章当中的言论（刊登于 1897 年 11 月 6 日）：“我们的自然观所追求的目标显然是，拿那些不得不用来解释无生命的自然现象的法则，去解释生物体的生命，去动物和植物身上寻找机械、物理和化学上的规律。主导一台机器的同一类规律，若也在生物体身上发挥作用，其作用方式只会比在机器上复杂得无限多，让人难以识别。若想促成我们所说的生命现象，除了这些规则之外，什么也不能添加……生命现象上的机械论观点越来越有基础了。不过，它绝对满足不了那些能够更加深入观察自然进程的人……今天的自然研究者在思想上过于怯懦。一旦遇到他们在机械论的说法上黔驴技穷了，他们就会说，这事对我们来说不可解释……只有大胆的思想才能升华为更高超的体验方法，才能尝试用更高级的法则来解释非机械式的东西。我们的所有自然科学思想都滞后于我们的自然科学经验。今天，人们对自然科学思想方法倍加称颂，声言我们生活在自然科学时代。可是，根本说来，这个自然科学时代是有史记载以来最差劲的，它的特征是拘泥于单纯的事实和固守机械的解释方法。生命是这种思想方法所不能理解的，因为理解它需要具备比机械解释更高级的概念方法。”

一个如此谈论“生命”之解释的人，不可能从唯物论含义来思考“精神”之解释，这难道不是不言而喻的吗？

不过，我常常说，“精神”起源于自然的怀抱。这里的“精神”是指什么？是指“文化”从人的思想、感受和意愿当中生成的一切。若是谈论另外一个“精神”，在当时毫无意义。我若是说，那个在人身上作为精神出现的，又以自然为基础的，既不是精神，也不是自然，而是两者的完全统一，则没有人能听懂我说的意思。这个统一体乃是创造性的精神，在其创造过程中让物质显示存在，同时，它又是完全呈现为精神的物质。这种统一是当时的习惯思维所不能理解的，只有换一种与习惯思维相距甚远的观念，才能理解它。然而，若要按照精神式体验方法来描述地球和人类发展的原始状态以及那些今天仍对人自身产生影响的精神—物质力量，就必须要谈到这种观念。精神—物质力量一方面造就了人的身体，另一方面又容许生成了鲜活的精神，人通过精神才创造了文化。不过，对于外部的自然，必须这么说才好：在抽象的自然规律中，原始的精神—物质力量显然已经消失。

这一切都不可能做到。

只能援引自然科学经验，而不是自然科学思想。与真实的、充溢着精神的思想相比，这经验当中有某种东西，可以让世界和人清晰面对自己的灵魂。从这种东西当中，可以重新找见传统上所保持和信奉的信仰当中已经失落的精神。我想从自然经验中提取精神—自然体验。我想谈的是在“此岸”被视为精神性—自然性的、本质上具有神性的东西。在传统上保持的信仰中，这种神性是属于“彼岸”的，因为人们不承认“此岸”的精神，把它排斥在认知世界之外。对于人的意识来说，它已沉入越来越深的黑暗。在我为“自由文学协会”所做的一次讲座中，下面这样一些话语所传达的，不是抵制神性—精神性，而是将其置入世界，是对它的呼唤：“我相信，自然科学能以人类从未有过的美妙形式，为我们再现自由的意识。在我们的灵魂活动中起到主导的规律，跟驱动天体绕着太阳转的规律一样具有自然性。不过，这些规律却是比自然界其余一切都要高级的东西。这东西不存在于任何其他地方，只存在于人身上。不管它流淌出什么，身在其中的人都是自由的。它超越了僵化而又必然的无机和有机法则，只是顺从它自己，追随它自己。”（最后几句话是在这里才醒目显示的，在《文学杂志》里并没有突出强调。这些话可以参见 1898 年 2 月 12 日的《文学杂志》）

26　对基督教表明立场；《作为神秘事实的基督教》

我当时既写过、也在演讲中说过的个别主张，似乎跟我后来对基督教的阐述不无矛盾之处。这方面，需要考虑到下面的情况。当我这个时期写到“基督教”一词时，我指的是主导着基督信仰的彼岸教义。一切的宗教体验内容都指出，存在一个就算人们发挥其精神力量也无法达到的精神世界。宗教的说法，宗教所提供的道德戒律，都是源于外界对人的启示。我的精神观与之相反，是想体验这个精神世界，就像体验人身上和自然当中能够认知的感觉世界一样。我在道德上的个人主义也与之背道而驰，不想让清规戒律从外部来维持道德生命，而想通过绽放人在灵魂与精神领域的本性——神性正是存于其中，来催生道德生命。

那时候，在对基督教的观察中，我的灵魂进程对我是一个重大考验。从辞别魏玛的工作直到撰写我的《作为神秘事实的基督教》一书，这一时期始终充斥着这个考验。诸如此类的考验是命运（因果）赋予的艰难险阻，有待精神成长去克服。

从自然知识所能生成——但当时并未生成——的思想中，我看到了人们赖以洞察精神世界的基础。因此，我着重强调以自然为基础的认识，认为它必将通往精神认识。对于那些不像我这样在精神世界获得体验的人来说，如此潜心于某个思想走向，意味着一种纯粹的思想活动。对于体验了精神世界的人来说，其意味就根本不同了。他会被引领靠近精神世界的本质，精神世界想要把这种思想走向变成唯一的主导。认识的片面性不是发生抽象偏差的单一缘由，因为精神会与那种在人的世界堪称错误的本性展开活跃的沟通。关于恶魔实体，我后来谈到过，因为我想对这方面有所揭示。对于恶魔来说，世界必须成为机器，他们活在一个与感觉世界直接毗邻的世界。

我靠着自己的观念，一刻也不曾堕入这个世界。就算在不知不觉中也没有过。我小心翼翼关照着，让我的所有认知都在审慎周到的意识中进行。更为清醒自觉的是，我在内心对抗着那些并非想从自然认识中生成精神体验，而是想放纵机械论—唯物论思想方法的恶魔势力。

凡是寻求精神认识的人，都必须体验这些世界。对他来说，仅仅进行理论思考是不够的。在当时，我必须拯救我那处于内心风暴中的精神观，这些风暴隐藏在我的外部经历背后。

在这个考验期，我只能携带我的精神观继续前行，让基督教的发展呈现在我的灵魂面前。由此引发的认识在《作为神秘事实的基督教》一书中得到了表述。在此之前，我曾一再指出，现有各种信仰中都含有一定的基督教成分。尼采也这么做过。

在这本生平自传的前文中（第 126 页及后面几页），我描述过一次有关基督的谈话，那是在维也纳，在我与那位博学多才的西妥教团牧师兼天主教神学系教授之间展开的。我面对的是质疑态度。我发现，我不得不去寻找的基督教在任何教义中都找不到。当考验期让我经受了激烈的内心搏斗之后，我只得亲自潜心投入基督教，去探究任由精神表态的世界。

从我对基督教的态度可以一目了然，在人文科学领域，我在某些人划拨给我的那条路上根本没有寻找什么，也根本没有找到什么。他们对这事的看法是，似乎我对精神的认识是从古老传说中编纂而成的，其实我只是整理了诺斯替派[①] 和其他教派的教义。《作为神秘事实的基督教》当中所获得的精神认识，都是从精神世界本身直接汲取的。只有在向演讲听众、书籍读者阐明精神观察与历史传说的一致性时，我才会展示那些传说，并为它们填补内容。不过，文献中的东西若是不能从精神上为我所用，我是不会为其填充内容的。

当我涉猎那些与后来的字面内容相互矛盾的基督教说法时，其真实内容也开始在我的灵魂中萌生了，进而展现为我内在的认知现象。在世纪更替之际，这个萌芽日益得到成长。世纪之交前夕，上述的灵魂考验正在展开。对我的灵魂发展来说，重要的是，我在内心无比真诚严谨的认知庆典上，从精神上直面了耶稣在各各他蒙难之谜。

27　对世纪之交的看法；关于黑格尔、麦凯和无政府主义的思考

当时浮现在我面前的是，世纪更迭必然给人类带来新的精神之光。我感到，在精神方面，人的思想与意愿的封闭状态已经到达了顶峰。在我看

① 早期基督教的宗教哲学派别之一。——译者注

来，人类的发展进程出现突变是必然的。

持此看法的有许多人。不过，他们没有看到，人正在谋求把注意力放到真实的精神世界，就像借助感官把注意力投向自然一样。他们误以为，灵魂的主观精神状态将会发生根本改变。至于一个真实的新的客观世界即将呈现，这超出了当时知识界的思想范畴。

凭着我从未来展望和环境印象中生成的感受，我不得不一再用精神的目光回顾十九世纪的发展过程。

我看见，一切是怎样随着歌德时代和黑格尔时代不复存在的，是什么把对精神世界的认知想象吸收到了人的思想方法中。从此以后，这种认知就不会被精神世界的想象"弄乱"了。这些想象在信仰和神秘体验领域可见一斑。

在黑格尔身上，我见识了一位新时代最伟大的思想家。不过，他只是个思想家。对他来说，精神世界位于思想当中。恰恰在我对他赋予所有思想以形态佩服得五体投地的同时，我感到，他对我所看到的精神世界毫无感觉。当思想有能力成为一种体验时，这个精神世界才会呈现在思想的背后。这种体验的实体在一定程度上乃是思想，它作为灵魂，吸纳着宇宙的精神。

在黑格尔哲学中，一切的精神都成了思想。因此，我认为黑格尔是这样一个人，他把最后一次觉悟带给了一个精神裹藏在黑暗里，不为人类所知的时代。

这一切就这样呈现在我面前，不管我是否观察精神世界，也不管我是否从物质世界角度来回顾即将结束的这个世纪。然而，有一个人的形象在这个世纪露面了，尽管我无法追随他进入精神世界。他就是马克思·施蒂纳。[①]

黑格尔完全是个思想者，他追求的是思想的内在展现，同时，这思想又能不断得到深化，并深入拓展到广阔的视野范畴。在深化和拓展的过程中，这思想到最后会跟囊括了一切宇宙内涵的宇宙精神思想融为一体。施

① Max Stirner，1806—1856，德国利己论哲学家。——译者注

蒂纳则会完全从个体—个性的意愿中，获取人的一切自我发展情况。人性当中所生成的，只在人与人共处之时生成。

恰恰在这个时期，我绝对不能陷入片面性。正如我整个置身于黑格尔哲学中，像对待我自己的内心感受那样，用我的灵魂去体验它，同样，我也只得把全部身心沉浸到那种对立当中。

仅仅用知识去装备宇宙精神，这是片面的。与之相对应，必然会出现另一种片面性，即仅让个人作为意愿本性发挥作用。

如果这些对立在我这里表现为我成长当中的灵魂体验，如果情况是这样，那我不会容许它们有一星半点流入我的著作或讲话。我对这类灵魂体验的态度一贯如此。可是，黑格尔与施蒂纳的这个对立却堪称世纪对立，这个世纪是靠它来展现的。当然，根本说来，哲学家不靠其时代影响来博取关注。

恰恰就黑格尔而言，是可以说到重大影响的。不过，这不是最主要的。哲学家通过其思想内容来展现时代精神，就像温度计指示本地温度一样。在哲学家这里，会对时代潜意识的内容看得清清楚楚。

就这样，在黑格尔和施蒂纳的推动下，十九世纪的状况臻于极致：没有个性的思想往往表露在那些具有内心创造力的人们毫不感兴趣的世界观中；极具个性的意愿却对人们的和谐协作没有多大意义。尽管一切能有的"社会理想"悉数登场了，它们却无力影响现实。渐渐地，它们变成了当个人意愿相互协作时才会出现的东西。

黑格尔希望，道德思想在人们的共处中呈现客观形态；施蒂纳觉得，通过一切让人类生活呈现和谐形态的东西，"单个的人"（独一无二的人）反而会被弄糊涂。

对我来说，我对施蒂纳的观察是跟一段友情分不开的，这段友情决定着观察的某些方面。那是我跟重要的施蒂纳专家兼编辑出版人 J.H. 麦凯之间的友情。还是在魏玛的时候，加布里埃勒·罗伊特把我和他拉到了一起，我一下子就彻底喜欢上了这个人。对于我的《自由哲学》，他研究了那些谈论道德个人主义的章节。他认为，我的阐述跟他本人的社会观念是协调一致的。

起先我对J.H.麦凯所形成的个人印象，使我在他面前体会到灵魂的满足。他心中承载着“宇宙”。他的整个外在仪表和内心态度，无不传达出宇宙经验。他曾在英国、在美国生活过一段时期。这一切都渗透到他的极度可爱当中了。我对此人实在是觉得喜欢。

后来到了1898年，J.H.麦凯来到柏林长期住下，我们之间结成了一段美好的友情。遗憾的是，这段友情也由于生活，说白了是由于我公开宣扬人智学而遭到了破坏。

在这种情况下，我只能十分主观地描述一下，在我看来J.H.麦凯那时候的表现以及今天一如既往的表现，还有这在当时对我产生了什么影响。我知道，他本人对此会有截然不同的表述。

此人对人类社会生活中的一切暴力深恶痛绝。在他看来，最大的错误就是暴力干预社会管理。他认为，“共产主义的无政府主义”是一种极度卑劣的社会观念，因为它想要通过动用暴力手段来改善人性状况。

让人怀疑的是，J.H.麦凯用来对抗这种观念以及基于此的宣传蛊惑的手段是，他给自己的社会思想挑了个跟对手同样的名称，只不过，在前面另外加了一个表明特点的定语词。他把他所提倡的东西称作“个人主义的无政府主义”[①]，以此充当人们当时所说的无政府主义的对立面。这自然使得公众有理由对麦凯的观念形成歪曲的评判。他与美国人B·塔克是一

---

① 在与约翰·亨利·麦凯的公开通信中，鲁道夫·斯坦纳对无政府主义发表了如下看法：“我本人迄今为止一直避免把‘个人主义’或‘理论无政府主义’这样的词用到我的世界观上。因为我对这类表述很是不以为然。当人在著作当中清晰而又积极地表达他的观点时，还有什么必要用一个流行词来形容这些观点呢？当然，任何人都可以用这样的词连通特定的传统观念，这些传统观念却只能模糊地反映每个人要说的话。我说出我的想法，我表述我的目标。我本人不需要借助某个常用词来指代我的思想方法。不过，若是要我从判断事物的角度来说，‘个人主义的无政府主义者’这个词在我身上是否适用，那么我必须毫无保留地回答一个‘是的’。”（《文学杂志》，1898年9月30日，重印于全集卷31，284页）

致的，后者也持同样的观点。塔克曾来柏林拜访麦凯，我趁此机会认识了他。

麦凯同时还是位人生观方面的作家。他写过一篇小说，名为《无政府主义者》。我在认识了作者之后，就读到了它。这是一本高雅的作品，写的是个人之间的信任。他力透纸背、直观形象地描绘了穷人当中最穷的人的社会状况。不过，他也描述了人们怎么找到走出世间不幸、获得改善的出路，描述了他们完全投身于人类天性中的美好力量，施展这些力量，使之在人们的自由共处中发挥社会作用，不让暴力成为必然。麦凯对人们怀有高度信任，相信他们能够靠自己亲手创造出和谐的生活秩序。不过他认为，这要经过很长时期，待人们通过精神之路完成了相应的内在根本转变，才有可能做到。因此，他要求，就目前而言，每一个人应当力所能及地传播精神之路思想。也就是说，他只想以精神手段来运作这种社会观念。

J.H. 麦凯也以诗歌形式来表达他的人生观。朋友们觉得，其中带有说教和观念的意味，欠缺艺术性。我却对这些诗歌十分喜爱。

正当我跟 J.H. 麦凯和施蒂纳交往之时，命运让我转换了方向，我也只得潜心投入了思想世界，它成了对我的精神考验。我的道德个人主义被理解为人的纯粹内在经历。在我形成这种观点的时候，我还远远不能把它打造成政治观的基础。那个时候，1898 年左右，我的灵魂连同纯粹的道德个人主义会被拽入一个深谷。这深谷会步出纯粹人性的深处，变成某种外在的东西。秘密会被引向公开。

新世纪之初，我在《神秘主义升起》和《作为神秘事实的基督教》这些著作中传达着我的精神体验。这时候，经过考验之后，“道德个人主义”重新回到了它的正确位置上。当然，在考验进行期间，外在化在充分意识中没有起到作用。它直接在充分意识之下流淌，并且恰恰由于这种近便，得以汇入了我在上个世纪最后几年谈论社会问题时所采用的表达方式。不过，我也不得不把某些看来过于激进的阐述跟其他阐述进行对照，以便获得一个恰当的画面。

凡是观察精神世界的人，在表达意见、观点时，往往会发现自己的本性外在化了。他不是在抽象的概念中，而是在生动的体验中步入了精神世界。自然界作为精神在感觉领域的写照，也没有提出什么意见、观点，而是把它的种种形态和发展过程摆到世人面前。

一种内在的涌动使得我的全部灵魂力量宛如波涛滚滚、起伏不定。这就是我当时的内心体验。

欧尼克一家搬到柏林来了，我外在的个人生活因此令我感到心满意足。我可以住到他们家，得到更好的照料。在此之前，我自己住了不长的时间，度过了一段起居惨不忍睹的日子。不久，我跟欧尼克太太的友情转变成了一桩合法婚姻[①]。只不过，这说的是私人事务。在这本《生平之路》中，若非涉及我的发展过程，我是绝对不会提到私人生活的。当时，在欧尼克家的生活使我能够拥有不受干扰的基础条件，尽管内心生活和外部生活都那么跌宕起伏。毕竟，私人境况不属于公共范畴，两者毫不相干。

我的精神成长不折不扣地独立于所有的私人境况。我意识到，就算我的私人生活完全换一副模样，精神成长仍会是相同的。

在那时动荡不定的生活中，我始终不断操心着杂志的生存机会。尽管我面临着重重困难，但凡我手头拥有可供支配的物资手段，这本周刊也会被付诸发行。可是，杂志仅能支付十分微薄的薪水，简直不能给我本人提供物质生活基础，要想给它打出名声，根本是无能为力的。我接手的时候，它的销量很少，在这种情况下难以繁荣兴旺。

我办着这本杂志，而它总是让我忧心忡忡。

---

① 婚礼于 1899 年 10 月 31 日举行，由柏林弗里德瑙户籍登记处主持，证婚人有约翰·亨利·麦凯和奥托·伯克。

28 在工人培训学校任教

正当我处境艰难的时候，柏林工人培训学校董事会找到我，请我去该校承担历史和演讲训练课的教学[①]。我对这所学校的社会主义背景不太感兴趣。可我觉得，能给工人阶层的成熟男女上课，倒是一桩美妙的差事。“学生”当中很少有年轻人。我对董事会说，我要是承担教学的话，就会完全按照我的意见来讲授人类历史发展进程，而不会符合社会民主圈子那种从马克思主义出发的流行风格。人家仍然希望我去教课。

当我提了这个条件后，这所学校的基础——老李伯克内西（父亲）的社会民主主义，对我来说就没什么影响了。在我看来，学校是由男女无产者组成的。至于绝大多数人都是社会民主主义者，这个事实对我来说无关紧要。

然而，“学生”的精神特点当然跟我有关。我只得用迄今为止完全不习惯的表达方式来讲课。我必须熟悉这些人的概念类型与评判方式，以便一定程度上让他们听懂我的话。

这些概念类型和评判方式来自两个方面。首先来自生活。从物质劳动和劳动成果来说，这些人是内行。对于伴随人类历史前进的精神力量，他们就不上心了。因此，马克思主义才能轻而易举地传播其“唯物主义历史观”。它宣称，历史发展的推动力只是物质劳动生产出来的经济—物质产品。“精神元素”仅仅是从物质—经济领域衍生的某种副产品，纯属意识形态的东西。

另外，在当时的工人阶层中，久已形成了一股向往科学教育的热情。

---

① 鲁道夫·斯坦纳在工人培训学校的工作始于1899年1月13日，持续到1904年12月23日。

不过，这只能通过通俗易懂的唯物主义科学文献得到满足，因为只有这种文献才能契合工人们的概念类型与评判方式。凡是非唯物主义的东西，都写得让工人们看不懂。于是，一个惨痛到没法说的事实出现了：正在形成的无产阶级无比向往地渴求知识，而能够安抚他们渴求的却只有极为粗糙的唯物主义。

工人们通过作为“历史唯物主义”的马克思主义，接受了经济领域的唯物主义。人们不禁考虑，在这种经济唯物主义当中，或许蕴含着部分真理。这些部分真理恰恰是他们容易理解的。因此，我若能在教授唯物主义历史的时候，彻底忽略这些部分真理，人们大概会完全不自觉地领会到，这些唯物主义的部分真理正是我在讲课时所反感的东西。

因此，我就从一个也能让我的听众领会的真相说起。我指出，一直到十六世纪的时候，像马克思那样谈论经济势力的统治都是不合情理的。从十六世纪开始，经济才进入马克思主义所理解的社会关系，这个进程在十九世纪达到了顶峰。

这样，就可以恰如其分地谈论先前历史时代的观念—思想推动力了，并指出，到了现代，这些推动力与物质—经济的推动力相比是怎样变弱的。

通过这种方式，工人们对认识能力以及宗教、艺术、道德领域的历史推动力有了了解，不再只把它们当成“意识形态”了。攻击唯物主义是毫无意义的，我必须从唯物主义当中重新树立唯心主义。

然而，在演讲训练课上，这方面能做的很少。课程开始时，我总是说明演讲和讲话的形式规则，然后，“学生们”纷纷发言，练习讲话。他们会表述他们从唯物主义角度十分熟悉的内容，这是自然而然的。

工人领袖们暂且根本顾不上这所学校。于是，我才得以放开手脚。

随着历史课之外又增加了自然科学课，事情对我来说变得更难了。尤其困难的是，要从在科学及其推广者当中占据主导的唯物主义观念，上升到正确恰当的观念。任何情况下，只要有可能，我就这么做。

正是通过自然科学，我的授课工作才在工人群体中得到了拓展。多家工会邀请我去做自然科学报告。他们特别希望我讲解一下海克尔那本当时声名鹊起的书《宇宙之谜》。我认为，该书有三分之一篇幅是正面阐述生物学的，其中精确而简明地概括了生物的亲缘关系。总体说来，我坚信，可以把人性从这方面引向精神性，我认为，针对工人阶层这样做也是正确的。我援引了我对该书这三分之一篇幅的看法，还时常说，只能认定其余的三分之二毫无价值，其实应该从书里剔除并毁掉。

在古滕堡[①]周年纪念庆祝会上，我受到委派，要面对七千名排字和印刷工人发表祝词，地点是在柏林一座跑马场。我那种跟工人交谈的方式自然是受人喜爱的。

通过这份工作，命运又把我投入了一段潜心研究的生涯。工人当中的每个个体灵魂蕴藏着什么，有怎样的梦想，灵魂群体是怎样领会包括观念、判断、态度在内的人性的方面，凡此种种尽皆涌现在我的面前。

然而，令人绝对难以想象的是，个体灵魂竟会死去。在这方面，我深入观察了我的学生们的灵魂以及整个工人阶层的灵魂。这成了我的一项任务，我在从事这份工作期间始终要面对它。那时候，工人当中对待马克思主义的态度还不是两年以后的情形。马克思主义在当时对他们来说，好比是经济领域的福音书，他们满怀着思考去钻研它。后来，无产阶级大众便如痴如醉地迷上了它。

那时候，无产者激情澎湃。许多的个体灵魂一再地说：世人重新对精神感兴趣的时代必将到来，不过首先，无产阶级必须单纯从经济上获得拯救。

我发现，我的演讲给这些灵魂带来了某些好的影响。尽管违背了唯物主义以及马克思主义历史观，却还是被人们接受了。后来，当“领袖们”听说了我的影响力，我便遭到了他们的攻击。在我的学生们的一次集会上，有一位“小头头”发了言，他说了下面这句话：“我们在无产阶级运动中要

① 1400—1468 年，德国发明家，西方活字印刷术的发明人。——译者注

的不是自由，我们要的是合理的束缚。”此外，他竟然不顾我的学生们的意愿，有意把我赶出学校。渐渐地，我的这份工作干得更难了，不久，在我开始涉猎人智学之后，我便把这工作放弃了。

我有一个看法，当时如果能有更多不存偏见的人士满怀兴趣投入工人运动，并对无产阶级给予理解，这场运动恐怕会得到完全不同的发展。然而，人们却兀自生活在自己的阶层中，让其他阶层的人去听天由命。一个阶层的人若是能对另一阶层的人有什么看法，也都纯属理论观点。每当受到罢工或类似行动所迫，大家会就工资问题展开谈判。人们成立了形形色色的慈善机构，这是异常值得肯定的。

然而，对于这些改变世界的问题，人们却缺乏精神领域的潜心探讨。只有经过这样的探讨，这场运动才能展现其摧枯拉朽的力量。在这个时代，“较高的阶级”丧失了团结友爱精神，自私自利和残酷竞争趋于泛滥。当此之时，二十世纪二十年代的世界灾难已经在酝酿。此外，无产阶级用他的方式形成了集体意识，那就是无产者的阶级意识。对于“较高的阶级”营造的“文化”，只有当它能为论证无产者阶级意识输送素材的时候，无产阶级才会参与其中。渐渐地，不同阶级之间失去了沟通桥梁。

通过杂志，我有必要潜心研究资产阶级的本质。通过我在工人当中的工作，我又必须深入探讨无产阶级的本质。对于认识和体验时代的推动力来说，这是一个丰富的领地。

29　与（《未来》杂志）撰稿人和一元论者（乔尔丹诺·布鲁诺同盟）为伍

在二十世纪最后三分之一时期精神领域所取得的认识成就中，有一道崭新的光芒照进了人类的发展进程。然而，对这些成就的唯物主义解释却让人陷入了精神的沉睡状态，阻止了人们去感知这些成就，更不要说去关注它们了。

于是，这样一个时代到来了，它必然会凭借自己的本性朝着精神方向发展，但却对自己的本性矢口否认。实现生命中不可能性的时代开始了。

1889 年 3 月，我曾在《戏剧学报》（该报从 1898 年初开始加盟了我的杂志，成为它的副刊）撰写过论述文章。在此，我想援引其中的几句话。关于“演讲艺术”，我说道：“在这个领域，学习者比在任何其他领域都更多地听从他自己，听命于偶然……对于我们的公共生活所呈现的形态，目前几乎每个人都会忍不住时常公开谈论一番……普通的讲话升华为艺术作品是很少见的……我们简直完全欠缺讲话的美感，对于独具特色的讲话更是一无所知……谁要是不了解正确唱法的知识，他就无权写文章评论一位歌者……对于舞台艺术，人们提出的要求就更加少得多了……知道一行诗朗诵得对不对的人越来越少了……今天人们认为，艺术性的讲话属于不恰当的唯心论……如果对语言的艺术塑造力有更好的了解，就绝对不会得出这种看法……”

我心头所萦绕的，要到很久以后才会在人智学协会得到某种实现。玛丽·封·西弗斯[①]（玛丽·斯坦纳）热衷于语言艺术，她本人正致力于真正艺术性讲话的研究。有了她的帮助，我才能在语言造型课和戏剧表演课程中提倡把这个领域提升为真正的艺术。

在这里引用这件事是为了表明，有些理想是怎样贯穿我的整个生命来寻求实现的，因为很多人企图从我的发展历程中找到相互矛盾的地方。

这个时期，我跟现已过世的年轻诗人路德维希·雅科波夫斯基结下了友情。他这个人从灵魂基调上散发出深沉的悲剧气息。他是犹太人，这命运使得他举步维艰。他主管着一个办公室，该办公室隶属一位信奉自由思

---

① 玛丽·封·西弗斯，1867 年 3 月 14 日出生于波兰的弗洛茨拉维克，1948 年 12 月 27 日去世于瑞士的贝阿滕贝格。1914 年 12 月 24 日与鲁道夫·斯坦纳结婚，成为玛丽·斯坦纳。

想的议员领导，它主管着“反对排犹主义协会”，并出版该协会的杂志[①]。这方面超负荷的工作压到了路德维希·雅科波夫斯基头上。而且，这工作会日复一日地翻新那灼人的痛苦，每天把那种反对他所属民族的情绪观念放到他的灵魂面前，他对此苦不堪言。

另外，他在民俗领域开展了大量工作。他搜集了所能获得的一切，想在此基础上写一部关于远古以来民族性发展过程的著作。他根据他在这个领域的丰富学识，撰写了一些十分有趣的文章，都是从时代流行的唯物主义角度写成的。不过，如果雅科波夫斯基能活得久一点，他的研究肯定会步入精神化。

路德维希·雅科波夫斯基的诗从这些活动中散发着光芒。虽不是完全发乎天然，但却充溢着深沉的人性情感，充满了强烈的灵魂体验。他给他的抒情诗集起名为《闪亮的日子》。如果说这些诗能够赋予他心境的话，它们在他的悲惨人生中，确实给他带来了精神上的和煦时光。除此之外，他还写小说。在《犹太人维特》中，路德维希·雅科波夫斯基内心的惨痛表现得栩栩如生，一览无余。在《洛基——神的传奇》中，他创作了一部脱胎于德意志神话的作品。这部小说所表达的那种饱满深情，美妙地反映了诗人对民俗当中的神话的喜爱。

纵览路德维希·雅科波夫斯基的成就，便会惊异于他在各个不同领域的多产。尽管如此，他仍与许多人保持交往，在社交生活中感到如鱼得水。另外，他不时还出版一份月刊《社会》，这对他来说是一个非比寻常的重负。

他受到生活的煎熬，却又热切渴求生活的内涵，以便从艺术上来塑造生活。

---

① 由路德维希·雅科波夫斯基和M.G.康拉德在德累斯顿和莱比锡共同出版发行。上面发表过鲁道夫·斯坦纳涉及海克尔的大量文章，尤其是《海克尔及其反对者》一文，于1899年在该杂志上首次付印。

他创立了一个“未来”文学协会[①]，由文学家、艺术家、科学家以及对艺术感兴趣的人士组成。大家每星期聚会一次，诗人会吟诵他的诗歌，还会就形形色色的认识与生命领域举办讲座。夜晚就在这样无拘无束的相处中度过。圈子扩展得越来越大，路德维希·雅科波夫斯基始终是中心点。大家都喜欢这个讨人喜欢又满脑子主意的人。在这个团体里，他甚至发挥出睿智而不失优雅的幽默感。

刚满三十岁，他就骤然离世，远离了这一切。由于无休无止的辛劳，他患上了脑膜炎，人生走到了终点。

留给我的任务是，为这位朋友致悼词，编辑出版他的遗著。

朋友们的纪念文章汇集成一本书，与他交好的女诗人玛丽·施托纳在书中表达了对他的美好哀思。

路德维希·雅科波夫斯基的一切都那么可爱，他内心的伤痛，他挣脱伤痛对“闪亮的日子”的追求，他对活跃人生的倾情投入。我心里总是保留着对我们友情的鲜活纪念，时常怀着对这位朋友的真挚倾慕，回顾我们在一起的短暂时光。

那时的另一段友好关系是与玛塔·阿斯穆斯结下的。这是位擅长哲学思维，但却怀有强烈唯物论倾向的女士。不过，这种倾向后来趋于缓和了，因为玛塔·阿斯穆斯活在对早逝的兄长保罗·阿斯穆斯的深情追思当中，而兄长是位坚定的唯心论者。

保罗·阿斯穆斯如同一位哲学隐士一样，在十九世纪最后三分之一时期，再次领悟了黑格尔时代的唯心论哲学。他写过一本论述“自我”的著作，还写过一本关于印度日耳曼宗教的。这两本著作在形式上都是黑格尔风格的，但在内容上是完全独立的。

这个有趣的人当时已经去世很久了，但却被妹妹玛塔·阿斯穆斯带到

---

① 路德维希·雅科波夫斯基去世（1900 年 12 月 2 日）后，鲁道夫·斯坦纳继续领导着“未来”文学协会。

了我的近旁。在我看来，这位妹妹就仿佛相对于世纪更替之时而言，世纪之初倾向于精神的哲学领域闪现了一颗新的流星。

我跟住在柏林弗利德里希斯哈根的人们的关系，也就是跟布鲁诺·维勒和威廉·伯尔舍的关系，相对而言不甚紧密，但有一段时间却很重要。布鲁诺·维勒是《用纯粹手段解放哲学》一书的作者。只有这书名跟我的《自由哲学》有相通之处，内容涉及的却是一个完全不同的领域。布鲁诺·维勒最广为人知的是他那本举足轻重的《刺柏的启示》。这是一本宇宙观的书，是从最美好的自然意识出发写成的，贯穿着这样的信念：精神是通过一切物质存在来显现的。威廉·伯尔舍则以大量通俗易懂的自然科学著作而闻名，他的著作可谓妇孺皆知，令人喜闻乐见。

从这个角度出发，一所“自由学校”[①]成立了，我被请了去，分得了历史课的教学。布鲁诺·维勒负责哲学，伯尔舍教的是自然科学，台奥多尔·卡普施坦，一位怀有自由思想的神学家，教的是宗教知识。

第二个成立的是“乔尔丹诺·布鲁诺同盟”[②]。其中聚集的都是倾向精神一元论宇宙观的人士，他们强调的是，并不存在两个宇宙原则，即物质和精神，而是由精神作为统一原理构成了一切的存有。布鲁诺·维勒用一篇发人深省的演讲为这个社团揭了幕，在演讲中，他用歌德的话作为依据：物质从来少不了精神。遗憾的是，这次演讲过后，维勒跟我之间发生了一个小误会。在他演讲之后，我紧接着说道，歌德在创造了这句美妙的话以后，过了很久，又用一种举足轻重的方式对此做了补充，即他在存在的有

---

① 鲁道夫·斯坦纳于 1902 年 10 月 15 日在“自由学校”开始了他的演讲活动，这个演讲周期的主题是“从民族迁徙直到十二世纪的德意志历史”，于 1905 年 12 月 19 日凭借一个系列演讲“从日耳曼人到城市中产阶层（中世纪的基础）”而宣告结束。

② Giordano Bruno，1548—1600，意大利思想家、自然科学家、哲学家和文学家。他勇敢地捍卫和发展了哥白尼的太阳中心说，并把它传遍欧洲，被世人誉为是反教会、反经院哲学的无畏战士，是捍卫真理的殉道者。由于批判经院哲学和神学，反对地心说，宣传日心说和宇宙观、宗教哲学，1592 年被捕入狱，最后被宗教裁判所判为“异端”烧死在罗马鲜花广场。——译者注

效精神活动中，将对立和提高视作了具体的精神形态，由此，这句普通的话才获得了完满的内涵。我这话被理解成了对维勒演讲的异议，其实，我是完全赞同他的意思的。

不过，当我本人就一元论发表演讲时，我却跟乔尔丹诺·布鲁诺同盟领导层完全针锋相对起来了。我在演讲中强调，“物质和精神”这样生硬的二元论措辞其实是近代的产物，至于说物质和精神也处于对立中，是直到新近几百年才被提出来的，这种对立是乔尔丹诺·布鲁诺同盟需要克服的。然后我指出，与这种二元论相比，经院哲学信奉的是一元论。经院哲学也把一部分存在抽离了人的认识，分配给了“信仰”，从而描绘出一个显现一体（一元）结构的宇宙体系，从精神世界的神性直到自然界的细枝末节。由此，我便把经院哲学放到了比康德哲学更高的位置。

我的这次演讲引发了巨大的轰动。人们以为我是要为天主教教义进入社团开辟道路呢，只有沃尔夫冈·基尔希巴赫和玛塔·阿斯穆斯站到了我这一边。其他人则无法想象，我认为“经院哲学遭到错看”，究竟是想干什么。不管怎么说，他们确信，我很擅长把乔尔丹诺·布鲁诺同盟搅得一片混乱。

我不得不回想起那次演讲，因为在演讲的那个时期，有许多人把我看成唯物论者。对于当时为数众多的人来说，我这个“唯物论者”是想重新召唤中世纪的经院哲学。

尽管如此，后来我还是在乔尔丹诺·布鲁诺同盟举办了那次基础性的人智学演讲，那次演讲成为了我从事人智学活动的起点。

我告诉公众，人智学作为精神世界的学科都包含什么内容。由此，必须要做一些决定了。然而，这并不容易。

若是回顾自身的历史，就可以最好地说明这些决定的特点。

由于旧有人性的特点迥异的灵魂状态，关于精神世界的学科一直到近代的发端之时，也就是大约到十四世纪才得以出现。不过，它也完全不同于这种与当前认知条件相适应的人智学。

从上述时间点开始，人类还没有形成精神认识。它还保留着“古老的知识”，这“古老的知识”是用形象的形式来观察灵魂，而且也仅仅存在于象征图形的形式当中。

古时候，这种“古老的知识”只是在“秘密”当中维系着，只传达给那些足够成熟的人，也就是“知情人”。它不会透露给公众，因为太容易出现对待它有失体面的倾向。后来，这一习俗只在那些获得了“古老的知识”的讯息并继续加以维护的人士当中保留着。他们只在最小的圈子里，传达给做好了准备的人。

就这样，一直到现在。

一些人在精神认识方面对我提出过这样的要求，我想说其中一位。他在我前文提到的维也纳朗克女士的圈子活动，不过，我在自己于维也纳交往的其他圈子里也遇见过他。他就是弗利德里希·艾克施坦，杰出的“古老的知识”行家。在我跟弗利德里希·艾克施坦交往的时候，他写的东西不算多，可他所写的全都是精神。然而，却没有人从他的阐述中猜想到，他是古老精神知识的秘密内行。这种知识在他的精神工作背后发挥作用。当生活让我离开这位朋友很久之后，我在一部论文集里读到了他的一篇十分重要的文章，是关于波希米亚兄弟会的。

弗利德里希·艾克施坦坚决主张，不得像对待普通知识那样公开传播秘密的精神知识。他在这个看法上并不孤独，这在过去和现在都是几乎所有“古老的智慧”知情者的一致主张。在H.P.勃拉瓦茨基创办的“神智学协会”里，这个被“古老的智慧”维护者当作原则加以严格遵守的主张，在多大程度上被打破了，我后面将会谈到。

弗利德里希·艾克施坦希望，作为“古老知识的知情人”，公开宣扬的东西应当传达出源自“秘传”的力量，不过，要把公开的东西与秘传的内容严格区分开来，秘传应当留在懂得赏识它的最小圈子里。

我若要在精神认识领域从事公开活动，就必须下定决心与这个传统决裂。我看到了我所面临的当前精神生活状况。在这种状况下保守秘密是不可能的，尽管这在古代是自然而然的事。在我们生活的时代，不管哪里涌现了某种知识，公众都会想要了解，保密的观点已经过时。唯一有可能做到的是，一步步地向人们公布精神知识，不允许在任何人还不了解低级知识的时候，就向其传达高级知识。这与低等学校和高等学校的设置也是一致的。

我也对任何人都不承担保密义务。因为我没有从“古老的智慧”当中汲取任何东西。我对精神认识的了解完全是我自己研究的成果。只有当某种认识出现在我面前时，我才会援用某一方面的人已经公布的“古老的知识”，既是为了表明一致性，也是为了展示当前研究所带来的进步。

就这样，从某个时间开始，我可以十分明确地说，我公开宣扬精神认识是理所应当的。

30　受秘传者与公众

我想要公开阐述活在我内心的秘密，这个意愿促使我在 1899 年 8 月 28 日歌德一百五十周年诞辰之际，在杂志上写了一篇谈论歌德童话《绿蛇与美丽的百合花》的文章，题目是《歌德的神秘启示》。——这篇文章谈不上有多少秘密。不过，我也不能拿更多的内容去苛求我的受众接受。——对我的灵魂来说，这篇童话的内容绝对是秘不可言的。文章的阐述就是在神秘的心境下写成的。

自从八十年来以来，我研究了想象力，是它把我与这篇童话连到了一起。我看到，童话中描述了歌德从观察外部自然到观察人的灵魂深处所走的道路，以及他不是借助概念，而是通过图画将自己置于精神的面前。在歌德看来，概念太过贫乏，太过死板了，无法描述灵魂力量的活动与影响。

他觉得，席勒的《审美教育书简》做了一次捕捉概念的活动与影响的尝试。席勒试图表明，人的生命是怎样受制于自然发展所必需的身体，受制于精神发展所必需的理性。他认为，灵魂必须在这两者之间达成内在的平衡。有了这种平衡，人就生活在自由中，获得了真正合乎人类尊严的存在。

这固然颇有见地，可对于真正的灵魂活动来说，又过于简单了。灵魂活动会让它那植根于深层的力量闪现在意识中，但在瞬间影响了其他力量之后，便在闪现当中重又消失不见了。这是在诞生中就已消亡的进程。然而，抽象的概念却只会跟或长或短地持续存在的东西发生联系。

歌德感知了这一切，他用童话中的形象知识来应对席勒式的概念知识。

通过体会歌德的这一创造，对于秘传，你就算是初窥门径了。

就在这时，布洛克多夫伯爵及其夫人要求我，在他们每星期举行一次的集会上发表演讲。集会中，各行各业的来访者汇聚一堂。所做的演讲涵盖了各个生活领域和认识领域。直到我受邀去做演讲之前，我对这一切都一无所知，也不认识布洛克多夫两口子，而是头一回听说他们。对方提议，我的演讲主题可以是阐述尼采[①]。这样的演讲我是做过的。此时我发觉，听众当中有些人士对精神世界极有兴趣。因此，当人家要求我做第二次演讲[②]时，我提议的主题是“歌德的神秘启示”。在这次演讲中，我援引了那篇童话，整个说的都是秘传的东西。这对我来说是一次重要经历，我可以用打上精神世界烙印的话语来表述了。而迄今为止，柏林时期的我由于形势所迫，都只能让我的阐述中透露出些许的精神意味而已。

布洛克多夫两口子是勃拉瓦茨基创办的“神智学协会”[③]的负责人。我援引了歌德童话所说的内容，这促使布洛克多夫两口子邀请我，在跟他们有联系的“神智学协会”成员面前定期发表演讲。我表示，我只能谈论我内心对于精神学的体会。

---

① 曾经多次提到这是在 1900 年 9 月 22 日进行的，但迄今为止尚不能从文献上证实。

② 曾经多次提到这是在 1900 年 9 月 29 日进行的，但迄今为止尚不能从文献上证实。

③ 神智学协会是于 1875 年 11 月 17 日由 H.P. 勃拉瓦茨基与亨利・斯蒂尔・奥尔科特上校（1832—1907）一同在纽约创办的。不久以后，它的总部便搬到了印度。

我确实也不会谈论什么别的，我对源自“神智学协会”的文献很不了解。早在维也纳的时候，我就认识通神者，后来又结识了别的人。这种熟悉程度促使我，在弗朗茨·哈特曼的一本著作问世之际，在杂志上写下了贬低通神者的评论。另外，我所了解到的文献，大多在方法和立场上让我毫无好感。我根本不可能在我的阐述中跟这扯上关系。

于是，我在演讲中涉及了中世纪的神秘主义。借助从迈斯特·艾克哈特到雅科布·伯莫等神秘主义者的观点，我找到了精神体验的表达方式，这是我真正打算要采取的表达方式。随后，我把演讲结集成书，即《通向近代精神生活的神秘主义》。

有一天，玛丽·封·西弗斯作为听众在演讲当中露面了。随后，她被命运选中，强力承担了“神智学协会德国分会”的领导职务，这个分会是在我开始演讲后不久创立的。在分会内部，我可以开展我的人智学活动了，我的听众群越来越大。

大家都清楚，我在神智学协会只发布我本世纪研究观察的成果。我在任何能找到的时机都会说这些。在安妮·贝赞特[①]的出席见证下，“神智学协会德国分会”在柏林成立了，我被选为秘书长。可我不得不缺席了成立会议[②]，因为我要在一群无关神智学的听众面前做一次演讲[③]。在演讲中，我

---

① Annie Besant，1847 年—1933 年，英国神智学者、社会改革家。早年宣扬无神论，主张节制生育，促进工会运动。1889 年加入布拉瓦茨基夫人的神智学协会，研究通神学。1893 年去印度，建立了一所印度大学，积极从事教育和慈善事业，帮助推进民族独立运动。1907 年起直至去世任神智学会国际主席。她发现了著名的印度圣者克里希那穆提，并预言这个孩子就是传说中的救世主。——译者注

② 1902 年 10 月 19 日和 20 日举行。

③ 1902 年 10 月 20 日，在《未来》杂志的圈子所做的演讲，是周期演讲中的一次，整个周期共 27 次演讲，总主题是：“从查拉图斯特拉到尼采——借助从古老东方时期直到现在的宇宙观来看人类的发展历史。”鲁道夫·斯坦纳在本书行文中提到，演讲中明确添加了“一种人智学”这样的标题，但这一说法在现存的演讲纲要中无法证实。1903 年 4 月 6 日，鲁道夫·斯坦纳在《未来》圈子举行了最后一次演讲，从而结束了这个演讲周期。这个演讲周期是在 1900 年 9 月 13 日开始的，他当时做了题为“弗利德里希·尼采其人”的纪念讲话。

探讨了人类的精神发展过程，并明确添加了“一种人智学”这样的标题。安妮·贝赞特也知道，我当时都是以此为标题，在演讲中发表我那些有关精神世界的说法的。

随后，我前往伦敦参加神智学大会，有位负责人对我说，我的《通向近代精神生活的神秘主义》一书当中蕴含着真正的神智学。我对此颇感欣慰。我只是阐述了我的精神观察成果，这些成果得到了神智学协会的接纳。现在，我再也没有理由不以我的方式在神智学听众面前阐明这种精神认识了。在当时，那些听众是唯一一群孜孜不倦探讨精神认识的人。我不投靠任何教派的教义。我始终是这样一个人：完全从自己对精神世界的体验出发，说着自认为有能力说出的话。

分会成立前的那段时间，我还在“未来”协会的圈子进行了一系列的演讲，主题是“从佛陀到基督”。我试图在这些阐述中表明，耶稣在各各他殉难的秘密相对于佛陀的经历来说，意味着多么巨大的进步，以及人类的发展怎样通过迎来基督事件而到达了顶峰。

在这个圈子里，我还谈到了秘密的本质。

这一切都被我的听众接受了。这跟我以前举行过的演讲并不矛盾。直到分会成立了，我带着“神智学家”的标签露面，抵制才开始了。这真的不是事实，而只是个名号，代表着跟协会的关系，隶属这么一个协会是谁都不想的。

不过另一方面，我那些无关神智学的听众只愿意从我的阐述当中获得“启迪”，只愿意“从文学角度”接受阐述内容。我所挂心的是，要为生命注入精神世界的动力，可这得不到人们的理解。不过，在那些对神智学感兴趣的人群中，我渐渐找到了这样的理解。

我在布洛克多夫的圈子里先是谈论了尼采，后又讲到了歌德的神秘启示。这一时期，我在这里还做过一次从秘传观点看待歌德《浮士德》的演讲（就是这个演讲，后来与我对歌德童话的阐述合并成册，在哲学·人智学出版社得以出版）。

这些有关“神秘主义等等”的演讲促使神智学圈子邀请我，在即将到来的冬天再去他们那里讲讲。随即，我便举行了系列演讲，并结集成《作为神秘事实的基督教》一书。

我从一开始就提示人们注意，选择“神秘事实”作为书名是很重要的。我不想简单地描述基督教的神秘成分，我的目标是，要阐明从古老的秘密到各各他秘密的发展过程，在这个发展过程中，起到支配作用的不仅是尘世历史上的各种力量，还有超越尘世的精神推动力。我想要表明，古老秘密中的祭礼场景展现了宇宙的进程，后来在各各他的秘密中，宇宙进程是作为从宇宙植入地球的事实，在历史的计划当中展开的。

这在神智学协会根本不会传授。我的这种观察与当时的神智学教义完全对立，当然，这是在对方要求我在神智学协会发挥作用之前。

刚好在上面所述的有关基督的演讲周期结束之后，这个要求提了出来。

我为神智学协会做了两个周期的演讲。在这两个周期的间隙，玛丽·封·西弗斯人在意大利（博洛尼亚），在神智学协会设在那里的分会效力。

到我 1902 年首次赴伦敦参加神智学大会之前，情况的发展就是这样。玛丽·封·西弗斯也参加了这次大会。在这次大会上，人们看到的既成事实是，协会成立了德国分会，我这个前不久才受邀成为协会成员的人当上了秘书长。

伦敦之行趣味盎然，我在那里结识了神智学协会的重要领导人。我获准住在领导人之一的贝特拉姆·凯特利先生家里，我跟他十分友好。我认识了米德先生，神智学运动中功勋卓著的作家。在贝特拉姆·凯特利家，我们就神智学协会流行的精神认识进行了谈话，可想而知，谈话是极其有趣的。

这些谈话是跟贝特拉姆·凯特利本人进行的，这就显得尤为私密了。H.P. 勃拉瓦茨基总是出现在谈话中。我那可爱的东道主跟她在一起经历过许多，于是便在我和玛丽·封·西弗斯面前，极为直观形象地描绘了她的整体个性以及她那丰富的精神内涵。

我匆匆结识了安妮・贝赞特，还有《秘传佛教》的作者西奈。我没能结识理德比特先生，只听见他在讲台上冲下面讲话。他没有给我留下什么特别印象。

我听到的一切有趣内容都深深打动了我。不过，这对我的观点并没有产生影响。

在参加大会集会的间隙，我努力抽出时间去认真探访伦敦自然科学与艺术博物馆。我敢说，通过这些自然科学与艺术博物馆，我对于自然和人类的发展涌现了一些灵感。

这次访问伦敦是我所经历的一次十分重要的事件。启程离开时，我带走了使我的灵魂深受触动的丰富多彩的印象。

在1899年的第一期杂志中，可以看到我写的一篇文章《一个唱反调之人的新年观察》。这里所指的并非是跟宗教信仰唱反调，而是跟时代所采取的文化走向唱对台。

我站到了新世纪的大门口。即将结束的世纪在外部生活与知识领域取得了巨大的成就。

面对即将过去的这个世纪，一个想法从我心中涌起："尽管取得了这样那样的成就，比如在艺术领域，但是，一个观察深刻的人如今却无法对时代的内容构成真正感到高兴。对于我们的最高精神需求所需要的，时代只能在少得可怜的程度上给予我们。"鉴于当时的时代文化的空洞性，我便把目光投射到经院哲学时代，在那个时代，精英们起码在概念上是与精神同在的。用不着奇怪，面对这样的现象，怀有深层精神需求的精英们觉得，经院哲学那宏伟的思想大厦要比我们自己时代的观念内容更加让人满意。奥托・维尔曼写过一本出类拔萃的书，即他那本《唯心论史》，在书中，他以上个世纪宇宙观的颂扬者自居。必须承认，人的精神向往那种壮丽而广博的思想透射，而只有在经院哲学的哲学体系中，人的认识才能获得这个。世纪之交精神生活的标志特征是绝望无助。它破坏了我们对于刚刚过去时代的成就的喜悦。

有些人士提出，恰恰“真正的认识”能够证明，宇宙观当中不可能形成整体的存在图景。我必须对他们说：“按照发出这些声音的人的意见，人们就会满足于去测量、去权衡、去比较各种事物和现象，并用现有的仪式去检查它们。不过，却永远不会对事物和现象的更高意义提出疑问。”

这就是我的灵魂状态，我必会由它出发来领会现实，也是它促使我在神智学协会内部展开了我的人智学工作。那时候，当我投身于时代文化中，以便为编辑《文学杂志》获取思想背景时，我随即感到一种深切的需求，需要借助像维尔曼《唯心论史》这样的教材来“休养”灵魂。就算我的精神观与奥托·维尔曼的观念形态之间存在鸿沟，我还是觉得，他这种观念形态是贴近精神的。

1900 年 9 月底，我得以把《文学杂志》移交给了他人。

上文通告的事实表明，在我放弃《文学杂志》以前，我的传播精神世界内容的目标已经成为源自灵魂状态的一种必然，它与不可能继续经营杂志一事毫不相干。

就像进入那种预先决定了我的灵魂的元素中一样，我进入了一种以精神认识为推动力的活动中。

然而，我到了今天仍然感到，如果不是遇到这里所述的种种阻碍，我的穿过自然科学思想通往精神世界的尝试恐怕会毫无指望。回顾我从 1897 年到 1900 年所说的话，在时代的思想方法面前，它们就像是必定要说出来的话。另一方面，当我回顾它们时，就像是在回顾我经受了最强烈精神考验的那个时期。我从根本上认识到，那些脱离精神、消解文化、摧毁文化的时代力量位于何处。从这种认识当中，我平添了许多的力量，我仍然需要这力量，以便从精神出发来开展活动。

在神智学协会内部开展活动之前，那时还处在编辑《文学杂志》的最后时期，我的两卷本著作《十九世纪的宇宙人生观》就在润色完善当中了。后来，它的第二版在面世时得到了扩充，增加了从希腊时代到十九世纪的宇宙观发展概述，这号称是“哲学之谜”。

促成该书问世的外部缘由完全可以看作无关紧要的事。外部缘由是这样的，《文学杂志》的出版商克伦巴赫要出一套文集丛书，涉及十九世纪知识与生活发展的各个不同领域。他希望这套丛书中也能有对宇宙人生观的阐述，就把这差事交给了我。

这本书的全部素材早就储存在我的灵魂当中了。我观察宇宙观的个人出发点是歌德的宇宙观。我不得不表明，歌德思想方法与康德哲学是相互对立的，这种对立，还有十八世纪和十九世纪之交费希特、谢林、黑格尔身上的新哲学萌芽，这一切对我来说都是一个宇宙观发展新时代的开始。理查德·瓦勒斯那些见解独到的著作描述了一切哲学宇宙观追求的消解，这些著作终结了这个时代。于是，十九世纪的宇宙观追求臻于浑然一体，它活在我的体验中，如果有机会对它做一番阐述，我愿意抓住这个机会。

回顾这本书，我觉得，我的人生道路恰恰通过它表现得颇具代表性。我并不像许多人以为的那样，在矛盾对立中前行。如果是那样，我会乐于承认的。只不过，那并非我的精神发展的事实。我的前行方式是，在我灵魂中存活的东西之外，再找到新的领地。编辑完成《十九世纪的宇宙人生观》一书之后不久，精神领域一次特别活跃的增益就发生了。

另外，我绝对不会通过神秘主义加直觉的途径向精神领域进发，而是想要随处借助清澈透明的概念前行。对概念、观念的领悟引导着我，从观念走进精神现实。

直到完成《十九世纪的宇宙人生观》之后，生物体从远古到现代的真实发展过程才出现在我的想象范畴中。

这个时期，我的灵魂之眼还关注着源于达尔文思想方法的自然科学观。不过，它对我来说只是一系列存在于自然界的显而易见的事实。我认为，在这一系列事实内部，精神推动力在活动，就像它浮现在歌德的变形观念当中一样。

于是，对我来说，诸如海克尔所提倡的自然科学发展序列从来不是以机械原理或单单有机定律作为主导的东西，而是一个精神引导生物从简单到复杂直到上升为人类的过程。我认为，达尔文主义这种思想方法是通往歌德思想方法的必经之路，但却落后于歌德的思想方法。

对于这一切，我还正在思考其观念内容。至于想象式的观察，要到后来我才会进行。直到这种观察才使我认识到，在史前时代的精神实相中，所存在的实体完全不是最简单的有机体那副样子。人作为精神本质，比任何其他生物都更古老，人为了呈现目前的物质形态，不得不从某种宇宙生物当中分离出来，这种宇宙生物原本把人和其他有机体都包含在内。于是，其他有机体就成了人类发展过程中的废料，它们不是人的起源，而是在人离开之后的残留，人离开它们，是为了拥有作为精神映象的物质形态。人是宏观宇宙的生物，包容着其余的整个尘世，并通过与其余的相隔离而进入了微观宇宙。对我来说，这种认识是直到新世纪最初几年才获得的。

因此，这种认识绝对不会对《十九世纪的宇宙人生观》的阐述起到推动作用。我撰写该书第二卷的考虑是，从歌德宇宙观的视角来看待达尔文主义和海克尔主义，它们的精神化的形态应当成为从精神上深入探索宇宙秘密的出发点。

后来，当我编辑该书的第二版时，我的灵魂中已经形成了对真实发展过程的认识。尽管我仍然坚持我在第一版当中采取的观点，认为在没有精神体验的情况下可以形成思想，但还是觉得，在表达方式上做些小的改变是有必要的。这之所以有必要，首先是因为该书通过浏览整体哲学概况而拥有了完全不同的结构，其次是当第二版面世时，我对于宇宙生命真实发展过程的阐述已经出版了。

尽管如此，我的《哲学之谜》所呈现的形态却是源于我精神发展历程某个特定阶段当中的牢不可破的观点，它不仅拥有主观依据，而且完全具备客观合理性。这种客观合理性在于，一种思想就算作为思想被人从精神上体验到了，它也只能按照我书中阐述的方式来想象生物的发展。下一步则必须借助精神体验来展开。

我的书十分客观地阐述了人智学出现以前的观点，认为必须潜心研究这种观点，还必须在潜心过程中体验它，这样才能获得提升。这种观点在了解它的人看来，是认识道路上的一个阶段，它是在以神秘而模糊的方式、而不是精神清晰的方式寻找精神世界。在对这种观点内容的阐述中，有些东西是知情者用得着的，可以充作通往高级阶段的预备阶段。

当时我觉得，海克尔这个人勇气十足地迎向了自然科学的思想观点，而研究领域的其他人却把思想排斥在外，只想让感官观察成果发挥作用。海克尔在探索现实时，重视创造性的思想，此举一再把我吸引到他身边。于是，我在我的书里给他写了献词，尽管书的内容，还有当时的形态，都绝对不是按照他的感觉来处理的。然而，海克尔本性上根本不是个哲学家。对于哲学，他完全是个门外汉。所以我觉得，哲学家们恰在当时像下冰雹似的猛烈攻击海克尔，是完全没有道理的。我就反其道而行之，把我的书献给了海克尔。先前我就曾跟他们唱反调，写成了《海克尔及其反对者》一文。海克尔对待一切哲学都充满了天真幼稚，他把思想当成了描述生物学现实的手段。人们冲他发动哲学攻击，而哲学这个思想领域对他来说却是陌生的。我相信，他从来不知道，哲学家们想从他这儿得到什么。我得出这个看法，是通过一次谈话，那是在《宇宙之谜》问世之后，正值邦格雷伯的剧作《乔尔丹诺·布鲁诺》在莱比锡上演。当时他说道："人们都说，我否认精神。我希望他们看到，各种物质是怎样凭借自己的力量而形成的，它们会从每一个试管进程中认识到'精神'。精神无处不在。"同样，海克尔对于真正的精神也根本一无所知。他以为，自然界的种种力量就已经是"精神"了。

人们当时对待精神就是这样盲目无知。然而，对于这种盲目，千万不能用死板的哲学概念去批判，而是必须看到，时代距离精神体验还有多么遥远，并努力从现有的基础出发，也就是从生物学对自然的解释出发，放射出精神的火花。

这就是我当时的看法。我撰写我的《十九世纪的宇宙人生观》，也是以此作为出发点的。

31　与玛丽·封·西弗斯合作伊始

还有一个文集，阐述的是十九世纪的文化成就，当时是由汉斯·克雷默出版的。文集收录的都是长篇论文，论及了认识活动、技术创造、社会发展的各个分支。

我受邀来描述一下文学生活。于是，十九世纪幻想活动的发展当时也在我的灵魂中整理了一遍。我的描述并不像语文学家那样，“从本源出发”去处理事物，而是我内心对于幻想活动发展的体会。

这样的描述对我来说是重要的，因为我谈论的是精神活动的现象，却没能探讨对精神世界的体验。借助真正的精神推动力，由精神世界任意发展为诗意现象的过程，在这里未曾提及。

在这件事上，我所面对的也是，如果立足于一般意识的观点，却又不把这种意识的内容带入活动中，并使之靠着体验升入精神世界，这时候，灵魂活动该会怎样看待存在现象。

更为重要的是，我在自己为另一部作品所写的一篇文章里，体会到了这种“站在精神世界大门口”的感觉。那不是什么世纪之作，而是一本文集，阐述了不同认识与生活领域的特点，就这方面来说，人的“利己主义”对于这些领域的发展来说是一个推动力。亚瑟·迪克思出版了这部作品。书名就叫《利己主义》，与十九世纪和二十世纪相交的那个时代完全相符。

自十五世纪以来，唯理智论对生活的各个领域都起到了推动作用。这种推动力植根于“每个人的灵魂活动”，确实是对本质的真正表现。当人从社会生活的角度来展现自己的理智时，这并不是真正的理智表现，而是对理智表现的模仿。

在这个时代，为什么会发出如此强烈的召唤社会意识的呼声？一个理由就是，在理智当中，人们无法发乎天然、发自内心地体会到这种意识。

纵然置身万事万物当中，人性仍然无比渴望它所没有的东西。

针对这本书，我想到了“哲学中的利己主义”这样的表述。我的文章用上了这个标题，只是因为这符合该书整体书名的要求。标题原本应当是《哲学中的个人主义》。我尝试简明扼要地讲述自从泰勒斯[①]以来的西方哲学概况，展示这一发展过程怎样旨在让人的个性去体会观念景象中的世界，就像我在《自由哲学》一书中尝试去阐述认识和道德活动一样。

靠着这篇文章，我又一次站到了“精神世界的大门口”。在人的个人主义当中，展现的是揭示宇宙内含的观念图景。这些图景显现出来，是在等候体验，通过体验这些图景，灵魂便能步入精神世界了。我的描述就到此为止。一个内在世界出现了，它表明，纯粹的思想在对宇宙的理解上走了有多远。

可以看到，我从不同的视角出发，描述了在我倾心于用人智学公开阐述精神世界之前，也就是人智学出现以前的灵魂活动。其中找不到与人智学推广的任何矛盾之处。所生成的宇宙图景并未遭到人智学的驳斥，反而因为人智学得到了扩展和延续。

我若是作为神秘主义者来阐述精神世界，则任何人都完全有理由说：你说的是你的个人体会，你的描述是主观的。从精神世界的角度来看，走这样一条精神道路显然不是我的任务。

我的任务在于，要为人智学奠定基础。人智学跟科学思想一样客观，假如科学思想不局限于记录感官事实，而是向着全面理解进发的话。我从科学 - 哲学角度过阐述些什么，我援引歌德的观念从自然科学角度阐述些什么，对此是可以讨论的。人们可以认为我阐述得对或不太对，或是阐述错了。不过，我追求的却是完全意义上的客观与科学特色。

---

① Thales，古希腊思想家、科学家、哲学家，希腊最早的哲学学派米利都学派，也称爱奥尼亚学派的创始人，希腊七贤之一，西方思想史上第一个有记载有名字存世的思想家，古希腊及西方第一个自然科学家和哲学家，被称为“科学和哲学之祖”。——译者注

我从这种摆脱了直觉与神秘主义的认识当中，获得了精神世界的体验。可以看到，在我的《神秘主义》《作为神秘事实的基督教》当中，神秘主义这个概念是怎样导向了客观的认识。尤其可以看到，我的“神智学”是怎样构建起来的。对于《神智学》一书当中走出的每一步来说，精神观察都居于次要地位。源于这种精神观察的东西丝毫没有提及。不过，在走出这些步子的时候，该书一开头涉及了自然科学的观念，其中就包含着这种观察，直到在升入高级领域的过程中，就必须越来越多地投入到精神世界的自由成形当中了。不过，这种成形是从自然科学领域发展起来的，就像花朵萌生于植物的茎叶一样。——若是细致到只把花朵捕入眼帘，就看不见植物的全貌。同样，若是不从感觉上升到精神，也就体会不到自然的完满。

于是，我追求在人智学当中阐述科学的客观延续，而不是在科学之外树立什么主观的东西。——偏偏这种追求一时得不到理解，这是完全可想而知的。人们把科学等同于人智学诞生以前的那种故步自封的东西，根本没有兴趣从领会精神的角度去体验科学的观念。人们迷失在十九世纪后半叶形成的思维习惯中，没有勇气挣脱纯粹感官观察的束缚，害怕进入任何人都可以发挥想象力的领域。

1902 年，当玛丽·封·西弗斯和我走上神智学协会德国分会的领导位置时，我的内心走向就是这样。玛丽·封·西弗斯是这样一个人，她用她的全部身心，竭尽所能让我们所促成的东西远离任何的教派特征，并赋予事情以普通的精神与教育活动的特点。她对戏剧和朗诵吟咏艺术怀有深厚的兴趣，在这方面接受过培训，是在巴黎最好的学校，这使得她的才华臻于尽善尽美。我在柏林认识她的时候，她还在继续接受培训，为的是了解艺术表达的各种方法。

很快，玛丽·封·西弗斯就跟我结下了深厚友情。在友情的基础上，又在极其广泛的范围内，在各个截然不同的精神领域展开了合作。没过多久，共同打理人智学还有诗歌和吟诵艺术，就变成了我们的生活内容。

在共同从事精神活动的时候，中心点只能是，暂且在神智学协会的框架内将人智学推广到全世界。

在我们首次一道访问伦敦的时候，玛丽·封·西弗斯从 H.P. 勃拉瓦茨基的密友瓦赫特迈斯特伯爵夫人那里，听到了许多有关勃拉瓦茨基以及神智学协会机构和发展的情况。她高度熟悉了协会首次揭示的精神内容，深谙了进一步维护这些内容的方法。

当我说到，可以在神智学协会框架内找到想要倾听精神世界讯息的人，我的意思并不是说，这些人主要得在当时注册成为神智学协会会员的人群当中去找。不过，许多注册会员都很快表明，他们完全理解我的精神认识方式。

然而，大部分会员是神智学协会个别领导人的狂热拥戴者。对于这些从教派意义上强硬施展影响力的领导人所发布的教义，他们深信不疑。

我抵触神智学协会的这种运作方式，因为它透着平庸和草率。只有在讲英语的神智学者那里，我才能找到源于勃拉瓦茨基的深层内容，这在当时是由安妮·贝赞特等人切实维护的。我本人绝对不会按照那些神智学者的操作方式来施展影响力。不过，我观察到，他们当中仿佛形成了一个精神中心，如果能在最深层意义上认真对待精神知识的传播，便可以隆重地与之取得联系。

当涉及认真维护精神知识的时候，能够这么做的，并非是集结在神智学协会的会员——玛丽·封·西弗斯和我都位居其中，而根本是那些愿意全心全意投入其中的人。

在神智学协会当时存在的各个分会效力，是一个必不可少的起点，它构成了我们活动的一部分。主要事务是举行公开的演讲，演讲的时候，我都是面向神智学协会以外的观众，他们只是因为内容才来听我演讲的。

一些人通过这种方式了解到我对精神世界的说法。还有一些人通过在某个“神智学门派”从事活动，找到了通往这种方式的门径。有了这么两批人，在神智学协会的框架内，后来的人智学协会便展现了雏形。

由于我在神智学协会的影响力，人们对我进行了一些指责，也包括来自协会本身的。在这些指责中，有人也提出，我在某种程度上把拥有世界影响力的协会当成了跳板，以便给我自己的精神认识开辟道路。

这个说法简直是不着边际。当我接受协会的邀请时，它是真正开展精神活动的唯一值得重视的组织。协会若是能够保持当时的观念、立场和影响力，我和我的朋友们就根本用不着退出。要是能在神智学协会内部，正式组建“人智学协会”特别分部，那该多好啊。

然而，从 1906 年起，神智学协会发生的现象却表明了协会的衰落，衰落的程度足以令人震惊。

如果说以前在 H.P. 勃拉瓦茨基时期，都是外界宣称出现了那些现象的话，那么在世纪之初，却有事实表明，从精神工作的角度严肃说来，协会方面对于错误疏漏之事反倒是干得挺漂亮。当然，这些事也是有争议的。

我对协会领导层毫无影响力。从 1906 年起，协会当中出现的一些活动不禁使人联想到招魂术的种种陋习。这促使我必须越来越多地强调，我所领导的协会分部跟这些事绝对没有任何瓜葛。这些活动到达了顶峰，一个印度小男孩[①]声称，他是基督的转世者。为了传播这种荒谬的说法，神智学协会里组建了一个特别团体，即“东方之星社团”。我和我的朋友们认为，根本不可能把这个“东方之星社团”的成员吸收为德国分会成员，可是他们想要加入，尤其是担任神智学协会会长的安妮·贝赞特有意接收他们。由于我们做不到这一点，1913 年，人家把我们逐出了神智学协会。对于我们来说，有必要独立创办人智学协会了。

对我来说，此时描述我人生历程的种种事件未免太过急切了。唯有描述这件事很有必要，因为只有后来的这些事实，才能恰当地澄清我在世纪之初加入协会的相关意图。

---

① 吉杜·克里希那穆提，1895 年出生于印度的金奈，1986 年去世于加利福尼亚的奥哈伊。克里希那穆提长大成人后，脱离了别人赋予他的角色，在 1929 年 8 月 2 日发表了一个值得纪念的讲话，解散了“东方之星社团”。这个讲话刊印在《地球和宇宙——人智学意义上的博物学 / 人类学杂志》(舍瑙 / 施瓦茨瓦尔德)，1987 年第 2 期，59—62 页。

1902 年，当我首次在伦敦的神智学协会大会上发言时，我说道：协会是由一个个分会组成的，它应当立足于，让每个分会把它的珍藏带给总部。我还语风犀利地强调，我首先有意让德国分会这么做。我明确表示，德国分会绝对不会是僵化教义的载体，而将作为独立精神研究的场所开展活动。德国分会希望，整个协会在召开共同会议时，能就从事真正的精神活动达成共识。

32　神智学与人智学

当我不得不在今天对人智学所做的观察中，一再读到下面这一类看法，我不禁感到了一丝痛楚：世界大战在人们心灵中引发了有利于各种“神秘主义”和类似精神思潮涌现的情绪，人智学也被列进了这些思潮当中。

与这看法截然相反的是，人智学运动是随着本世纪开始而创立的，自创立以来，这场运动中就从根本上没有做过任何不以内在精神活动为动机的事。二十五年前，我内心获得了某种有关精神感受的东西。我就在演讲、文章和书籍当中描述它的形态。我的所作所为都是受到了精神的驱动。根本说来，每一个主题都是从精神当中提取的。在战争期间，我也谈论了一些以时事为诱因的主题。不过，这么做并非是基于，我有意利用时代氛围来传播人智学。我之所以这么做，是因为人们希望借助精神世界的认识来解读某些时事。

人智学所追求的从来不是别的，无非是取得靠着精神所赋予的内在力量能够取得的进展。——若是把人智学看成是从黑暗的灵魂渊薮走出来，在战争年代想要捞取点什么，那对它来说，就不恰当到极点了。说到战后对人智学感兴趣的人数在增多，人智学协会的会员数量在增多，确实如此。不过，应当注意到，所有这些事实从未丝毫改变人智学事业的继续发展，就像本世纪开始以来取得的发展那样。

从深层精神本质出发而赋予人智学以形态，此举不得不迎着德国神智学者们的种种反对而获得实现。

首当其冲的是精神认识在时代“科学”思想方法面前的合理性问题。这种合理性是必不可少的，我在这本《生平之路》当中，时常谈到这一点。我吸取了这种在自然认识中理所当然被视为“科学”的思想方法，并发展了它，让它为精神认识所用。不过，把自然认识方法用到精神观察上，毕竟还是有些不同于用到自然观察上。然而，它那种被视为“科学”的特点还是得以保留了。

对于精神认识的这种科学形态，那些在世纪之初自视为神智学运动中坚力量的人士，是既没有感觉，又没有兴趣。

那些人集结在许伯·施莱登博士周围。此人是 H.P. 勃拉瓦茨基的私交朋友，早在八十年代时候，就以易北河流域为基地，创办了一个神智学协会。H.P. 勃拉瓦茨基本人出席了创立仪式。随后，许伯·施莱登博士出版了一本《斯芬克司》杂志，让神智学的宇宙观在杂志上大行其道。——整个运动渐渐沉寂，到神智学协会德国分会成立的时候，除了一些人员什么也没剩下，可是，这些人却把我看成他们领地的侵犯者。——这些人等待许伯·施莱登博士能对神智学“从科学上加以论证”。他们的观点是，在这件事做到之前，这个领域根本什么也不该发生。我所做的事情在他们看来是在干扰他们的“等待”，是绝对有害的东西。不过，他们不会毫不犹豫地撤退，因为神智学毕竟是“他们的事”。要是神智学方面发生了什么事，他们可不想袖手旁观。

他们怎么理解那种应该由许伯·施莱登博士论证的应该会为神智学提供证据的“科学性”？对于人智学，他们根本不会赞同。

他们对这个词的理解是，它是指自然科学纯粹理论化的原子论基础以及假说形成的原子论基础。他们对自然现象的“解释”方法是，让宇宙物质的“原始微粒”汇聚成原子，再让原子汇聚成分子。只要形成了原子在分子中的固定结构，一种物质便诞生了。

这种思想方法被人们奉为典范。人们构思出复杂的分子，使之充当基础，当然也作为精神活动的基础。化学进程是分子结构内部进程的结果。对于精神进程，也必须寻求类似的说法。

在我看来，这种原子论就其在“自然科学”当中获得的解释来说，在这其中就已经完全是无稽之谈了。若是把它延伸到精神领域，在我看来意味着思想错乱，对此，就连严肃谈论一下都不可能。

在这个领域，我那种创立人智学的做法始终是艰难的。长期以来，人们一直从某些方面做出担保，说理论上的唯物论已经被克服了。在这个方向上，当人智学谈到科学当中的唯物论时，它等于是在大战风车。相反，我始终明白，人们所说的那种克服唯物论的方式，其实是在无意识地保卫它。

人们把原子设想成，它在物质事件内部起到了纯机械作用或其他某种作用，我对此总是不太在意。我所关注的是，人们的思想观察是从作为最小宇宙成分的原子出发，再寻求过渡到有机体，过渡到精神。我认为，有必要从整体出发。原子或原子论结构只能是精神活动的结果，是有机体活动的结果。——我想本着歌德自然观察的精神，以所观察到的原始现象作为出发点，而不是以虚构的思想作为出发点。我总是对歌德的话的含义深信不疑，他说过，事实就是理论，不必再到事实背后寻找任何东西。不过，这就导致，人们为了自然而接受了感官的给予，并且仅仅利用这个领域的思想，从不容忽视的复杂的派生现象（表象）接近了简单的原始现象。人们会发觉，在自然界大概要与色彩特质和其他特质打交道，精神在这些特质内部起到了作用。不过，人们却无法抵达位于感觉背后的原子论世界。凡是能够从原子论角度发挥作用的，都同样属于感性世界的范畴。

如果说沿着这个方向在理解自然方面取得了进步，这是人智学思想方法所不能苟同的。诸如马赫[①]之类的观点所反映的，或者这个领域新近出现的，虽然露出了背离原子和分子构造的苗头，但却也表明，这种构造已经如此深切地刻入了思想方法，以至一旦离开它，就丧失了所有的实相。马赫就只剩下用来谈论概念了，也就是指代经济上对感官感觉的概括，而不再代指精神实相中存在的东西了。新的时代也没什么两样。

因此，凡是为了跟唯物论分庭抗礼而出现的理论，距离人智学所处的精神存在，并不比距离十九世纪后三分之一时期的唯物论更近些。那时候人智学针对自然科学思维习惯所提出的，在今天仍然适用，而且适用程度不但没有削弱，反而增强了。

对这些事情的描述可能看起来就像是，一些理论化的东西穿插进了这本《生平之路》。可是我不这么看，因为这些讨论中所包含的内容对我来说乃是体验，无比强烈的体验，它要比从外部向我靠近的东西重要得多。

神智学协会德国分会成立之际，我立即感到有必要拥有一份专门的杂志。于是，玛丽·封·西弗斯和我一同创办了《路西法》月刊。当然，这个名字在当时倒不会跟我后来称作路西法的精神势力扯上关系，那是阿里曼的对头。那时候，人智学的内容还没有确立，就此而言，确实不可能谈及这些势力。——这名字的意思就是“光的载体”而已。

尽管我起初的意图是与神智学协会领导层通力合作，但我却从一开始就感觉到：人智学当中必须涌现某种东西，它是靠自己自生自长而成的，在内容上不会以任何方式依附于神智学协会所传授的。——为此，我只能借助这样一本杂志。事实上，今天的人智学就是从我为杂志所写的东西发展起来的。

从某种程度上说，德国分会是在贝赞特夫人的庇护和出席之下成立的。当时，贝赞特夫人还在柏林就神智学的目标和原则做了个演讲。晚些时候，我们请求贝赞特夫人在一系列德国城市发表演讲。演讲在汉堡、柏林、魏

① 物理上的速度单位。——译者注

玛、慕尼黑、斯图加特、科隆举行。——尽管如此，神智学事业还是逐渐完结了，不是因为我这一边做了什么特别的手脚，而是由于一种内在的必然。由于内在条件的影响，人智学成长并发展起来了。

是玛丽·封·西弗斯促成了这一切，她不仅靠她的力量找来了物质上的捐献者，还把她的全部精力献给了人智学。——开始的时候，我们真的只能在最为简陋的状况下工作。我撰写了《路西法》的绝大多数文章，玛丽·封·西弗斯操持通信来往。每当一期编好，我们会亲自用纸包裹好杂志成品，写上地址，贴好邮票，再把一期期杂志放进洗衣篮，两个人亲自运送到邮局。

《路西法》很快就得到了拓展。在维也纳出版《灵知》杂志的拉帕波特先生向我提议，把他的杂志跟我的合二为一。就这样，《路西法》便以《路西法—灵知》的名字面世了。一段时间里，拉帕波特还承担了一部分开支。

《路西法—灵知》的发展再好不过了。这份杂志的传播方式绝对让人满意。有些期在卖完之后甚至要第二次印刷。直到现在，杂志也没有停刊。人智学的传播在相对较短的时间内就发展到这样的地步，我本人被招呼到许多城市发表演讲。在一份份演讲合同中，有许多都是周期性的演讲。起初我还努力做到，一边编辑出版《路西法—灵知》，一边从事这些演讲活动。可是，各期杂志却再也不能按时面世了，有时甚至要推迟一个月。于是，一个值得关注的情况出现了：一份每期都要送到订户手里的杂志，单靠编辑的超负荷劳作是无法继续出版的。

我在《路西法—灵知》月刊上首次发表的那些文章，成了人智学活动的基础。人的灵魂为了获得对精神知识的独特直观理解，都付出了哪些努力？杂志首先刊登了我对此的说法。《怎样认识更高层次的宇宙？》以连载的形式一期一期地发表。同样，连载的文章《来自阿卡沙编年史》也为人智学领域的宇宙论打下了基础。

人智学运动就是从上述内容当中发展起来的，而不是靠借鉴神智学协会的任何东西。我在写下精神认识时，即便曾经想到神智学协会常有的教导，也只是为了纠正这些教导中在我看来存在这样那样谬误的地方。

与此相关的是，我必须评论一下敌对方再三提出的说法，这些说法尽都笼罩在误解的迷雾当中。从心底来说，我根本用不着对此说些什么，因为这无论对我的发展进程还是我的公开影响力都并无什么妨碍。相对于我在这里描述的一切而言，这仍然是一桩纯粹的“私人”事务。这里说的是我被吸收进神智学协会内部的“秘传学派”一事。

这个“秘传学派”要从 H.P. 勃拉瓦茨基那里说起。她为协会里的一个内部小圈子提供了一个场所，在那里传达她在协会公众面前不想说的内容。她像精神世界的其他行家一样，认为不可能向众人传达某些深刻的教义。

一切都关系到 H.P. 勃拉瓦茨基传达她的教义的方式。这些学说起源于古老的神秘学派，关于这些教义，始终存在一个传统。这个传统得到所有协会的遵守，即严格进行监控，以防这些教义有一星半点泄露到协会以外。

不过，从任何一方面来说，由 H.P. 勃拉瓦茨基来传达这些教义都是适合的。她会把她所接收到的启示与她自己内心产生的启示联系起来。在她这个人的个性当中，精神会通过一种奇特的返祖现象发挥作用，就像曾经对那些神秘宗教仪式的主持人发挥作用一样，会使之处于一种意识状态，这种意识状态相对于被灵魂意识照亮的现代意识状态来说，是一种坠入梦境般的沮丧状态。于是，某种在远古时代神秘宗教仪式中司空见惯的东西，会在“勃拉瓦茨基这个人”身上重新显现。

对于现代人来说，他们可以正确无误地选择，要把哪些精神观察内容传达给广泛的圈子。无论如何都可以这样操作，让探究者用观念来体现他们的选择，只要所用的观念是灵魂意识所特有的，只要这些观念类型也能在公认的科学领域发挥作用。

当精神认识并不位于灵魂意识当中，而是位于更具潜意识特色的灵魂力量中的时候，情况就不是这样了。灵魂力量面对那些支配身体的力量不够独立。因此，对于从潜意识区域提取的教义来说，传达它可能是危险的，这些教义只能由潜意识重新接收。在老师和学生们活动的这个领域，什么对人有益，什么对人有害，都必须小心翼翼地看待。

这一切都是人智学不会考虑的，因为人智学的学说都完全是从潜意识区域提取的。

勃拉瓦茨基的内部圈子在“秘传学派”当中继续活动。——我则在人智学协会投身于我的人智学活动。因此，我对于这些地方发生的一切都必须知情。为了获得这种信息，也因为我觉得，有必要让人智学精神认识方面的先行者组成一个小圈子，我就让人家把我吸收进了“秘传学派”。只不过，我的小圈子应当具有与这个学派不同的意义。它应当为那些接受了解到足够多的人智学基础知识的人士提供一个高级的分部，展现一个更高的级别。——无论是现有的，还是历史上曾经有过的，我都想要与之取得联系。正如我对神智学协会是这么做的，我也想对“秘传学派”这么做。因此，我的“小圈子”也与该学派建立了联系。不过，这一联系仅限于机构上的，而不涉及从精神世界传达的东西。就这样，在最初几年当中，我的小圈子外表看起来就像是贝赞特夫人的“秘传学派”的一个部门，但在内部，它根本不是这样。1907 年，贝赞特夫人来我们这里参加慕尼黑召开的神智学大会，她跟我之间达成了一个协定，自那以后，就连表面上的联系也完全终止了。

我真想在贝赞特夫人的“秘传学派”内部学点特别的东西，但这已经是不可能的事了，因为我从一开始就没有参加过该学派的集会，只除了少数几次对我了解正在发生的事能有帮助的。

当时在那个学派里，除了来自 H.P. 勃拉瓦茨基的东西以外，毫无其他真正的内容可言，而勃拉瓦茨基的东西已经印出来了。除了这种印刷品以外，贝赞特夫人还针对认识进步领域提供各种印度式的训练，但我却拒绝了。

就这样，到 1907 年为止，我的小圈子在机构相关的意义上，与贝赞特夫人经营的小圈子保持着一种联系。然而，若是从这些情况推导出那些反对者所持的说法，就太不公道了。他们极其荒谬地宣称，我借助贝赞特夫人的秘传学派才被引向了精神认识。

1903年，玛丽·封·西弗斯和我再次参加了伦敦举行的神智学大会。神智学协会会长奥尔科特上校也从印度赶来出席。他是一个可爱的人，人们将会见证，他怎样靠着旺盛的活力和出类拔萃的组织才能，在神智学协会的创立和领导方面成为了勃拉瓦茨基的伙伴。从外部来看，协会在很短时间里就成为了一个庞大的社团，拥有了一流的组织。

有一段不长的时期，玛丽·封·西弗斯和我跟贝赞特夫人走得挺近，因为贝赞特夫人在伦敦住在布莱特太太家，我们俩后来访问伦敦时，也会被邀请到这个可爱的家里。布莱特太太和她的女儿艾丝特尔·布莱特小姐是东道主，显而易见都是可爱的人。回想有幸在这个家里度过的时光，我内心满怀喜悦。布莱特一家是贝赞特夫人的忠实朋友，她们极力把她跟我们紧紧拉到一起。可我在某些事情上不可能跟贝赞特夫人站到一边——其中有几件事上文已经提到了，这也给布莱特一家带来了痛苦，她们靠着钢铁般的纽带，跟神智学协会的这位精神领导人牢牢连在一起，对她没有任何微词。

在我看来，贝赞特夫人就某些特点来说是一个有趣的人。我在她身上注意到，她具有某种权利，可以从精神世界出发，谈论她自己的内心体会。用灵魂去深入沟通精神世界，这是她能做到的。只不过，这到后来被她为自己定下的外部目标掩盖了。

我觉得，一个从精神出发谈论精神的人必然是有趣的。——不过另一方面，我也严谨地提出这样的观点：在我们的时代，深入观察精神世界必须在灵魂意识的内部进行。

我注意到人类的一种古老的精神认识，它带有某种梦幻特征。人观赏图画，图画中展现出精神世界。然而，这些图画并不是借助审慎的认识意愿而形成的。它们在灵魂中浮现，像梦幻一般，来源于宇宙，被赋予灵魂。这种古老的精神认识在中世纪遗失了。人拥有了灵魂意识。灵魂意识不再拥有认知梦幻，它通过认识意愿，在深思熟虑之下把观念召唤进灵魂中。——这个能力体现在对感性世界的认识中，它在自然科学内部的感性认识上达到了顶峰。

精神—认识的任务是，凭借认识意愿，审慎地把观念—体验带近精神世界。然后，认识者便拥有了灵魂内容，它带给人的体验就像数学一样，人会像数学家那样展开思考。不过，人思考的不是数字或几何图形，而是精神世界的情景。与白日梦一般的古老精神认识相反，人是带着充分意识置身于精神世界之中的。

这种新的精神认识在神智学协会内部得不到真正的理解。只要充分意识想要向着精神世界靠拢，人们就会疑窦丛生。他们只知道感性世界方面才会有充分意识。人们对于把充分意识进一步发展为精神体验毫无兴趣。他们的目的其实在于，通过压抑充分意识而重新回归古老的梦幻意识。这种回归也体现在贝赞特夫人身上。她简直不可能领会现代的精神认识方法。不过，她关于精神世界的说法倒是按照现代方法来的。因而，她对我来说算是一个有趣的人。

由于神智学协会的其他领导者也对充分意识下的精神认识心存反感，故而我在协会的精神领域从未体会到灵魂的皈依。从社交上说，我乐意待在这个圈子里。可是，它面对精神时的灵魂状态却让我感到格格不入。

因此，我也抵触在协会的大会上，从我自身的精神体验出发来发表我的演讲。我做的演讲都是别人也能做的，并没有自己的精神观点。一旦我不是在神智学协会的集会框架之内，而是在玛丽·封·西弗斯和我一同在柏林初创并发展起来的框架内发表演讲时，我自己的精神观点就立即活灵活现了。

柏林、慕尼黑、斯图加特等地都活动起来了，其他地方也纷纷加入。神智学协会的内容逐渐消失不见了，人智学领域的内容涌现出来，并凭借内在的力量获得了赏识。

在与玛丽·封·西弗斯共同组建机构、博取外部影响力的同时，我也在记录我的精神体验成果。也就是说，我一方面完全投入了精神世界，不过，我在 1902 年左右以及随后几年间，却也具备了想象、灵感和直觉。当然，这些逐渐融进了随后我的著作中那些公布于众的内容。

凭借玛丽·封·西弗斯开展的活动，小小的机构中诞生了哲学·人智学出版社[①]。出版社出版的第一部作品是一本演讲笔录汇编而成的小册子，收录了我在上文提到的柏林自由学校所做的演讲。我的《自由哲学》此前的出版商不再推广它了，有必要拿到它，自行加以推广，这就有了第二本出版物。我们购得了该书仍然残存的样书以及出版权。——所有这些都我们来说并不轻松，因为我们并没有大笔的资金。

然而，工作在向前推进，这或许恰恰是因为，它并不依托外部的任何东西，而只是立足于内在的精神联系。

33 《神智学》一书的内情

在那些从神智学运动中成长起来的圈子里，我的首次演讲活动必须要契合圈子的灵魂状态才行。那儿的人们读过神智学文献，已经习惯了对特定事物使用特定表达方式。我要想让他们听得懂，就必须顺应这种状况。

只有随着时间的推移，随着工作的推进，我才可以在表达方式上越来越多地走自己的道路。

因此，人智学产生影响的最初几年的演讲笔录中那些东西，可谓从内在、从精神上忠实反映了我为逐步传播精神认识而开辟的道路。借助这条道路，透过近处的就能够理解远处的。不过，也必须真正看到这条道路的内在。

---

① 原名叫作：哲学·神智学出版社。1915 年起更名为哲学·人智学出版社。这里提到的文章是《席勒与我们的时代》。1905 年 1 月至 3 月在柏林“自由学校”举行的演讲的记录。出版于：《论哲学、历史与文学》，全集卷 51。其中刊印的文章于 1905 年由神智学协会的贝赞特分会代理在柏林出版，编辑是玛丽·封·西弗斯和约翰娜·弥克，这就为出版社于 1908 年创立开辟了道路。

大约从1901年到1907年（或1908年）这段时期，我的全部灵魂力量都处在朝我靠近的精神世界事实和实体的印象之下。从对整个精神世界的体验中，生成了各种特别的认识。通过构筑《神智学》这样一部著作，我体验到许多。每走一步，我都努力与科学思想保持联系。随着精神体验的扩展和深化，对这样一种联系的追求便呈现出特别的形式。我的《神智学》问世的那个时刻，正值我从描述人的本性转向描绘“灵魂世界”和“精神国度”。看来，这本书陷入了一种完全不同的论调之中。

我是从感官科学的成果出发，来描述人的本性的。我尝试着深化人智学，好让人的机体呈现出细微差异。那样人们就可以看到，人的机体是怎样在不同的组织形式中并且也以不同的形式跟贯穿机体的各种精神－灵魂本性取得联系的。人们会在某种组织形式中看见生命活动。于是，以太体的介入就变得直观了。人们会看见负责感觉和感知的器官。通过身体组织的引导，就能看见星芒体。在我的精神观察面前，人的各个本质环节在精神上出现了：以太体、星芒体、自我等等。为了描述它们，我试图把它们跟感官科学的成果联系起来。——对于想要停留在科学层面的人来说，描述尘世生命循环及其塑造的命运是件难事。若是不想仅仅从精神体验的角度来说事，就必须求助于观念，这些观念虽然源于对感性世界的细致观察，但却没有被人们所领会。在一种如此细腻的观察方式面前，人在组织和发展方面的状况会不同于动物界。当人观察这种不同时，尘世生命循环的观念就会从生命中涌现出来。不过，人是看不到它的。于是，这些观念不是从生命中提取出来的，而是被随意捕捉到的，或是干脆从古老的宇宙观当中拾获的。

面对这些困难，我有充分的意识，我跟它们搏斗。谁要是费些力气关注一下，我在我的《神智学》一个接一个的版次中怎样反复修改关于尘世生命循环的章节，只为了让它的真相靠近通过观察感性世界而获得的观念，他就会发现，我是怎样努力地正确运用公认的科学方法的。

从这个角度来看，“灵魂世界”和“精神国度”章节的内容就显得更有难度了。因为对于读了此前的阐述仅仅对内容有所了解的人来说，这些章节中描述的真相就像是随意抛出来的看法。然而，对于通过阅读有关感性世界观察的内容致使观念体验获得了力量的人来说，情况就不同了。对这样的人来说，观念摆脱了感觉的束缚，成为了独立的内在活动。现在，接下来的灵魂进程可以在他内心展开了。他觉察到挣脱了束缚的观念的活动，这些观念在他的灵魂中交织着，活动着。他体会到了它们，就像他借助感官体会到色彩、声音、温度的印象一样。正如色彩、声音等等当中存在自然世界一样，在他体会到的观念里，存在着精神世界。——不过，谁若是在没有内在体验—印象的情况下读了我的《神智学》开头的阐述，以至没有觉察到他迄今为止观念—体验的转变，谁若是在读过前面内容的情况下，在接触后面的阐述时，某种程度上仍然像开始阅读书里的“灵魂世界”章节一样，那他就只能产生抵触了。他已经认定，这些真相只不过是未经证实的断言而已。不过，人智学著作意在被内在的体验所接纳。那样一来，就会逐渐得到某种理解。理解可能是十分微弱的，不过它或许会有，也应该会有。进一步的加固和深化是通过《怎样获得对高层宇宙的认识？》当中描述的训练来实现的，也算是一种加固和深化了。这对于精神道路上的进展是必不可少的。然而，一本得到恰当领会的人智学书籍，应当成为读者精神生命的唤醒者，而不是传播大量的讯息。阅读它不应仅仅是一种阅读，而应成为一种体验，能够引发内心震撼、激动，带来解决方案。

我知道，我在著作中所提供的，还远远做不到，通过内在力量去引发读者灵魂中的这种体验。然而我也知道，每写一页内容，我内心都在朝着这个方向奋进，尽量地向它靠近。从描述风格来说，人们不会在字里行间觉察我的主观情感活动。写作的时候，我把激情和深切的情愫压抑成枯燥的数学风格。不过，单单这种风格就可以充当唤醒者了，因为读者必须让自己内心产生激情和情感，他不能干脆让描述者的激情和感受经过压抑后，不温不火地流进自己的心里。

34 精神—认识与艺术

在神智学协会，不存在任何维护艺术兴趣的迹象。从某种特定的观点来说，这在当时完全可以理解，然而，若要使正确的精神观念呈现繁荣，就绝不能总是这样。这样一个协会的成员固然对精神活动的实相怀有莫大的兴趣。他们认为，在感官世界中，人只会展现出一种倏忽易逝的、脱离了精神的存在。在他们看来，艺术活动是在这种孤立的存在内部进行的。照此说来，他们仿佛处在他们孜孜以求的精神实相之外。

由于神智学协会是这般情形，艺术家们在这里找不到家的感觉。

玛丽·封·西弗斯和我也想让协会里的艺术氛围活跃起来。精神认识作为体验，其存在渗透了整个人，所有的灵魂力量都受到鼓舞。当精神体验存在时，精神体验之光会照进幻想的形成当中。

然而，这里出现了某种造成阻碍的东西。艺术家对于精神世界照进幻想怀有某种恐惧情绪。对于精神世界在灵魂中的支配作用，他希望保持无意识状态。若是涉及那种自觉而又审慎的元素——它自从意识时代开始以来，就在文化活动中占据主导——对幻想的“刺激”，他这么希望是理所应当的。这种“刺激”会借助人的理智，对艺术起到压制作用。

然而，当真正被看到的精神内容透射进幻想时，出现的情况却恰恰相反。一切的鲜明生动性又复活了，它只会把人性引向艺术。玛丽·封·西弗斯深谙语言塑造艺术，对于戏剧表演也极其在行。于是，对于人智学活动来说，一个可以检验精神观察所结出的艺术成果的领域出现了。

“话语”从两个方向遭遇到灵魂意识发展中出现的危险。它服务于社会生活中的相互理解，服务于逻辑—理智的知情者所做的传达。在这两方面，“话语”都失去了它的独特作用。它必须适应它所要表达的“感觉”，它必须让人忘记，声调、语音和语音形态本身是怎样包含着实相。美感、元音的光芒、辅音的独特全都从语言当中消失不见了。元音变得冷漠无情，辅音趋于空洞无物。就这样，语言脱离了它所起源的领域，脱离了精神的领域。它沦为理性认识的仆从，沦为逃脱了精神的社会活动的仆从，它被艺术领域整个扯了下来。

真正的精神观察本能地完全落入了“话语体验”当中。它学会了借助承载着灵魂的元音之声和渗透着精神的辅音描画去进行感受。它对语言发展的秘密形成了理解。这个秘密在于，从前，神性—精神性的本质曾经借助话语向人的灵魂喊话，现在，话语却只能为领会物质世界服务了。

需要借着这种精神认识点燃热情，以便把话语重新拉回它的领地。玛丽·封·西弗斯就萌发了这种热情。于是，靠着她这个人，人智学运动可以从艺术角度来维护话语和话语形态了。除了传达精神世界的工作以外，还开始从事朗诵吟咏艺术了，这在人智学活动所举办的集会当中，越来越占据了一个值得重视的份额。

玛丽·封·西弗斯在这些集会上的朗诵，成了艺术走进人智学运动的起点。从这类“佐料式的朗诵”，发展到在慕尼黑与人智学课程并驾齐驱的戏剧表演，发展过程是一条畅通的直线。

由于能够借助精神认识开展艺术活动，我们越来越走进了现代精神体验的真相。艺术是从原始的梦幻而形象的精神体验中萌生成长起来的。当这种体验以新的形态进入文化活动时，艺术必须与这种体验重新会合。

35　论书籍、演讲及其公共效应

在我开始从事人智学工作的那个时期，许多人都对刚刚过去的时代认识走向感到不满。大家希望找到一条出路，好走出这样的存在领域：只承认用机械论观念能够领会的东西才是“可靠”的认识，带着这样的态度故步自封。一些同时代人士追求某种精神认识的做法跟我十分接近。我觉得，像奥斯卡·赫特维希[①]这样的生物学家，都是向我昭示了时代的认知渴望的人。赫特维希是作为海克尔的学生起步的，不过后来远离了达尔文主义，因为在他看来，达尔文所认识的推动力并不能为生物体的形成提供解释。

然而我感到，所有这些渴望都面临着一种压力。只准将感性国度能够靠尺寸、数值和重量探明的东西看作知识，就是这种信念结果造成了这样的压力。人们不敢在内心展开活跃的思维，以便能够比感官体验更加近距离地体验实相。于是，人们就始终只能说，迄今为止那些用来解释更高形式的实相比如生物体实相的手段，是再也难以为继了。然而，当人们要朝积极方面前行，要说出是什么支配着生命活动时，他们却只能在含糊不定的观念当中游移。

那些努力摆脱机械论宇宙解释的人，大多没有勇气承认：谁要想克服机械论，就也必须克服那些导致机械论的思维习惯。这个时代所需要的供认不会出现。情况是这样的：人们是靠着感性倾向，挺进到机械论领域中。到十九世纪后半叶的时候，人们已经习惯了这种倾向。如今，既然机械论让人不满意了，人们就不想借助同样的倾向冲进更高的领域了。——人体的感官会自动发挥作用。借助感官所能带来的，人永远看不到别的，看到的无非是机械的东西。要想获得更多的认识，就必须让来自内心深处的认识力量，展现出自然曾经给予感性力量的那种形态。面对机械的东西，认识力量是自行保持清醒的。而面对更高形式的实相，认识力量却必须被唤醒才行。

认知追求的这种自我供认，在我看来是时代的一个必然。

令我感到欣慰的是，我看到了这方面的苗头。一次前往耶拿的美好回忆在我心中挥之不去。我在魏玛举办了以人智学为主题的演讲，机缘所致，

① Oskar Hertwig，1849—1922，德国胚胎和细胞学家，第一个认识到精卵结合是受孕的关键。——译者注

也要在耶拿的小圈子里讲一场[①]。演讲过后，还要跟一个极小的圈子聚一聚。大家想要讨论神智学的一些说法。马克思·舍勒[②]就在这个圈子里，他当时在耶拿担任大学的哲学教师。一次，在他对我的阐述进行了探讨之后，辩论很快就展开了。我当即感到了他的认知追求中存在的深层特点，他对我的观察给予了内在的包容。这种包容对于真正想要展开认识的人来说，是不可或缺的。

我们讨论了精神认识在认识论方面的合理性。我们谈到了这样的问题：一方面对于闯入精神实相，必须从认识论角度进行论证，正如另一方面必须对进入感官实相加以论证一样。

舍勒的思想方式给我留下了超凡脱俗的印象。直到今天，我仍然怀着无比浓厚的兴趣探寻他的认识道路。每当再遇见这个当时让我一见如故的人，我都会感到内心的喜悦。只可惜遇见他的机会太少了。

对我来说，这些经历是重要的。每当这样的机会出现时，我内心就会感到，有必要重新审视自己认识道路的可靠性了。在这种再三反复的审视当中，一些力量得以发展壮大。后来，这些力量也一再开发了精神存在的其他领域。

我的人智学活动结出了两个成果：一是我那些公开出版的书籍，二是很大规模的系列演讲，演讲笔录暂时被设计为内部出版物，只向神智学（后来是人智学）协会的成员出售。这些笔录在讲座过程中记得参差不齐，由于时间缺乏，也无法由我进行修改。我觉得，口头说出的话如能只是作为口头说出的话而存在，是再好不过的了。可是，会员们想要演讲内容的内部出版物，于是，就只有付梓出版了。我若是有时间对内容进行修改，则从一开始就用不着限定为“只是面向会员”出售了。现在，都过了一年多了，

---

① 这次以尼采为主题的演讲在 1905 年 3 月 1 日举行，邀请方是耶拿哲学协会。

② Max Scheler，1874—1928，德国著名基督教思想家，现象学价值伦理学的创立者，知识社会学的先驱，现代哲学人类学的奠基人。——译者注

我已经放弃这么做了。

在我这本《生平之路》当中，有必要首先说明，我出版的书籍和这些内部出版物两者是怎样融入我所制定的人智学规划的。

谁要想关注我本人为在当今时代意识面前树立人智学而付出的内心抗争和劳动，就必须借助那些面向公众出版的著作来行事。我在这些著作中也探讨了当今时代的一切认知追求。在此过程中，我的“精神观察”中日益涌现的东西，成了人智学大厦的一部分，只不过在许多方面尚不完善。

人们要求我构筑“人智学”，并且只是致力于向今天的普通教育界传播精神世界的信息。除了这个要求之外，却也产生了另一个与之截然相反的要求，后者是作为协会成员的灵魂需要，作为他们的精神渴望而出现的。

这首先表现为一种强烈的倾向，想要按照人智学所传达的含义来解读新教以及圣经文字内容。人们希望，在讲座中能听到从这个角度上对人性的揭示。

在顺应这种要求而举办内部讲座课程期间，还发生了别的事情。前来听讲座的都是会员，他们熟悉人智学的来龙去脉。对他们宣讲，可以就像对待在人智学领域取得了进益的人那样。这些内部讲座中的态度立场是著作当中所不可能达到的，著作的态度立场完全取决于公开性。

在内部圈子里，我得以用有别于公开阐述的方式来谈论事物。公开阐述时，所采取的方式从一开始就被公开阐述给框定了。

于是，在公开著作和内部作品的二元性之中，确实存在某种起源于两种不同根基的东西。完全公开的著作都是我内心抗争和劳动的成果。而在内部作品中，协会也付出了努力，参与了运作。我倾听会员们灵魂活动的振荡，并从我内心对所听到的东西的鲜活体验中，形成了讲座时的态度立场。

任何东西，若是不属于正在构建的人智学所取得的无比纯粹的成果，都丝毫不会被提及。我根本不可能对会员的偏见或成见做出让步。谁要是读到这些内部出版物，就完全可以把它们当作人智学的说法来接受。因此，当与此相关的指责咄咄逼人地袭来时，协会组织便毫不犹豫地决定，只在会员圈子里传播这些出版物。至于未经我审阅的版本中存在着错误，也只有给予包容了。

不过，说到对这种内部出版物的内容进行评判，只有清楚什么是评判前提的人，才有权利去做。就绝大多数的这种出版物而言，前提指的是，起码要具备与人、宇宙相关的人智学知识，要从宇宙学角度来描述宇宙和人的本质，描述在精神世界的传达中堪称“人智学史”的内容。

36　秘传指导

有一个诞生于人智学协会内部的机构，当它诞生时，根本没想过它会跟公众扯上联系，讲述它其实也并不在本书的框架之内。然而，却应当对它加以说明，因为有些攻击我的内容也是从它那里获取的。

人智学协会的工作开始几年以后，某一方面的人士委托玛丽·封·西弗斯和我担任某个协会的领导，这个协会的类型靠着维护能体现“古老的智慧”的古老象征仪式和祭礼活动而生存。我压根没有想过，要以某种方式从这样一个协会的角度来发挥作用。一切人智学的东西都应当也必须从它自己的认识来源和真相来源而生成，对这个目标不应有丝毫偏离。不过，我向来尊重历史所赋予的东西，它里面活跃着人类成长过程中形成的精神。我也赞同，新涌现的事物要尽量能跟历史上有过的事物有所关联。就这样，我接过了上述那个协会的委任书。这个协会属于以雅克为代表的流派，它具有所谓的共济会高级形式。我从这个协会能得到的只是一个正式资格，可以按照历史关联去亲自安排象征仪式和祭礼活动了。

在我的安排之下展开的“情节”中，所呈现的一切内容都没有借鉴任何一个历史传统。在拥有正式授权的情况下，我只布置了那些算是把人智学认识加以直观形象化的内容，这么做是出于会员的需要。人们除了希望传播那些蕴藏着精神认识的观念以外，还渴望听到直接谈论体验、谈论情感的内容。对这些要求我都想要迎合。若是上述协会方面的邀请没有到来，我恐怕会做出安排，展开一种没有历史关联的象征仪式与祭礼活动了。

然而，由此并不是要造就一个“秘密协会”。凡是接触该机构的人，都会以十分明确的方式被告知，他不是要加入什么修会，而是将作为礼仪活动的参加者，体验到精神认识的感性化和某种展示。如果某些形式上的进展涉及，修会在这里接收成员或是把成员晋升到高层，那也跟这样一个修会的运作无关，而只不过是，通过感性画面直观形象地展示从精神到灵魂体验的升华。

这个过程无关乎任何一个现有修会的活动，也无关乎这类修会传达它要传达的东西。一个证据就是，参加我所安排的仪式的人来自极其不同的修会流派，他们各自的修会内部的情形彼此是迥异的。

有一次，一个首次在我们这里参加活动的人，在活动结束后径直来找我。此人在某个修会拥有很高职级，他在对参与体验的东西获得了印象之下，便想把他的修会的象征物交给我。他误以为，在体会到真正的精神内容之后，就再不能继续参与这类拘泥于形式的活动了。我把这事处理妥当了。人智学不准把任何人拽出他所处的生活状况，它可以为这种状况添加些东西，但却不得从其中拿走一星半点。就这样，这位当事人留在了他的修会，同时继续在我们这里参加象征仪式活动。

在传播上述活动安排的过程中，需要停止误会，这是完全可以理解的。还有许多人，把外在的归属看得比带给他们的内容还要重要些。比如，有些参与者说起这类事来，就好像他们是某个修会的成员似的。他们不懂得区分，我们这里不需要他们跟修会有什么关系，就可以向他们展示各种事物，而在其他地方，这却要在修会关系内部进行。

我们在这个领域也打破了古老的传统。工作的方式必然是，在从容镇定地获得了灵魂体验的情况下，用原始方法去探索精神内容。

玛丽·封·西弗斯和我针对历史上的雅克组织而签署的那些证书，后来被人当成了各种造谣中伤的出发点。为了策划这些谣诼，他们把严谨之事变成了可笑的把戏。我们的签字是符合“格式”的，也遵守了通行的标准。当我们签下我们名字的时候，我再清楚不过地表示：这一切都是形式而已，我所做出的安排不会挪用雅克组织的任何东西。

当然，事后很容易产生这样的想法：不跟别的组织扯上关系，以防别的组织以后会被造谣中伤者利用，这是多么有“先见之明”啊。然而，我却怀着无比谦逊之心觉察到，我在这里所涉及的年龄上，仍然属于这样的人：我们在跟别的相关人士打交道时，会以正直而不是欺诈作为前提。这是对别人的信赖，就算精神观察也丝毫改变不了它。精神观察不应当被滥用，不应当在不符合当事人自身需求的情况下，去探究人家的内在意图。在其他情况下，探究别人的灵魂内心对于精神行家来说也是禁区，就像未经授权禁止打开别人的信件一样。在对待跟你有关的人士时，要做得跟任何不具备精神认识的人一样。不过，径直强迫他人服从自己的意图以至事与愿违，与对待全世界的人都毫无恶意，这两者之间还是有区别的。人的社会协作在前一种氛围下是不可能做到的，因为这种协作只能建立在信任基础之上，而不是基于怀疑。

在祭礼—象征仪式上传播精神内容，这个安排对于人智学协会的许多参加者来说，不失为一桩善举。跟人智学活动的所有领域一样，这个领域也会排除一切从深思熟虑的意识框架中流出的东西，这样，人们就不会联想到不合情理的魔术、感应作用以及诸如此类的东西了。——不过，会员们在听到专门针对他们的观念理解力的宣讲内容时，情感还是会掺杂到直接的体验中。对许多人来说，他们还可以把这重新更好地引导到观念的形成中。随着战争爆发，不可能继续安排开展这样的活动了。尽管这个组织当中不存在秘密协会的任何迹象，可人们还是把它当成秘密协会来看待。于是，从1914年中期以后，人智学运动的象征—祭礼分部就进入长眠状态了。

对于任何怀着善意和真理意识看待这项事业的人来说，这个组织都是绝对无可指摘的。至于有些参与其中、从中起步的人变成了指责者，行造谣中伤之事，这就是人类行为中的一种病态现象了。这种病态现象之所以出现，是因为人们没有用真诚之心投身于拥有真正精神内容的运动。他们所期待的是那些与他们平庸的灵魂活动相称的事物，可他们当然找不到，于是，他们就转而反对这个组织了，曾几何时，他们一度抱着未被察觉的不真诚态度投身其中。

像人智学这样一个协会没有别的选择，只能从会员的灵魂需求出发来塑造自己。不可能推出一个抽象的纲领，说明人智学协会里应当做这个做那个，而是必须从现实出发来开展工作。不过，这个现实同样也是会员的心灵需求。人智学作为活动内容，是从它本身的根源出发来打造的。它作为精神的产物出现在同时代人面前。有许多感到内心被它吸引的人，都在寻求与他人一道工作。由此，协会的形态便出现了，人员当中，有的渴望多一点宗教，有的向往科学，有的则追求艺术。凡是所追求的东西，都必定能够找到。

由于是从会员的灵魂需求现状出发来开展工作的，因此，内部出版物遭到的评判必然会不同于从一开始就面向大众传播的内容。所谓内部出版物，指的是那些口头说出的原本不打算付印的传达内容，谈论的话题也是取材于会员们随着时间推移而产生的灵魂需求。

公开发表的内容，顺应了人智学所面临的要求，内部出版物从暗示的意义来说，对整个社会的灵魂形态都起到了作用。

37 灵魂的成熟；1906 年的巴黎演讲

私人出版物的内容部分地表明了协会内部传达人智学知识的方式。与此同时，玛丽·封·西弗斯和我在合作当中致力维护艺术元素。艺术元素成为人智学运动的一个活跃因素，这是命中注定的事。

其中一方面是朗诵。朗诵毗邻戏剧艺术，为了使人智学运动具备恰当的内容，戏剧艺术是必须要完成的工作目标。

另一方面，为了效力于人智学，我必须要出差旅行。旅途中，我有机会去深入探讨建筑、雕塑和绘画的发展。

我在这本生平描述的许多地方说过，对于体验精神世界的人来说，艺术活动是举足轻重的。

然而，我现在却只能借助仿制品，来研究人类发展过程中截止到我从事人智学活动的时代的大多数艺术作品。原件只有在维也纳、柏林和德国为数不多的地方才能找得到。

当我跟玛丽·封·西弗斯一道展开人智学旅行的时候，欧洲广大范围内的博物馆宝藏向我扑面而来。就这样，我在本世纪之初，也就是在我五十来岁的年纪上，算是又上了一所学习艺术的大学，并进而完成了一次对人类精神发展的观察。无论去哪里，玛丽·封·西弗斯始终在我身边，对于我在艺术与文化观察中体验到的东西，她会凭借她的细腻和品味发表意见，她本人也会以美妙的方式共同体验这一切，并加以补充。她懂得，这些经历是怎样汇成了后来触动人智学观念的一切。我的灵魂所获得的艺术印象，都会渗透到我在演讲中所运用的内容当中。

在实际观察重大艺术作品时，一个世界会展现在我们的灵魂之前。在这个世界里，仿佛有另外一个来自远古时候的灵魂形态，在冲着新的灵魂形态说话。我们可以让灵魂沉浸到艺术的精神性当中，这种精神性在契马布埃[①]那里可见一斑。不过，通过艺术观察，我们也可以深入到阿奎纳[②]在经院哲

① Cimabue，1240—1302，意大利文艺复兴初期画家，生于佛罗伦萨，卒于比萨。原名本奇维耶尼·迪佩波，契马布埃是其绰号他是13世纪后半期首先进行风格革新的画家，被奉为文艺复兴艺术从中世纪旧艺术开始转化的先锋。——译者注

② Thomas Aquinas，约1225—1274年，中世纪经院哲学的哲学家和神学家，他把理性引进神学，用自然法则来论证君权神圣。他是自然神学最早的提倡者之一，也是托马斯哲学学派的创立者，成为天主教长期以来研究哲学的重要根据。天主教教会认为他是历史上最伟大的神学家，他所建立的系统完整的神学体系对基督教神学发展具有重要影响，他本人被基督教会奉为圣人。——译者注

学繁荣时期与阿拉伯主义之间展开的激烈思想斗争当中。

对我来说，观察建筑艺术的发展是极为重要的。每当安静地注视着风格造型时，我的灵魂中都会萌生出什么，我会把它铭刻到后来歌德纪念馆的造型上。

驻足在米兰的莱昂纳多·达芬奇那幅《最后的晚餐》前，流连于拉斐尔和米开朗基罗的作品前，还有观赏之后接下来必须跟玛丽·封·西弗斯进行的谈话，我觉得，这一切都多亏了命运的安排，但恰恰到了成熟的年纪，当命运的安排第一次浮现在灵魂面前，才会对它生出感激之情。

然而，就算只是简短描述一下我以上述方式所获得的体验，我恐怕也得写成一本篇幅不小的书。

若是以深层的精神体验作为目标，便可以深入透视人类发展过程的种种秘密，让目光沉浸于《雅典学派》[①]，或迷失在《圣礼的辩论》[②]当中。

在观赏中，从契马布埃一路走到乔托，直到拉斐尔，便会把人类从古老的精神体验发展到更注重自然主义的现代的渐变过程尽收眼底。透过精神体验浮现于我心上的人类发展定理，也在灵魂艺术的成长中向我迎面走来，清晰展示在我的面前。

我看到，通过这样持续不断地沉浸在艺术领域，人智学运动获得了新的生命。这时候，我总是在内心感到无比的满足。为了用观念来概括精神的本质性，并赋予它观念形态，需要有灵活多变的观念活动。为此，需要用艺术活动使灵魂获得满足。

面对掺杂着虚伪情感的内在假象的入侵，绝对有必要让协会加以防范。凡是精神运动总会遇到这样的侵犯。我若是用灵活观念——我本人在艺术

① 拉斐尔的壁画。——译者注

② 拉斐尔的壁画。——译者注

活动中也多亏了它——来充实演讲中传达的内容，听众心中潜藏的那些源于情感的内在假象就可以被一扫而光。——艺术活动可以最有力地抗衡虚伪的情感。艺术虽然是靠感觉和情感承载着，但却是在造型和体验中，向着一片光明的澄澈境地而升华的。

我感到，命运能够赐予我一个像玛丽·封·西弗斯这样的合作者，实在是人智学运动的上好运气。她从她最深层的禀赋出发，善于维护这种虽然靠情感承载但并不滥情的艺术元素，而且能达到心领神会。

对于那种透着内在虚伪的情感元素，则必须坚持不懈地予以反击。它会反复侵入精神运动，既不能简单地排斥它，又不能对它视而不见。凡是沉醉于这种元素而不能自拔的人，许多时候从他们最深层的灵魂本源来说，都是些求索者。然而，他们却很难与精神世界传达的内容建立一种牢不可破的关系。他们不经意间靠着多情善感来麻醉自己。他们想要获得十分特别的真相，那就是秘传。可是，他们又强烈希望跟教派团体中的秘传拉开距离。

重点在于，要把人间正道变成全社会的唯一导向力。偏向这一边或偏向那一边的迷途者，会反复不断地看见那些人是怎么施加影响的，那些人因为是运动的创始人，便公然以运动的中坚力量而自居。玛丽·封·西弗斯和我认为，在人智学的内容上做些积极工作才是根本，而不是去对付那些弊端。当然也有例外情况，这时候，也是必须要斗争的。

对我来说，那段到我的巴黎周期演讲[①]为止的时期，作为灵魂发展进程来说已经完结。我是在1906年的人智学大会期间做这些演讲的。有些与会者表示，希望在大会集会活动之余听到我的演讲。那时候，我跟玛丽·封·西弗斯一道，在巴黎当面结识了爱德华·舒尔。玛丽·封·西弗斯早已跟他保持了很长时间的通信往来，并从事过他的著作的翻译。他也在听众之

① “宇宙起源学说”，1906年5月25日到6月14日的18次演讲。经过爱德华·舒尔概括总结，并从听众笔记中得到补充，然后出版，全集卷94。

列。同样，我也欣慰地看到，梅勒什可夫斯基、明斯基以及其他俄国诗人时常出现在听众席。

在这个演讲周期，我讲的是，对于主导人的本性的精神认识，我怎样才会觉得它在我内心趋于“成熟”了。

在精神世界的探索中，认识这种“成熟感”是根本性的。要想获得这种感觉，就必须观察，某种体验是怎样在灵魂中涌现出来的。起初会觉得，它的轮廓仍然模糊而不清晰，必须让它重新沉入灵魂深处，以便“成熟”起来。意识还没有进步到足以领会精神体验内容的水平，精神深处的灵魂必须在不受意识干扰的情况下，与这一内容在精神世界共同存在。

在外部自然科学领域，人们在完成了所有必要的试验和感官观察，直到所能想到的预判变得确定无疑之前，都不会轻言获得了某种认识。——而在精神科学中，少一点方法上的严谨和认识纪律也绝对不行。这里只是走了另外的道路而已，必须通过考查意识与有待认识的真相的关系来考查意识。必须要怀着耐心、毅力，抱着内在的严谨态度去“等待”，直到意识通过了这一考查。必须在意识的观念能力的某个特定领域付出足够大的努力，才能把相关的体验吸纳到概念能力当中。

在巴黎周期演讲中，我说出了一个体会，这体会必然在我的灵魂中经历了漫长的“成熟过程”。我探讨了人的各个本体环节——肉体，作为生命现象的媒介的以太体，作为感觉与意愿现象的媒介的星芒体，“自我的载体”——总体上的相互关系，并通告了一个事实，即男人的以太体是雌性的，女人的以太体却是雄性的。由此，一道光芒投向了人智学内部，澄清了恰恰那时候讨论颇多的一个关于存在的基本问题。这不禁让人想起不幸的魏宁格[①]的那部《性与性格》，想到当时的诗作。

① Otto Weininger，1880—1903，奥地利哲学家，1898 年进入维也纳大学研习哲学，1902 年凭借论文《性与性格——生物学及心理学考察》获哲学博士学位，同一天正式皈依基督教。1903 年举枪自尽。——译者注

然而，问题被引到了人的本性深处。人靠着肉体而融入宇宙力的方式，跟靠着以太体融入的方式完全不同。人凭借肉体置身于地力之中，凭借以太体置身于地球以外的宇宙力之中，并以男性和女性的身份被带向宇宙的种种秘密。

在我看来，这一认识是极具震撼力的内在灵魂经历之一。我总是一再地感到，为了把体验放进人的认识领域，人必须以耐心等待的态度向着精神体验靠近，必须动用观念去体会“意识的成熟”。

38 1907年的慕尼黑神智学大会

接下来，我的生平描述将很难脱离人智学运动的历史。尽管如此，我仍然只想把协会历史上那些对我的生平道路描述必不可少的内容拿来说说，其他不论。——在提到现职会员的名字时，我就已经考虑到了这一点。我的描述距离眼下太近了，若是提到人名，就极其容易引起误会。尽管我的意愿良好，可是有的人还是会感到酸溜溜，因为他看见别人的名字被提到了，而他的却没有。——基本说来，我只会提到那些除了在协会发挥作用以外，仍然在精神活动领域拥有人脉的人的名字，不会提到那些未把这些人脉带进协会的人。

柏林和慕尼黑在某种程度上发展成为了人智学活动范畴内彼此对立的两极。凡是走近人智学的人，都是因为无论在自然科学宇宙观当中还是在传统信仰当中，都找不到灵魂注定会渴求的精神内容。柏林成立了协会的一个分会，形成了一个公开演讲听众群，其中的成员也全都抵制那种靠着与传统信仰针锋相对而树立自己宇宙观的做法。凡是拥戴以理性主义、唯理智论为基础的宇宙观的人，都会认为人智学所传达的东西是幻象和迷信等等。一个听众与会员群体重又形成了，他们接受了人智学，动用全部的感情和观念效力于它，而对其他领域并不曾这样过。若是从其他方面向他们传达什么，却不会让他们满意。这种灵魂状态是必须得到重视的。随着事情的推进，会员人数和公开演讲时的听众人数越来越多。这样一种人智学活动出现了：它在某种程度上自成一体，很少关注其他地方展开的观察精神世界的尝试。希望就在于开展人智学讯息发布活动。人们希望，在了解精神世界方面不断继续前进。

慕尼黑的情况有所不同。在那里，艺术元素从一开始就主导着人智学工作。诸如人智学这种宇宙观被纳入艺术活动的方式，完全不同于它被纳入理性主义和唯理智论的方式。艺术场景要比理性主义概念更具灵性，它也是灵活生动的，而且不会像唯理智论那样扼杀灵魂当中精神性的东西。在慕尼黑负责为会员和听众群的形成确定基调的人，都是些任由艺术感觉以上述方式发挥主导的人。

同时发生的情况是，柏林从一开始就在形成一个统一的协会分会。渴望人智学的人们的兴趣都是相同的。在慕尼黑的个别圈子里，艺术感觉塑造着个体需求。我在这些圈子里发表演讲。人们集结在保莉妮·封·卡尔克罗伊特伯爵夫人和索菲·施丁德小姐周围，形成了这些圈子的中心，我在慕尼黑的公开演讲也由他们举办。这群人的理解力日趋深入，这使得他们可以与我所讲的东西形成美妙的共鸣。于是，从事实的角度可以说，人智学在这个圈子里发展得十分令人欣喜。年长的神智学者路德维希·丹哈德是许伯·施莱登的朋友，他没过多久就加入了这个圈子，深受爱戴。这是弥足珍贵的。

另一个圈子的中心是封·谢维奇女士。她是一个有趣的人，或许正因如此，她身边汇聚而成的圈子才不太像上述的圈子那样注重深入，而是更多地致力于认识人智学，了解它在流派纷呈的当今时代是怎样一个精神流派。

这个时期，封·谢维奇女士也出版了她的《怎样发现自我》一书。这是一次以独特方式对人智学所做的强烈表白。这也帮助这位女士成为了上述圈子的有趣中心。

对我来说，还有对该圈子的许多参加者来说，海伦娜·封·谢维奇都是一个重要的历史片段。正是为了这个女人，菲迪南德·拉萨尔[①]才跟一个罗马尼亚人决斗，导致过早地离世。她后来经历了演员生涯，在美国跟H.P. 勃拉瓦茨基和奥尔科特结为朋友。她是一个社交名媛，当我在她那里发表演讲的时候，她表现出显著的精神生活倾向。她那些惹人瞩目的经历，使得她的举止行为和表态都具有一种不同寻常的分量。我想说，通过她，我才认识到拉萨尔及其时代的影响力；通过她，我才看出 H.P. 勃拉瓦茨基生平的某些特点。她说的话都染上了主观色彩，很多时候是靠着幻想随意组织而成的。不过，考虑到这一点，就可以透过一些掩饰而看到真相了，展现在人们面前的，当然是一个不同寻常的人。

慕尼黑的其他圈子是以别的方式形成的。我常常回想起，我会在好些这样的圈子里遇见一个人，一位身处教会小社团之外的神职人员穆勒，他是深入了解让·保罗的行家。他出版有一本《文艺复兴》杂志，在刊物中捍卫自由的天主教教义。他从人智学当中提取根据自己的体验会感兴趣的部分，但又一再表现出怀疑。他在提出异议时，总是显得那么可爱而又激情洋溢，以至演讲接下来的辩论中有了他，总是散发出美妙的幽默感。

我把柏林和慕尼黑看成人智学活动中彼此相对的两极，这样的特点绝不是在谈论这一极或那一极的价值如何。工作中出现的人都是各自不同，都是需要给予关照的，不同的特点从价值来说都同样可贵——况且，从价值角度进行评判是最没有意义的。

---

① Ferdinand Lassalle，1825—1864，德国早期工人运动活动家，机会主义代表人物之一，全德工人联合会创始人、联合会主席。提出在资本主义制度下，工人阶级的贫困是由所谓“铁的工资规律”造成的这个伟大规律，后为了红颜而与人决斗去世。——译者注

慕尼黑的活动状态使得1907年的神智学大会在慕尼黑召开了，是由神智学协会德国分会举办的。以前的大会曾经在伦敦、阿姆斯特丹、巴黎举行，包含各种集会，演讲或辩论中会探讨神智学的种种问题，并仿效科学研究一类会议的做法。神智学协会的行政管理问题也会涉及。

这一切都在慕尼黑得到了某些改变。我们作为主办者，为召开会议的大音乐厅配备了内部装饰，从图案和色彩上都体现出艺术的氛围，并能对口头会谈内容起到烘托作用。室内的艺术环境会与灵性活动融为一个和谐的整体。其中，我最为嘉赏的是，装饰上避免了那种抽象的、非艺术的象征手法，任由艺术感觉呈现出来。

大会日程上添加了艺术表演。玛丽·封·西弗斯很早就译好了舒尔仿照古希腊依洛西斯戏剧而创作的作品[①]。我通过口头致辞拉开了演出的序幕。这部戏是我们加进日程里的，由此便与古老的神秘本性有了联系，尽管形式上还很简单。——不过，最重要的是，大会本身拥有了艺术活动。艺术上的东西能表达人们的意愿，人们希望从今以后，灵性活动将会跟社会上的艺术活动不可分割。玛丽·封·西弗斯扮演了女神得墨忒耳的角色，并在她的表演中清晰展现了戏剧在社会中发生的细微变化。——此外，在我们所处的时间点，朗诵吟咏艺术通过玛丽·封·西弗斯对话语内在力量的雕琢，已经到达了关键的时刻。由此开始，这个领域接下来将会收获丰硕的成果。

来自英国、法国还有荷兰的神智学协会老会员们，内心对于慕尼黑大会带给他们的创新并不满意。——随着人智学潮流的发展，出现了一种与神智学协会迄今为止内在立场完全不同的内在态度。对此原本可以从好的方面来理解，但当时却极少有人能看到这一点。在这种内在态度中，包含

---

① 依洛西斯神秘剧有个序幕，名叫《珀耳塞福涅被掳》，经过了爱德华·舒尔的再创作，由玛丽·封·西弗斯翻译，再由鲁道夫·斯坦纳改编为自由节奏诗句。多纳赫1939年版。

了人智学协会不能继续充当神智学协会组成部分的真实原因。然而，大多数人却把主要关注放到了一些荒谬说法上。这些说法是随着时间推移在神智学协会内部逐渐形成的，就是它们引发了无休无止的争吵。

后 记

这本生平描述至此戛然而止。1925年3月30日，鲁道夫·斯坦纳与世长辞。

对他那整个为人类无私奉献的一生，人们回报以莫可名状的敌意，人们把他的认识之路变成了一条荆棘丛生的路。然而，他却为整个人类走完和征服了这条路。他突破了认识界限，界限已不复存在。在我们面前，这条认识之路散发着清澈透亮的思想光芒，本书也为这光芒留下了见证。他把人的理性升华为精神，他穿越理性，直接连通了宇宙的精神本质。由此，他完成了人类最伟大的壮举。他教会我们体悟最伟大的神迹，最伟大的人类壮举则由他实现。他怎能不遭到一切只配下地狱的恶魔势力的憎恨？

然而，对于扑面而来的不理解，他却回报以爱。

他逝去了，一个忍耐者、引导者，一个完成者，
离开了这个他曾经踩下足迹
并且大力向上提升过的世界。
他引导他们向上，可他们却甘愿弯腰曲背，
面带仇恨，堵住他的路，
葬送了那新生的事物。

现在，他们心存恶意，怒火中烧，
幸灾乐祸，玷污着对他的纪念。
如今他死了，他曾引领你们走向自由，
走向光明，走向意识，
去捕捉人的灵魂中的神性，
走向自我，走向救世主。

怎能不是犯罪，这种大胆行为？
他做了普罗米修斯为之受罚的事，
做了苏格拉底为之端起毒药杯的事，
比巴拉巴[①]获释离开更严重的事，
只有钉上十字架才能抵偿的事。
他让你们体验到未来。

我们这些恶魔，不能容忍这个，
我们攻击、追捕那个胆敢这样做的人，
用我们所拥有的全部灵魂，
用我们被赋予的一切力量。
因为我们面临着时代转折，
我们这种不同于神性的人性，
看上去尽是懦弱、妄想和恶习。
我们不准探索通行，
谁胆敢这么做，我们就撕烂他。

---

① 巴拉巴是《圣经新约》记载的一名强盗。彼拉多曾将他与耶稣一同带到犹太群众前，询问二者中释放哪一位。结果巴拉巴获释放，耶稣则被判处死刑。——译者注

他冒险这么做了，承受了他的命运。
带着爱，怀着宽容，
忍受着缺陷和人性弱点，
他们一再危及他的事业，
他们总是曲解他的话语，
他们反复错判他的忍耐，
他们渺小而没有自知之明，
而他的伟大，大众却无缘得见。

他就这样背负着我们，我们难以呼吸，
在他的迈步中，在那让我们眩晕又迷醉的高天飞行中。
我们的鄙薄，
是他飞天的阻碍，
像铅一样拖住他的双足……

现在他自由了。天上诸神的一位助手，
收下了这世间的成就，
以便捍卫诸神的目标。
诸神欢迎这位人之子的到来，
他施展他的创造力为神的意愿服务。
他曾经给冷酷无情的理性年代、
枯燥乏味的机器时代，
打上精神的烙印，引来了精神……

这时代禁止他这么做。
尘世在黑暗中飘摇，
宇宙空间影影绰绰，

接引者在等待，天门已经打开，
群神满怀崇敬和喜悦。
然而，灰暗的夜依然笼罩着地球。

玛丽·斯坦纳

1925 年

附 录

1. 鲁道夫·斯坦纳生平与著作编年录

克拉列维察——新村

1861—1879　鲁道夫·约瑟夫·洛伦兹·斯坦纳出生于克拉列维察（当时属奥匈帝国治下，今在克罗地亚境内）的一对来自下奥地利的夫妇弗朗齐斯卡和约翰·斯坦纳家，是家中的第一个孩子。父亲先前当过电报员，后来成为奥地利南方铁路局一个火车站的站长。父亲的职业使得一家人多次搬家，住过许多地方，1862 年搬到莫德林，1863 年搬到波特沙赫，1869 年搬到新村。

家庭在添丁增口：1864 年妹妹莱奥波汀降生，1866 年弟弟古斯塔夫降生。

1872（1873）年起，在邻近的维也纳新城的州立实用中学上学。1879 年以优异成绩在那里毕业。

维也纳

1879—1883　在技术学校学习，目标是谋得实用中学的教职。主要科目有数学、物理、植物学、动物学、化学；此外还有文学、历史、哲学。

1882 年　经由文学史学者兼歌德研究者卡尔·尤利乌斯·施罗尔教授

推荐，被任命为《屈什纳版德意志民族文学》当中歌德自然科学著作的编辑。撰写论文《原子论概念的唯一可能的批判》，后来，斯坦纳称这篇论文是他的研究的“基础脉络”。

1884—1890　在维也纳商人 L·施佩希特家里担任家庭教师。由他编辑的歌德自然科学著作第一卷于 1884 年出版，其他卷本陆续于 1887 至 1897 年间出版。

与诗人、后来的女权主义分子罗莎·麦瑞德（《女性批判》）以及后来担任安东·布鲁克纳秘书兼传记作者的弗利德里希·艾克施坦结下友情。

与哲学家爱德华·冯·哈特曼通信。除了从事歌德著作出版工作以外，还受屈什纳教授委托，为多部词典（尤其是皮勒尔版的会话词典）撰写文稿。

1886 年　第一部著作《歌德宇宙观的认识论基本方针》出版。

由于参加了魏玛版本即“索菲版本”歌德著作的出版工作，收到魏玛档案馆馆长埃利希·施密特的问询。

撰写文章《自然与我们的理想——致女诗人 M.E. 德尔·格拉奇的公开信》。

1888 年　担任维也纳《德意志周刊》报的编辑，就奥匈帝国的政局撰写了大量文章和评论。

在维也纳歌德学会做报告，题目是《作为新美学之父的歌德》。

魏玛

1890—1897　在歌德与席勒档案馆工作，编辑歌德的自然科学著作，这些著作在 1891 至 1896 年间出版。

与赫尔曼·格林、恩斯特·海克尔、爱德华·冯·哈特曼会面。与女诗人加布里埃勒·罗伊特、李斯特的学生康拉德·安佐格、施蒂纳传记作者约翰·亨利·麦凯、尼采著作出版人弗里茨·科格尔以及诗人奥托·埃利希·哈特雷本结下友情。

斯坦纳为“科塔世界文学丛书”承担了十二卷本的叔本华全集以及八卷本的让·保罗选集的出版工作。“柏林古典作家作品系列”（由知名文学

后来，这些文章结集成书。

与克利斯蒂安·摩根施特恩和爱德华·舒尔结下友情。W·康定斯基听了鲁道夫·斯坦纳的演讲。每到冬季的半年（从1903或1904年起），都会在柏林的建筑师之家公开举办系列演讲，题目主要有“人的起源与目标”“灵魂活动的变化”“精神学对于重大存在问题的回答”。

1904年 《神智学——超感觉宇宙认识与人类命运导论》出版。

1907年 在慕尼黑排演舒尔的依洛西斯神圣剧，并担任导演。领衔主演是玛丽·封·西弗斯。

1910年 关于宇宙学与进化史问题的研究成果发表在《神秘学概论》中。

1910—1913 鲁道夫·斯坦纳的四部神秘剧在慕尼黑首演，他本人是导演。

为自由人文学院的艺术演出与会议大楼设计草图。该项目位于慕尼黑的施瓦本，由于当局反对而未能实现。

《人和人类的精神引导》《人的自我认识之路以及精神世界的门槛》出版。1910年启动的《人智学》一书尚未完成。

一门新的运动艺术开始形成（1911年）。秋天在巴塞尔附近的伯特明根首次开设艺术体操课程。接下来几年里，与玛丽·封·西弗斯一道，将艺术体操进一步发展为表演艺术。

脱离神智学协会，创办人智学协会（1913年）。

多次展开演讲之旅，与玛丽·封·西弗斯密切合作，在国内外组建人智学分支机构。

多纳赫

1913—1919 在鲁道夫·斯坦纳的主导和多国艺术家的参与下，由他设计的“歌德纪念馆”在瑞士的多纳赫建成。这是一座木制双穹顶构造的造型艺术建筑。艺术元素体现在：生动形象的内部造型、穹顶绘画、人类代表人物雕塑（9米高）。

在歌德纪念馆邻近区域，渐渐形成了一个斯坦纳设计风格的住宅与实用建筑群（包括杜尔德克屋、玻璃房、出版社大楼、供暖房、摄影棚、三个艺术体操馆、变电站）。

与玛丽·封·西弗斯结婚（1914 年）。

在国内外许多城市举办大型系列演讲，主题涉及转世和因果、福音新教、从死亡之后到新生之前的活动、历史上的秘密仪式、进化、当代史等等。

1917 年　斯坦纳关于人类生物体三分法、关于人类学与人智学关系的研究成果，以《灵魂之谜》的书名出版。

在与奥托·格拉夫·勒辛费尔德就中欧政治局势进行谈话后，斯坦纳撰写了两本《备忘录》，在其中对公共生活中新的社会形态形成了看法。这些看法被介绍给德国和奥地利一些极具影响力的政治人物。

1919 年　在苏黎世就社会问题发表的系列演讲经过修订，以《现在和未来的生命必然性之中的社会问题要点》的书名出版。书中提出了将一体的国家拆分为自由的精神生活、民主的法律生活和联合的经济生活的观念。这一观念在许多演讲中得到了推广。

在工人代表和工业界发表演讲并与之交谈之后，斯坦纳致力组建企业委员会。

经过紧张筹备，自由华德福学校于秋天在斯图加特开张，这是一所集中小学和大学于一体的学校。赞助者是华德福烟厂的厂长。学校领导职务由鲁道夫·斯坦纳担任，他担任此职直至 1925 年去世。

1920—1925　在德国和国外举办多次公开演讲，在人智学协会成员当中举办大型周期演讲，主题主要有“微观宇宙与宏观宇宙”“作为宇宙学的人智学”“人是创造性、构造性、塑造性的宇宙文字的和谐体”“对因果关系的秘密观察”。除此以外，斯坦纳越来越频繁地应邀举办讲座和课程，内容涉及各个特定专业领域，如教育学、医学、国民经济、神学、农业、表演艺术、医疗卫生教育，等等。

斯坦纳创作了一系列的彩色粉笔速写和水彩画，以此作为培养画家的基础。

人智学研究所、医院以及其他的学校相继问世。

《社会有机体三分法》杂志以及《歌德纪念馆》刊物定期刊登斯坦纳的文章。

1922—1923　1922 或 1923 年除夕之夜，歌德纪念馆毁于一场火灾。演讲和艺术活动等工作不受干扰，在幸免于灾的家具作坊里继续进行。

对于混凝土质地的第二座歌德纪念馆（1928 年完工），鲁道夫·斯坦纳只是设计了一个外形，因为他于 1924 年秋天染病在身了。

随着人智学运动的发展壮大，改变迄今结构体系的要求提了出来。于是，1923 年圣诞节在多纳赫召开的会议决定，重组人智学协会，会长一职由鲁道夫·斯坦纳本人担任，并决定对自由人文学校进行重新调整，校长也是由他担任。

1924—1925　1924 年秋天开始卧病在床。巨量增长的演讲与课程活动骤然停止。卧病期间，继续撰写他的自传《我的人生道路》。通过与医生伊塔·魏格曼合作，《疗愈技能扩展基础》问世。鲁道夫·斯坦纳不断以“公开信”和“座右铭”的方式面向会员们，激励他们投身于灵性深化工作。

1925 年 3 月 30 日，鲁道夫·斯坦纳在多纳赫去世。

瓦尔特·库格勒

2. 出版说明

起初，鲁道夫·斯坦纳的自传体笔记《我的人生道路》是作为七十篇前后相接的文稿，从 1923 年 12 月 9 日到 1925 年 4 月 5 日，发表于《歌德纪念馆》周刊。然而，1925 年 3 月 30 日他去世，致使他不再可能续写和完成他的描述，他本人以书的形式出版他的回忆录的计划也未能实现。首个书籍版本是由他的妻子兼最亲密合作者玛丽·封·西弗斯负责的。她将七十篇杂志文章分成了三十八章。那本于1925年在多纳赫的哲学·人智学出版社出版的笔记构成了这一版的文字基础。从那以后，《我的人生道路》出版了许多版本，并翻译成了多国文字。

作为《我的人生道路》的补充，可以参见鲁道夫·斯坦纳集中出版的两卷书信集（全集第38和39卷），另外可参阅《鲁道夫·斯坦纳研究文集》以及《鲁道夫·斯坦纳全集文稿——档案馆公布内容》（多纳赫1961年版，引述时可称作《文稿》），其中包含了大量的自传文献以及关于各个生活阶段和作品的随笔杂文与资料汇编。

全集中的下列文章与书信集，在文字注释当中被援引时，采用了缩略的形式（全集加卷本）：

全集卷29　戏剧论文集1889—1990，多纳赫1990年版，

全集卷30　人智学的方法论基础1884—1901，哲学、自然科学、美学与灵魂学论文集，多赫纳1989年版。

全集卷31　文化与当代史论文集1887—1901，多纳赫1989年版。

全集卷32　文学论文集1884—1902，多纳赫1971年版。

全集卷33　传记与传记式随笔1894—1905，多纳赫1992年版。

全集卷34　路西法—灵知。人智学基础论文与《路西法》及《路西法-灵知》杂志报道1903—1908，多纳赫1987年版。

全集卷35　哲学与人智学。论文集1904—1923，多纳赫1984年版。

全集卷38　书信，卷一，1881—1890，多纳赫1985年版。

全集卷39　书信，卷二，1890—1925，多纳赫1987年版。